実務家・企業担当者のための

ハラスメント対応マニュアル

共著　山浦　美紀（弁護士）
大浦　綾子（弁護士）

新日本法規

は し が き

「この言動は、果たしてハラスメントに当たるのだろうか。」

弁護士として、ハラスメント事案に接した際に、最初に直面する問題です。

パワハラ、セクハラ、マタハラに代表されるハラスメントに共通することは、「ハラスメント行為があったか否かは簡単に判断ができない。」ということです。まず、どういった言動があったのか、背景にある人間関係はどのようになっているのか、目撃者のいない密室での会話をどう認定するのか、証拠をどう集めたらよいのか、そしてハラスメントに当たるとされる基準はどうなっているのか、ハラスメントの判断は、何段階ものステージを経て慎重になされるべきものです。

では、一体、どうやって判断したらいいのでしょう。

「ハラスメントに当たるのか否かを判断するために、ヒアリング調査をしましょう。」

そうアドバイスをすることは簡単ですが、経験が乏しい者がやみくもにヒアリングに関与すると、さらなる問題を生みます。誰が、誰をヒアリングするのか。どの順番でヒアリングするのか。録音はしてもよいのか。記録にどうやってまとめたらよいのか。その記録をどう使うのか。

では、一体、どうやって調査したらいいのでしょう。

「ハラスメントがあったとして、加害者の社内処分をどうすればよいか。」

ハラスメント言動があったと判断した後には、当事者を懲戒処分にすべきか、厳重注意にすべきか、配転すべきか等についての決断を迫られます。加害者から不当に重いと言われることなく、被害者から軽すぎると言われることもない裁定をしなければなりません。

では、一体、何をよりどころに裁けばいいのでしょう。

「ハラスメントに関する法律が改正されるって聞きましたが、通達や指針がたくさんあってもうフォローができない。」

労働関係法規は目まぐるしく法改正がなされる分野です。最新の法改正をフォローし、さらに、関係各庁から出される指針や通達を踏まえ、会社の規定や人事システムを見直しする必要があります。

では、一体、何を参照したらフォローできるのでしょう。

本書の執筆者は、使用者側での労務案件への対処経験が豊富な弁護士です。

私どもは、自らの実務経験をもとに、ハラスメント事案に対する対処法や法改正内容のフォローを実務面から完全にサポートする手引きとすべく本書を執筆しました。本書一冊で、ハラスメント事案の端緒から解決まで時系列を追って、フォローできる構成となっています。本書序章は、ハラスメント関連の法規制についての解説をしており、いわゆる「パワハラ防止法」といった令和2年6月1日施行のハラスメントの法規制の改正の詳細な内容も含んでいます。第１章以下は、企業においてハラスメント案件が発生した場合の企業側の実務対応について説明しています。第１章では企業から相談を受けた専門家（弁護士等）として相談・受任段階でどう対応すべきかを、第２章では、企業側の立場でハラスメント問題の社内対応をどのように進めるべきかを、書式も添えて解説しています。そして、第３章では、第２章の社内対応では紛争を回避できず、企業が法的紛争（労働審判、裁判等）の当事者となった場合にどう対応すべきかについて解説しています。また、会社のハラスメント関連規定の見直しや人事システム・ハラスメント防止策の構築までサポートしています。ハラスメント防止に向けた対応を急がれている企業の方、ハラスメント事案に携わる弁護士や社会保険労務士の方に是非ご参照いただきたい書籍です。

最後に、本書の企画から出版まで力強くサポート頂いた新日本法規出版の宇野貴普氏に心より感謝申し上げます。

令和2年6月

弁護士　山　浦　美　紀
弁護士　大　浦　綾　子

執　筆　者　紹　介

弁護士　山浦　美紀（鳩谷・別城・山浦法律事務所）

［経　歴］

平成12年　大阪大学法学部卒業
平成13年　司法試験合格
平成14年　大阪大学大学院法学研究科修士課程修了（法学修士）
平成15年　弁護士登録とともに北浜法律事務所入所
平成25年　北浜法律事務所・外国法共同事業退所
平成26年　鳩谷・別城・山浦法律事務所に参加
現　在　　鳩谷・別城・山浦法律事務所パートナー弁護士

［著　作］

『人事労務規程のポイント－モデル条項とトラブル事例－』（共著）（新日本法規出版、2016）
『Q＆A 有期契約労働者の無期転換ルール』（共著）（新日本法規出版、2017）
『女性活躍推進法･改正育児介護休業法対応 女性社員の労務相談ハンドブック』（共著）（新日本法規出版、2017）
『Q＆A 同一労働同一賃金のポイント－判例・ガイドラインに基づく実務対応－』（共著）（新日本法規出版、2019）

弁護士　大浦　綾子（野口＆パートナーズ法律事務所）

［経　歴］

平成14年　司法試験合格
平成15年　京都大学法学部卒業
平成16年　弁護士登録とともに天野法律事務所入所
平成21年　米国ボストン大学ロースクール（LLM）留学
平成22年　外資系製薬会社法務部にて勤務（人事・知財・製造部門担当法務）
平成23年　ニューヨーク州弁護士登録
平成23年　法律事務所に復帰
現　在　　野口＆パートナーズ法律事務所パートナー弁護士

［著　作］

『女性活躍推進法･改正育児介護休業法対応 女性社員の労務相談ハンドブック』（共著）（新日本法規出版、2017）

凡　　例

＜本書の内容＞

本書は、企業におけるハラスメント事案に関する対応業務の流れをマニュアル化したものです。

序章においてハラスメントに関する基本的理解を掲げた上で、第１章において企業から相談を受けた専門家の受任対応、第２章において企業側の社内対応、第３章において紛争への対応について、フローチャートで流れを図示した上で、実務上のポイントを分かりやすく解説するとともに、参考書式を掲載しています。

＜本書の体系＞

本書は、次の４章により構成しています。

序　章　ハラスメントに関する基本的理解

第１章　企業からの相談・受任

第２章　ハラスメントへの企業の対応

第３章　紛争への対応

＜表記の統一＞

１　法令等

根拠となる法令等の略記例及び略語は次のとおりです（〔　〕は本文中の略語を示します。）。

民法第166条第1項第1号＝民166①一

〔改正法〕	女性の職業生活における活躍の推進に関する法律等の一部を改正する法律（令和元年法律第24号）（令和2年6月1日施行。ただし、パワハラ措置義務に関する規定は、中小企業については令和4年3月31日までの間は努力義務）
労働施策推進〔労働施策総合推進法〕	労働施策の総合的な推進並びに労働者の雇用の安定及び職業生活の充実等に関する法律
雇用均等〔男女雇用機会均等法〕	雇用の分野における男女の均等な機会及び待遇の確保等に関する法律
育児介護〔育児介護休業法〕	育児休業、介護休業等育児又は家族介護を行う労働者の福祉に関する法律
労契	労働契約法
労審	労働審判法
労審規	労働審判規則
民	民法

民訴	民事訴訟法
民訴規	民事訴訟規則
民調	民事調停法
民保	民事保全法
セクハラ指針〔セクハラ指針〕	事業主が職場における性的な言動に起因する問題に関して雇用管理上講ずべき措置等についての指針（平成18年10月11日厚生労働省告示第615号）
パワハラ指針〔パワハラ指針〕	事業主が職場における優越的な関係を背景とした言動に起因する問題に関して雇用管理上講ずべき措置等についての指針（令和2年1月15日厚生労働省告示第5号）
マタハラ指針〔マタハラ指針〕	事業主が職場における妊娠、出産等に関する言動に起因する問題に関して雇用管理上講ずべき措置等についての指針（平成28年8月2日厚生労働省告示第312号）
両立指針〔両立指針〕	子の養育又は家族の介護を行い、又は行うこととなる労働者の職業生活と家庭生活との両立が図られるようにするために事業主が講ずべき措置等に関する指針（平成21年12月28日厚生労働省告示第509号）
〔性差別指針〕	労働者に対する性別を理由とする差別の禁止等に関する規定に定める事項に関し、事業主が適切に対処するための指針（平成18年10月11日厚生労働省告示第614号）
〔育児介護休業法施行通達〕	育児休業、介護休業等育児又は家族介護を行う労働者の福祉に関する法律の施行について（平成28年8月2日職発0802第1号・雇児発0802第3号）
〔男女雇用機会均等法施行通達〕	改正雇用の分野における男女の均等な機会及び待遇の確保等に関する法律の施行について（平成18年10月11日雇児発第1011002号）
〔パワハラ運用通達〕	労働施策の総合的な推進並びに労働者の雇用の安定及び職業生活の充実等に関する法律第8章の規定等の運用について（令和2年2月10日雇均発0210第1号）

2　判　例

根拠となる判例の略記例及び出典の略称は次のとおりです。

最高裁判所第一小法廷平成27年2月26日判決、判例時報2253号107頁
＝最判平27・2・26判時2253・107

判時	判例時報
判タ	判例タイムズ
民集	最高裁判所民事判例集
労経速	労働経済判例速報
労判	労働判例

目　　次

序　章　ハラスメントに関する基本的理解

第１章　企業からの相談・受任

第２章　ハラスメントへの企業の対応

第１　相談者からの相談

第2　事情聴取

第3章 紛争への対応

第1 労働者から、ハラスメントに基づく懲戒解雇の無効を争われたケース

序　　章

ハラスメントに関する
基本的理解

第１　職場のハラスメントに関する企業の雇用管理上の措置義務

ハラスメント相談対応に当たっては、各種ハラスメントに関する企業の雇用管理上の措置義務（以下、本書においては「措置義務」といいます。）を規定している関係各法を参照すべきです。以下では、関係各法によるルールの概要、措置義務の内容、違反の際の制裁等について解説します。

１　職場のハラスメントに関する男女雇用機会均等法・育児介護休業法・労働施策総合推進法上のルール

(1)　関係法令等の整理

まず、企業の措置義務を規定している法令、指針及び施行通達を整理すると、次の表のようになります。

それぞれのハラスメントについて、異なる法令に分かれて規定をされています。いわゆる「マタハラ」（妊娠・出産・育児休業・介護休業等に関するハラスメント）という俗称で一括りにされることが多いハラスメントは、妊娠・出産等という女性特有の問題と、育児・介護という性別を問わない問題とで、二つの法令に分けて規定されています。

各指針において具体的な措置の詳細な内容が策定され、各措置についての具体例も複数挙げられています。さらに、施行通達にも、法令や指針の解釈に関する事項が含まれていますので、多岐にわたる資料を参照する必要があります。

これらの内容を、実務レベルで分かりやすく解説した厚生労働省のリーフレット・マニュアル等が逐次発行・改訂されていますので、最新のものを入手しておくとよいでしょう。

各種ハラスメント	関係法令	関係指針・施行通達
パワーハラスメント（パワハラ）	○労働施策総合推進法 ○同施行規則	○指針 「事業主が職場における優越的な関係を背景とした言動に起因する問題に関して雇用管理上講ずべき措置等についての指針」（パワハラ指針）

		○パワハラ運用通達 「労働施策の総合的な推進並びに労働者の雇用の安定及び職業生活の充実等に関する法律第8章の規定等の運用について」（令和2年2月10日雇均発0210第1号）
セクシュアルハラスメント（セクハラ）	○男女雇用機会均等法 ○同施行規則	○指針 「事業主が職場における性的な言動に起因する問題に関して雇用管理上講ずべき措置等についての指針」（セクハラ指針） ○施行通達 「改正雇用の分野における男女の均等な機会及び待遇の確保等に関する法律の施行について」（平成18年10月11日雇児発第1011002号）
妊娠・出産等に関するハラスメント（マタハラ）	○男女雇用機会均等法 ○同施行規則	○指針 「事業主が職場における妊娠、出産等に関する言動に起因する問題に関して雇用管理上講ずべき措置等についての指針」（マタハラ指針） ○施行通達 「改正雇用の分野における男女の均等な機会及び待遇の確保等に関する法律の施行について」（平成18年10月11日雇児発第1011002号）
育児休業・介護休業等に関するハラスメント（マタハラ）	○育児介護休業法 ○同施行規則	○指針 「子の養育又は家族の介護を行い、又は行うこととなる労働者の職業生活と家庭生活との両立が図られるようにするために事業主が講ずべき措置等に関する指針」（両立指針） ○施行通達 「育児休業、介護休業等育児又は家族介護を行う労働者の福祉に関する法律の施行について」（平成28年8月2日職発0802第1号、雇児発0802第3号）

(2)　事業主が従うべきルール

関係各法のうち、事業主（企業）が従うべきルールを定めている条項は、次のとおりです。

	パワハラ（労働施策総合推進法）	セクハラ（男女雇用機会均等法）	妊娠・出産等に関するハラスメント（マタハラ）（男女雇用機会均等法）	育児休業・介護休業等に関するハラスメント（マタハラ）（育児介護休業法）
①　事業主にハラスメント防止のための雇用管理上の措置義務を設定	★30条の2第1項（中小企業は令和4年3月31日までは努力義務（令元法24改正法附則3））	11条1項	11条の3第1項	25条1項
②　労働者が事業主にセクハラ・パワハラ・マタハラ等の相談をしたこと、会社が行うハラスメントの事実関係の確認に協力したこと等を理由とする事業主による不利益取扱いを禁止	★30条の2第2項、★30条の5第2項、★30条の6第2項	★11条2項、★17条2項、★18条2項	★11条の3第2項、★17条2項、★18条2項	★25条2項、★52条の4第2項、★52条の5第2項
③　ハラスメントに起因する問題に関する国、事業主及び労働者の責務の明確化	★30条の3	★11条の2	★11条の4	★25条の2
④　自社の労働者又は事業主による他の事業主の雇用する労働者に対するハ	—	★11条3項	—	—

ラスメントに関し、他の事業主から事実確認等の雇用管理上の措置の実施に関し必要な協力を求められた場合に、これに応ずるべき努力義務				

※「★」は、令和2年6月施行の改正（令和元年法律24号）により新設された規定

2　雇用管理上の措置義務の内容

関係指針により策定されている企業の雇用管理上の措置義務の具体的内容は、次のとおりです。

パワハラを防止するために講ずべき事項（パワハラ指針）	セクハラを防止するために講ずべき事項（セクハラ指針）	妊娠・出産・育児休業等に関するハラスメント(マタハラ)を防止するために講ずべき事項(マタハラ指針・両立指針)
(1)　事業主の方針等の明確化及びその周知・啓発		
ハラスメントの内容及びハラスメントを行ってはならない旨の方針を明確化し、管理監督者を含む労働者に周知・啓発すること		妊娠・出産・育児休業等に関するハラスメントの内容及び妊娠・出産等、育児休業等に関する否定的な言動が職場における妊娠・出産・育児休業等に関するハラスメントの発生の原因や背景になり得ること、妊娠・出産・育児休業等に関するハラスメントを行ってはならない旨の方針並びに制度等の利用ができることを明確化し、管理監督者を含む労働者に周知・啓発すること
ハラスメントの行為者については、厳正に対処する旨の方針・対処の内容を就業規則等の文書に規定し、管理監督者を含む労働者に周知・啓発すること		

<table>
<tr><td colspan="3" align="center">(2)　相談（苦情を含む）に応じ、適切に対応するために必要な体制の整備</td></tr>
<tr><td colspan="3">相談窓口をあらかじめ定め、労働者に周知すること</td></tr>
<tr><td colspan="3">相談窓口担当者が、内容や状況に応じ適切に対応できるようにすること
被害を受けた労働者が委縮するなどして相談を躊躇する例もあること等を踏まえ、相談者の心身の状況や当該言動が行われた際の受け止めなどその認識にも配慮しながら、ハラスメントが現実に生じている場合だけでなく、発生のおそれがある場合や、ハラスメントに該当するか否か微妙な場合であっても、広く相談に対応し、適切な対応を行うようにすること</td></tr>
<tr><td colspan="3">【望ましい措置】</td></tr>
<tr><td colspan="3">あらゆるハラスメントの相談について一元的に応じることのできる体制を整備すること</td></tr>
<tr><td colspan="3" align="center">(3)　職場におけるハラスメントへの事後の迅速かつ適切な対応</td></tr>
<tr><td colspan="3">事実関係を迅速かつ正確に確認すること</td></tr>
<tr><td colspan="3">事実確認ができた場合には、速やかに被害者に対する配慮の措置を適正に行うこと</td></tr>
<tr><td colspan="3">事実確認ができた場合には、行為者に対する措置を適正に行うこと</td></tr>
<tr><td colspan="3">再発防止に向けた措置を講ずること</td></tr>
<tr><td colspan="3" align="center">(4)　ハラスメントの原因や背景となる要因を解消するための措置</td></tr>
<tr><td>【望ましい措置】
・コミュニケーションの活性化や円滑化のために研修等の必要な取組を行うこと
・適正な業務目標の設定等の職場環境の改善のための取組を行うこと</td><td align="center">—</td><td>業務体制の整備など、事業主や妊娠等した労働者その他の労働者の実情に応じ、必要な措置を講ずること
【望ましい措置】
制度等の利用者への周知・啓発</td></tr>
<tr><td colspan="3" align="center">(5)　上記(1)～(4)の措置と併せて講ずべき措置
（ただし、パワハラ及びセクハラに関しては(1)～(3)と併せて講ずべき措置）</td></tr>
<tr><td colspan="3">相談者・行為者等のプライバシーを保護するために必要な措置を講じ、周知すること</td></tr>
</table>

相談したこと、事実関係の確認に協力したこと等を理由として不利益な取扱いを行ってはならない旨を定め、労働者に周知・啓発すること

※1　上記(1)ないし(5)における措置（望ましい措置を除きます。）を講ずるに当たっては、必要に応じて、労働者や労働組合等の参画を得つつ、アンケート調査や意見交換等を実施するなどにより、その運用状況の的確な把握や必要な見直しの検討等に努めることが重要です。

※2　外部の者から又は外部の者に対するハラスメントに関する対応については、本表には記載せず、第2　4にまとめて記載しています。

3　違反の場合のペナルティ

関係法令の施行に関しては、厚生労働大臣による助言、指導又は勧告、企業名の公表があり得ます。

	パワハラ（労働施策総合推進法）	セクハラ（男女雇用機会均等法）	妊娠・出産等に関するハラスメント（マタハラ）（男女雇用機会均等法）	育児休業・介護休業等に関するハラスメント（マタハラ）（育児介護休業法）
法施行に関し必要があると認める場合の厚生労働大臣による助言、指導又は勧告	★33条1項	29条	29条	56条
上記勧告に従わなかった場合の企業名公表	★33条2項 ・措置義務を講じなかった場合 ・相談等に対する不利益取扱いの場合	30条 ・措置義務を講じなかった場合 ★・相談等に対する不利益取扱いの場合	30条 ・措置義務を講じなかった場合 ★・相談等に対する不利益取扱いの場合	56条の2 ・措置義務を講じなかった場合 ★・相談等に対する不利益取扱いの場合

※「★」は、令和2年6月施行の改正（令和元年法律24号）により新設された規定

第2　令和2年6月施行の改正について

令和2年6月施行（ただし、中小企業については、パワハラ措置義務に関する規定は令和4年3月31日までは努力義務）の改正（令和元年法律24号）による新設・変更の内容について、概略を解説します。

1　パワハラに関する措置義務の新設

パワハラに関しては、平成24年3月に厚生労働省の「職場のいじめ・嫌がらせ問題に関する円卓会議」が「職場のパワーハラスメントの予防・解決に向けた提言」を公表して以降、厚生労働省にてその防止の周知・啓発に取り組んできました。これらの国の動きにも呼応する形で、大企業を中心とする多くの企業にて、各種ハラスメントの防止措置にパワハラ防止も含める形での対応が進められていました。令和2年6月施行の改正（令和元年法律24号）により、セクハラ、妊娠・出産・育児休業・介護休業に関するハラスメント（マタハラ）と並び、パワハラに関する雇用管理上の措置義務も法律により規定されることとなりました。

2　パワハラの定義の新設

雇用管理上の措置義務の対象となる言動を画するための定義として、パワハラが「職場において行われる優越的な関係を背景とした言動であって、業務上必要かつ相当な範囲を超えたものにより、その雇用する労働者の就業環境が害される」ものと規定されました（労働施策推進30の2①）。

パワハラ指針は、この定義を「①優越的な関係を背景とした」言動、「②業務上必要かつ相当な範囲を超えた」言動、「③就業環境を害すること」の3つの要素によると分析し、この①から③までの要素を全て満たすものを職場におけるパワーハラスメントとする、と規定しています。

3　ハラスメントについて相談したこと等を理由とする不利益取扱いの禁止の新設

パワハラ、セクハラ及び妊娠・出産・育児休業・介護休業に関するハラスメント（マタハラ）に関し、その相談をしたこと等を理由として、事業主が不利益取扱いをすることが禁止されました（労働施策推進30の2②・30の5②・30の6②、雇用均等11②・11の3②・17②・18②、育児介護25②・52の4②・52の5②）。

詳細は次の表のとおりです。

以下のような事由を理由として	不利益取扱いを行うことは違法
①ハラスメント相談を行ったこと ②会社が行うハラスメントの事実関係の確認に協力したこと ③都道府県労働局長による紛争解決の援助を求めたこと ④機会均等調停会議・両立支援調停会議・紛争調停委員会による調停の申請をしたこと	・解雇 ・雇止め ・契約更新回数の引下げ ・退職や正社員を非正規社員とするような契約内容変更の強要 ・降格 ・減給 ・賞与等における不利益な算定 ・不利益な配置変更 ・不利益な自宅待機命令 ・昇進・昇格の人事考課で不利益な評価を行う ・仕事をさせない、もっぱら雑務をさせるなど就業環境を害する行為をする

※　ただし、セクハラ、マタハラについては、今回の改正前から、③④を理由とする不利益取扱いは禁止されています。

今回の改正前においても、セクハラ及び妊娠・出産・育児休業・介護休業に関するハラスメント（マタハラ）については、措置義務の一つの内容として「ハラスメントに関し相談をしたこと又は事実関係の確認に協力したこと等を理由として、不利益な取扱いを行ってはならない旨を定め、労働者にその周知・啓発すること」が規定されていました。また、私法上も、ハラスメント相談をしたことを理由に解雇をすれば、解雇権の濫用として無効となり得るため、改正前においても、このような不利益取扱いに対する歯止めはかけられていたといえます。

今回の改正は、より直接的に不利益取扱いを禁止することにより、ハラスメントを潜在化させずに解決していくべきという方向性を強く打ち出したものといえるでしょう。

当該規定に違反した場合には、助言、指導、勧告及び企業名公表の対象となりますし、私法上も不利益取扱いは違法・無効となります。

4　外部の者からの又は外部の者に対するハラスメントへの対応の強化

ハラスメントは、同一企業内の労働者間でのみ起こる問題ではありません。

いわゆる「カスタマーハラスメント」とも呼ばれる、取引先の労働者からのパワハラや顧客等からの著しい迷惑行為や、社外の労働者や顧客等からのセクハラに対しても、同一企業内でのハラスメントに類似するものとして対応をすべきとの議論がなされ、次表のような法令上、指針上の手当がなされることとなりました。

「外部からのハラスメント」については、自ら雇用する労働者の職場環境を整えるべきという視点で対応すべきです。これに対し、「外部へのハラスメント」については、雇用する労働者の職場での迷惑行為は、相手が社員であろうと取引先の社員であろうと禁止をすべきということになります。

	パワハラ	セクハラ	妊娠・出産等に関するハラスメント（マタハラ）	育児休業・介護休業等に関するハラスメント（マタハラ）
外部からのハラスメント	・措置義務の対象ではない ・★パワハラ指針に言及あり 後掲(1)参照	・措置義務の対象となる ・★セクハラ指針に言及あり 後掲(2)参照	現段階ではあまり想定されていない	現段階ではあまり想定されていない
外部に対するハラスメント	・措置義務の対象ではない ・★パワハラ指針に言及あり 後掲(3)参照	・措置義務の対象ではない ・★セクハラ指針に言及あり ・★他社が行うハラスメント調査等への協力の努力義務あり 後掲(3)(4)参照	・措置義務の対象ではない ・★マタハラ指針に言及あり 後掲(3)参照	現段階ではあまり想定されていない

※「★」は、令和2年6月施行の改正（令和元年法律24号）により新設された規定

(1)　外部からのパワハラについて（いわゆるカスタマーハラスメント）

外部からのパワハラについては、法令上の措置義務の対象ではありませんが、パワハラ指針は、次のとおり、事業主が行うことが望ましい取組に言及しています。

7　事業主が他の事業主の雇用する労働者等からのパワーハラスメントや顧客等からの著しい迷惑行為に関し行うことが望ましい取組の内容

事業主は、取引先等の他の事業主が雇用する労働者又は他の事業主（その者が法人である場合にあっては、その役員）からのパワーハラスメントや顧客等からの著しい迷惑行為（暴行、脅迫、ひどい暴言、著しく不当な要求等）により、その雇用する労働者が就業環境を害されることのないよう、雇用管理上の配慮として、例えば、(1)及び(2)の取組を行うことが望ましい。また、(3)のような取組を行うことも、その雇用する労働者が被害を受けることを防止する上で有効と考えられる。

(1)　相談に応じ、適切に対応するために必要な体制の整備

事業主は、他の事業主が雇用する労働者等からのパワーハラスメントや顧客等からの著しい迷惑行為に関する労働者からの相談に対し、その内容や状況に応じ適切かつ柔軟に対応するために必要な体制の整備として、4(2)イ及びロの例も参考にしつつ、次の取組を行うことが望ましい。また、併せて、労働者が当該相談をしたことを理由として、解雇その他不利益な取扱いを行ってはならない旨を定め、労働者に周知・啓発することが望ましい。

イ　相談先（上司、職場内の担当者等）をあらかじめ定め、これを労働者に周知すること。

ロ　イの相談を受けた者が、相談に対し、その内容や状況に応じ適切に対応できるようにすること。

(2)　被害者への配慮のための取組

事業主は、相談者から事実関係を確認し、他の事業主が雇用する労働者等からのパワーハラスメントや顧客等からの著しい迷惑行為が認められた場合には、速やかに被害者に対する配慮のための取組を行うことが望ましい。

（被害者への配慮のための取組例）

事案の内容や状況に応じ、被害者のメンタルヘルス不調への相談対応、著しい迷惑行為を行った者に対する対応が必要な場合に1人で対応させない等の取組を行うこと。

(3)　他の事業主が雇用する労働者等からのパワーハラスメントや顧客等からの著しい迷惑行為による被害を防止するための取組

(1)及び(2)の取組のほか、他の事業主が雇用する労働者等からのパワーハラスメントや顧客等からの著しい迷惑行為からその雇用する労働者が被害を受けることを防止する上では、事業主が、こうした行為への対応に関するマニュアルの作成や研修の実施等の取組を行うことも有効と考えられる。

また、業種・業態等によりその被害の実態や必要な対応も異なると考えられるこ

とから、業種・業態等における被害の実態や業務の特性等を踏まえて、それぞれの状況に応じた必要な取組を進めることも、被害の防止に当たっては効果的と考えられる。

アドバイス

○カスタマーハラスメントへの対応

カスタマーハラスメントへの対応は、今回の改正でも措置義務の対象とはされず、パワハラ指針で「望ましい」取組が示されているにとどまりますが、企業としては、緊急性の高い課題として取り組むべきです。

なぜなら、カスタマーハラスメントによって、現場の従業員が離職してしまうかもしれませんし、従業員が精神疾患になる等のダメージを受ける場合もあり、これを放置すると企業の法的責任（安全配慮義務違反）が発生しかねないためです。後者の問題については、バイオテック事件（東京地判平11・4・2労判772・84）（Y社の女性従業員Xが男性顧客からストーカー行為を受けていたという事案）において、「従業員が顧客から暴行、傷害、脅迫等の危害を加えられることが予見される場合、使用者は、それを防止するために必要な措置を執るべき義務（安全配慮義務）を負うと解するのが相当である。」と判示されています。

具体的な対策としては、パワハラ指針で示されている内容と重なりますが、現場での対応が困難な事案については遠慮なく上司や本部等に相談するようにあらかじめ周知徹底をしておくこと、実際に対応困難な事案が発生した場合には本部ないし外部の弁護士による対応に切り替えて、以後は現場の担当者に対応をさせないこと等が考えられます。同時に、ハラスメント行為の証拠を残すための録音・録画や、警察への通報という対応も行います。

また、パワハラ指針にもあるとおり、社外の者が関与するハラスメントについても、事実調査等を実施していくべきです。もっとも、取引先の労働者あるいは顧客でもある相手方（加害者とされている者）の行為について、ハラスメント調査を実施して、事実認定をし、対応方針を決めるという行為は、取引上の力関係が影響して当事者企業としては実施しづらい立場に置かれることも多いでしょう。外部の弁護士等を委員とする第三者調査委員会を立ち上げて、調査や判定を委ねるという方法を積極的に活用すべきです。

(2)　外部からのセクハラについて

外部からのセクハラについては、改正前から、措置義務の対象とされていましたが、今回の改正で、この点がセクハラ指針上、次の①②のように規定され、より明確にされました。

① セクハラの内容の中で明記

セクハラ言動を行う者には、取引先等の他の事業主又はその雇用する労働者、顧客、患者又はその家族、学校における生徒等も含まれることが明記されました。

② 外部からのセクハラへの事後対応の内容として、次の2つの内容が加えられました。

「必要に応じて、他の事業主に事実確認への協力を求めることも含まれる。」

「必要に応じて、他の事業主に再発防止に向けた措置への協力を求めることも含まれる。」

なお、後記(4)にて述べますが、上記②による協力の求めを受けた側の事業主は、これに応じるようにする努力義務があります。

(3) 外部へのハラスメント（ただし、育児休業・介護休業に関するハラスメントを除きます。）について

外部へのハラスメントについては、法令上の措置義務の対象ではありませんが、パワハラ指針、セクハラ指針、マタハラ指針において、以下のような言及がなされています。ただし、育児休業・介護休業に関するハラスメントについては指針（両立指針）に言及がありません。

> 事業主は、当該事業主が雇用する労働者が他の労働者（他の事業主が雇用する労働者及び求職者を含む。）のみならず、個人事業主、インターンシップを行っている者等の労働者以外の者に対する言動についても必要な注意を払うよう配慮するとともに、事業主（その者が法人である場合にあっては、その役員）自らと労働者も、労働者以外の者に対する言動について必要な注意を払うよう努めることが望ましい。
>
> こうした責務の趣旨も踏まえ、事業主は（中略）ハラスメントを行ってはならない旨の方針の明確化を行う際に、当該事業主が雇用する労働者以外の者（他の事業主が雇用する労働者、就職活動中の学生等の求職者及び労働者以外の者）に対する言動についても、同様の方針を併せて示すことが望ましい。
>
> また、これらの者から職場における（中略）ハラスメントに類すると考えられる相談があった場合には、その内容を踏まえて、（中略）必要に応じて適切な対応を行うように努めることが望ましい。

(4)　外部へのセクハラ

外部へのセクハラについては、男女雇用機会均等法により、他の事業主が男女雇用機会均等法に基づき講ずる措置の実施に関する必要な協力を求められた場合には、これに応ずるよう努めるべきと規定されました（雇用均等11③）。

これを受けて、セクハラ指針では、次のように言及されています。

> 他の事業主から、事実関係の確認等の雇用管理上の措置の実施に関し必要な協力を求められた場合には、これに応ずるように努めなければならない。
>
> また、同項（男女雇用機会均等法11条3項）の趣旨に鑑みれば、事業主が、他の事業主から雇用管理上の措置への協力を求められたことを理由として、当該事業主に対し、当該事業主との契約を解除する等の不利益な取扱いを行うことは望ましくないものである。

ケーススタディ

Q　取引先Ａ社から「当社の社員Ｘが、御社（Ｂ社）の社員Ｙから、商談中にセクハラを受けたと被害申告がありました。当社で調査をするので協力してください。調査結果に応じＹや御社責任者からＸへの謝罪等を検討してください。」と申し入れがありました。Ｂ社としては、どのように対応すべきでしょうか。

A　Ｂ社は、男女雇用機会均等法11条3項により、外部へのセクハラについてＡ社からの協力依頼に応ずるべき努力義務を負っていますし、被害申告をしているＸからＹとならんで使用者責任（民715）を追及され得る立場にありますから、Ｘの被害を最小限にとどめるべく、セクハラの事後対応をすべきです。また、Ａ社との良好な取引関係を維持するためにも真摯な対応をすべきでしょう。

では、被害申告者Ｘが他社の社員である設問において、Ｂ社はどのように調査に関与するのがよいでしょうか。男女雇用機会均等法11条3項の文言によると、Ｂ社はＡ社に協力するという従属的な立場でよいと考えがちですが、Ｂ社も主体的に調査に関与すべきと考えます。なぜなら、仮に調査の結果、Ｙにハラスメント行為が認められた場合、Ｙへの懲戒処分を決定するのはＢ社であるため、Ｂ社にて懲戒処分の適否を判断できるだけの材料をしっかり収集しておかなければならないからです。

実務上の進め方ですが、Ａ社とＢ社が共同で、中立な立場の弁護士等で構成する第三者委員会に調査を依頼する方法が最善と考えます。事前に、両社にて、調査の目的、方法、費用等を合意した上で、共同の第三者委員会を立ち上げることができれば、調査の重複を避けることもでき、偏頗な調査であるとの誹りもかわすことができます。

5　ハラスメント禁止や罰則等はない

改正の議論の中で、パワハラやセクハラの行為者に対して刑事罰を科すこと、被害者による行為者等に対する損害賠償請求の根拠を法律で新たに設けることが議論をされましたが、今回の改正では見送られています。

なお、法案成立に当たっての参議院附帯決議第8項においては、「ハラスメントの根絶に向けて、損害賠償請求の根拠となり得るハラスメント行為そのものを禁止する規定の法制化の必要性について検討すること」が盛り込まれています。

第3　ハラスメントと企業の私法上の責任

企業として、ハラスメント相談への対応に当たって、いかなる範囲で、いかなる尽力をすべきかを検討するに当たっては、ハラスメント問題に関し企業が負うおそれがある私法上の責任がいかなるものであるかを理解しておくことが有意義です。

そのため、以下では、ハラスメント問題に関し、企業が被害者に対して損害賠償責任を負う場合について概要を解説します。

1　三つの法的構成

ハラスメントが発生した場合の企業の責任としては、使用者責任と、職場環境配慮義務違反の不法行為責任、同じく職場環境配慮義務違反の債務不履行責任という三つの法律構成があり得ます。

後二者にて争点となる職場環境配慮義務違反の具体的内容は共通していますので、以下では、①使用者責任と、②職場環境配慮義務違反の二つに分けて解説します。

①　使用者責任

従業員の不法行為が「事業の執行について」なされた場合には、免責事由に該当しない限り、企業は使用者責任を負います（民715①）。

㋐　「事業の執行について」

「事業の執行について」の要件は、かなり広範な場合に満たされると解されています。すなわち、判例上、事実的不法行為についても外形理論が採用されており、ハラスメントについても、従業員の加害行為が外形上職務の範囲内にあり、従業員の職務との関連性がある場合には、当該要件を満たすと解されています。例えば、暴力行為については、「事業の執行行為を契機とし、これと密接な関連を有すると認められる行為」に対して使用者責任が肯定されています（最判昭44・11・18判時580・44）。

当該要件に関するセクハラについての判例をみると、横浜セクシュアル・ハラスメント（建設会社）事件（東京高判平9・11・20判時1673・89）は、「行為が行われた場所及び時間、上司としての地位の利用の有無」等を考慮要素とした上で、事務所内で営業所長により部下である女性従業員に対し、勤務時間中に行われ、又は開始された行為につき、当該要件を満たすとしています。このように、会社の勤務時間中の勤務場所における上司の行為に関しては使用者責任が認められるケースが多いでしょう。

さらに、勤務時間外・勤務場所以外での行為に関しても、使用者責任が認められるケースは、判例上散見されます。例えば、懇親会等飲食の場での上司の言動に関しては、飲食が行われた日、時間帯、会合の趣旨、目的、参加者の構成等を考慮した上で、使用者責任が認められています（大阪セクハラ（S運送会社）事件＝大阪地判平10・12・21判時1687・104、東京セクハラ（T菓子店）事件＝東京高判平20・9・10判時2023・27等）。

㋑　免責事由

使用者は、被用者の選任及びその事業の監督について相当の注意をしたときは、使用者責任を負わない（民715①ただし書）とされていますが、判例上、この免責は容易には認められていません（東京セクシュアルハラスメント事件＝東京地判平16・5・14判タ1185・225）。

②　職場環境配慮義務違反（不法行為責任・債務不履行責任）

㋐　職場環境配慮義務違反

使用者責任とは別途に、企業が、従業員に対する労働契約に基づく付随義務としての職場環境配慮義務（労働契約法5条の安全配慮義務の一種）に違反したものとして、直接の不法行為（民709）ないし債務不履行責任とする構成もあり得ます。

不法行為、債務不履行のいずれの構成においても、職場環境配慮義務違反の具体的内容は同様といえます。

㋑　不法行為責任

仙台セクハラ（自動車販売会社）事件（仙台地判平13・3・26判タ1118・143）は、女子トイレの掃除用具置場に男性従業員が潜んでいたセクハラ事案について、「事業主は、雇用契約上、従業員に対し、労務の提供に関して良好な職場環境の維持確保に配慮すべき義務を負い、職場においてセクシャルハラスメントなど従業員の職場環境を侵害する事件が発生した場合、誠実かつ適切な事後措置をとり、その事案にかかる事実関係を迅速かつ正確に調査すること及び事案に誠実かつ適正に対処する義務を負っているというべきである」とした上で、会社の同義務違反を認め不法行為責任を肯定しています。

㋒　債務不履行責任

三重セクシュアル・ハラスメント（厚生農協連合会）事件（津地判平9・11・5判時1648・125）は、会社が加害者のひわいな言動を把握していたにもかかわらず注意をせず、原告から加害者と深夜勤務をしたくないと聞いていたにもかかわらず何ら対策を講じず、その後の加害行為を招いたという事案において、会社の職場環境配慮義務違反を認め、債務不履行責任を認めています。

他方、広島セクハラ（生命保険会社）事件（広島地判平19・3・13労判943・52）、N紹介事件（東京地判平31・4・19労経速2394・3）では、セクハラ後の調査時期や調査の方法等について不適切な点はなかったとして、職場環境配慮義務違反を否定しています。

㋓　措置義務上講ずべき措置との関係

職場環境配慮義務の具体的内容については、労働施策総合推進法、男女雇用機会均等法､育児介護休業法による措置義務と重なる部分も多いといえるでしょう。もっとも、不法行為や債務不履行の成否の審理においては、個別具体的な事案に即し、措置を講ずる前提としての予見可能性や、措置を講ずることで結果回避可能性があったのかが検討されるべきであり、ハラスメントの予防や事後対応において措置義務違反の点があれば、直ちに不法行為や債務不履行が成立するというものではないと考えます。

㋔　措置義務の対象との関係

職場で発生した事案が、措置義務の対象となる各種ハラスメントに該当しない場合であっても、使用者の職場環境配慮義務違反を問われる場合はあると考えます。アンシス・ジャパン事件（東京地判平27・3・27労経速2251・12）では、同僚Ｃからパワハラをしたと訴えられた原告が、以後Ｃと協同して業務遂行することは不可能だと繰り返し訴えた後に退職し、被告会社に対し安全配慮義務違反を主張して慰謝料請求をした事案です。原告に対するハラスメントの事実は認定されていませんが、判示は、「本件のように2人体制で業務を担当する他方の同僚からパワハラで訴えられるという出来事（トラブル）は、同僚との間での対立が非常に大きく、深刻であると解される点で、客観的にみても原告に相当強い心理的負荷を与えたと認めるのが相当であり、原告自身、原告をパワハラで訴えたＣと一緒に仕事をするのは精神的にも非常に苦痛であり不可能である旨を繰り返しＤ部長らに訴えているのであるから、被告は、上記のように強い心理的負荷を与えるようなトラブルの再発を防止し、原告の心理的負荷等が過度に蓄積することがないように適切な対応をとるべき」であり、何ら対応をしなかった点は、業務の遂行に伴う疲労や心理的負荷等が過度に蓄積して心身の健康を損なうことがないよう注意する義務に違反したと認定しています。

また、ハラスメントに対して相談申告がなされておらず、措置義務上の事後対応を講ずべき場合でなかったとしても、使用者の職場環境義務違反を問われる場合もあります。ゆうちょ銀行（パワハラ自殺）事件（徳島地判平30・7・9労判1194・49）は、Ｘの業務遂行能力が不十分であったため、主査2名（Ｘより職位が上の非管理職）が、2年弱の間、日常的に強い口調で叱責を繰り返し、その後にＸが自殺したという事案ですが、Ｘによる外部通報窓口への相談や告発はなされていませんでした。判旨は、外部通報や内部告発がなされていないからといって、Ｘにおいて何ら配慮が不要であったということはできないとしました。その上で、本件については、Ｘの上司である管理職らはＸが主査2名から日常的に厳しい叱責を受け続けていたことを目の当たりにしていたこと、Ｘが継続的に異動を希望し続けていたこと、Ｘの体重が2年間で15kgも減少する等体調不良は明らかであったこと、Ｘが死にたがっているという情報を同じ職場の他の従業員からもたらされていたことを前提とし、Ｘの執務状態を改善し、Ｘの心身に過度の負担が生じないように、同人の異動をも含めその対応を検討すべきであったといえるところ、管理職らは、一時期、Ｘの担当業務を軽減したのみで、その他にはなんらの対応もしなかったのであるから、Ｙ社には、Ｘに対する安全配慮義務違反があったと認定しています。

したがって、企業の対応としては、措置義務上何をすべきかという検討にとどまらず、現に具体的に発生している職場環境の悪化（それによる従業員の体調悪化）に対してどのような対応が適切かを検討すべきと考えます。

2　企業が私法上の責任を負う典型パターン

企業が私法上の責任を負う典型パターンとしては、次表のとおりとなります。

措置義務のみを意識していてはカバーできない範囲もあることを理解しておくことが必要です。

○企業への責任追及の典型的なパターン

<table>
<tr><th colspan="2"></th><th>使用者責任</th><th>職場環境配慮義務違反</th></tr>
<tr><td colspan="2">加害者の行為が不法行為</td><td>あり得る</td><td>あり得る</td></tr>
<tr><td rowspan="2">加害者の行為が不法行為ではない場合</td><td>措置義務の対象である場合</td><td>成立しない</td><td>あり得る</td></tr>
<tr><td>措置義務の対象でない場合</td><td>成立しない</td><td>あり得る</td></tr>
</table>

○加害者、被害者の立場と企業の責任

	被害者が従業員	被害者が従業員以外
加害者が従業員	使用者責任 職場環境配慮義務違反	使用者責任
加害者が従業員以外	職場環境配慮義務違反	—

第 1 章

企業からの相談・受任

＜フローチャート～企業からの相談・受任＞

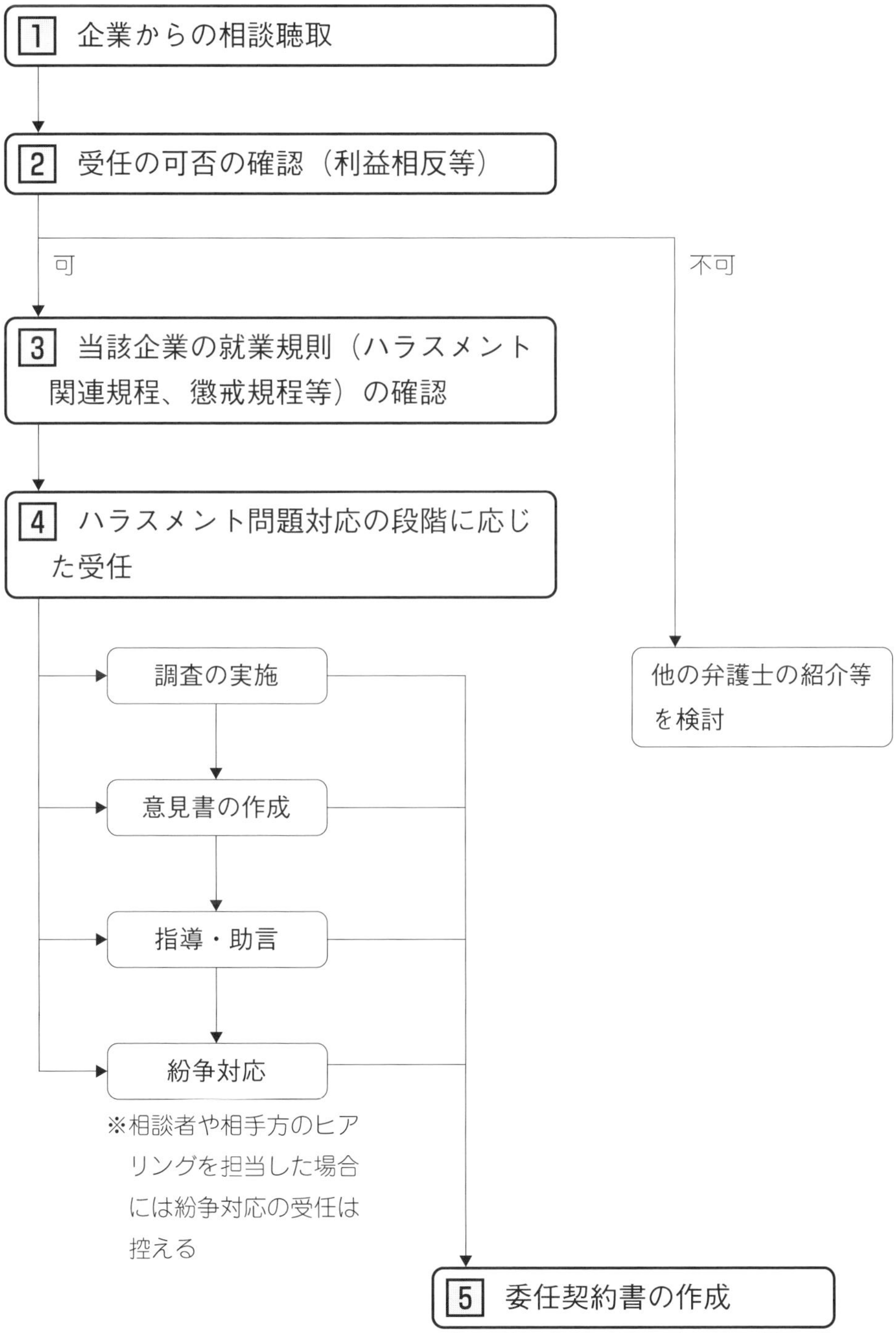

1　企業からの相談聴取

(1)　相談予約

予約の時点でどの程度迅速に対応すべき案件かを把握します。

(2)　初回相談まで

相談案件の事実関係の整理に役立つ資料、就業規則（ハラスメント防止規程、懲戒規程を含みます。）、及び、相談者の会社の懲戒処分の先例をまとめた資料を準備するよう依頼します。

(3)　初回相談

事前にまとめた資料を基に、効率よく事実関係の聴取をした上で、対応の方向性や法的な争点についての見解を示します。

(1)　相談予約

◆対応に求められる迅速性の程度の確認

企業からハラスメント問題について相談したいとの連絡が入ったら、初回相談の日程調整をします。その際、相談の要点を聴き取り、どれほど迅速に対応すべき案件かを見極めます。

以下のような案件は、特に迅速な対応が求められますので、初回相談の日程を早急に確保する必要があります。

①　ハラスメントの加害者と被害者とされている者が、同じ職場で勤務を続けている等、接触する関係にある場合

この場合、ハラスメント被害が現在も続行している可能性が高いですから、一日も早く、被害拡大を防ぐための応急措置を講じなければなりません。例えば、一時的に自宅待機を命じる、一時的に執務場所を変更する等です。これらの応急措置も、当該企業の就業規則を把握した上で、法的に問題のない方法で実施せねばなりません。

したがって、初回相談の日を一両日中に入れることが望ましいといえますし、それが難しい場合には、相談予約時に必要事項を聴き取り、応急措置についての方針を決めるべきです。

②　企業が、相談窓口等を通じてハラスメント被害の申告を把握したものの、いまだ

何らの対応も開始していない段階である場合

被害申告者は、相談したものの企業が対応してくれないと感じると、企業内で相談しても問題は解決できないと落胆するかもしれません。企業内で解決できないのであれば、外部の弁護士や機関の力を借りようと思うかもしれません。

ハラスメント問題は、裁判所等の外部機関の力を借りるまでもなく、企業内部での対応で迅速に解決できることが最善です。

そこで、企業が対応に着手していない段階にある場合には、速やかに対応方針を決めて動き出すことが肝要です。また、相談予約時のアドバイスとして、被害申告者に「○日に、今後の対応方針を伝えるので、それまで待ってください。」という通知をしておくとよい旨を企業担当者へ伝えます。

③　労働審判手続や保全手続の申立てが既になされている場合

ハラスメント問題に関連して労働審判や保全手続（例えば、労働者の地位確認の仮処分手続）の申立てを受けた段階で、初めて相談を受ける場合もあります。

労働審判手続や保全手続については、第1回期日までに、会社側の主張・立証を一通り完了しなければなりませんので、第1回期日が迫っていれば、早急に打合せをして、対応方針を確定するべきです。

◆依頼企業の担当者・連絡方法の確認

依頼企業と案件について連絡をとる場合に、どの担当者と、どのような連絡方法を用いるかを確認し、決めておきます。

ハラスメント事案への対応に当たっては、パワハラ指針、セクハラ指針、マタハラ指針及び両立指針においても、プライバシーに配慮することが求められています。被害申告があった事実等は、関係者以外には知られないように調査を進めるべきですから、弁護士から依頼企業に連絡をとる際にも細心の注意を払います。

具体的には、次のような工夫が考えられます。

①　法律事務所からの連絡は担当者のみが使用する携帯電話やメール宛にする。

②　法律事務所から代表電話に連絡する際には、「弁護士」「法律事務所」と名乗らずに取り次いでもらう。

③　法律事務所からＦＡＸ送信する際には、あらかじめ担当者に電話をしておき、担当者以外の目に触れないようにする。

④　法律事務所から郵送する場合には、差出人に「弁護士」「法律事務所」と記載しない。

⑤　法律事務所から郵送する場合には、宛名に担当者名を記載し「親展」とする。

(2)　初回相談まで

初回相談で充実したアドバイスをするためには、基礎資料の収集を完了しておくことが必須です。

ハラスメント問題の対応における基礎資料には、以下のようなものがあります。

①　相談案件の事実関係の整理に役立つ資料

㋐　ハラスメントの関係者（主に被害者と加害者とされている者）の社内の経歴（賞罰含む）

㋑　ハラスメントの関係者の相関図、職場での座席表等

㋒　ハラスメント言動をめぐる事実関係の時系列

㋓　ハラスメント言動と関連する場所の見取図

㋔　関係者からのヒアリングの内容

㋕　関係者から提出された証拠

ハラスメントの事実認定や法的評価においては、「○月○日にどこで何があったのか」という時系列だけではなく、加害者と被害者の日頃の関係性（どういう間柄で起こった出来事なのか）も重要ですので、上記の㋐㋑といった情報も早期に把握しておくべきです。

②　就業規則（ハラスメント防止規程、懲戒規程を含みます。）

ハラスメント関連規定をどのような形で就業規則に規定しているかは、企業により区々です。就業規則本体に盛り込んでいる企業もあれば、就業規則には「ハラスメント防止規程に定める」として、別規程としている企業もあります。

いずれの場合も、以下のような規定を把握する必要があります。

㋐　「ハラスメント」の定義規定

ハラスメントを法律（労働施策総合推進法・男女雇用機会均等法・育児介護休業法）・指針と同一の定義としている企業もあれば、それよりも広い範囲の行為を含んで定義をしている企業もあります。定義に加えて、例示列挙としてハラスメントに当たる言動を規定している企業もあります。

㋑　いかなるハラスメント言動につき、いかなる懲戒処分を規定しているか

㋐に規定するハラスメント言動をしたことを懲戒事由として規定している企業もあれば、ハラスメントを特別な懲戒事由とはせず、「その他この規則に違反し又は前各号に準ずる不都合な行為があったとき」といった一般的な懲戒事由に当てはめることを想定している企業もあります。

加害者への対応として懲戒処分が相当な事案については、懲戒事由該当性が明確となるように事実認定を行う必要があり、それに必要な証拠を散逸させてはなりませんから、早期に懲戒規程も把握しておくべきです。

③　当該会社の懲戒処分の先例をまとめた資料

加害者への対応として懲戒処分をする場合には、相当な処分を選択しなければなりません。相当性を欠けば、懲戒処分は権利濫用として無効となってしまいます。

懲戒処分の相当性の考慮事情の一つは、当該会社の過去の懲戒処分例と比較で公平性を欠いていないか、ということです。「今までは同じようなハラスメントをしても譴責にしかならなかったのに、今回は降格になる、というのは不公平であり、無効である」という主張がよくなされます。

そこで、当該会社の懲戒処分の先例をまとめた資料を提供してもらいます。ハラスメントの先例のみならず、飲酒運転の先例、横領の先例等も、悪質性を比較する上で参考になることも多いですので、広範な情報提供を求めるとよいでしょう。

アドバイス

○ヒアリングシートの活用

ハラスメント事案において共通して情報収集をすべき項目をリストアップしたものが後掲【参考書式1】のヒアリングシートです。ヒアリングシート作成の目的は、聴き取った情報や収集した資料を一元化しておくことです。同じ資料を何度も依頼企業に提出してもらったり、メールの中から探し出したり、といった無駄な作業を繰り返さないよう、入手した情報を即座に一元化していくことが重要です。

ヒアリングシートを作成しつつ、収集した資料に番号を付して、紙ファイルに綴じたり、フォルダに保存したり、といった作業をしていきます。

どのような書式でも構いませんが、初回相談前の資料収集の段階から、情報の一元化の作業を開始することが効果的です。

(3)　初回相談

事前にまとめた資料を基に、効率よく事実関係の聴取をした上で、対応の方向性や法的な争点についての見解を示します。

事実認定に必要な関係者のヒアリング、証拠の評価による事実認定、事実認定をした上でのハラスメント該当性の判断及び懲戒処分の相当性の判断等は、いずれも、法律の専門家が携わるべき領域であることを説明して、必要な支援をできるよう、提案しましょう。

【参考書式1】　ヒアリングシート

＜依頼者情報＞

・依頼者情報
依頼者名　○○株式会社
担当者名　○○部　○○○○　氏
連絡先　代表電話　○○－○○○○－○○○○
担当者携帯　○○－○○○○－○○○○
メール　○○○○@○○○○.jp
住　所　○○市○○町○－○－○

・連絡時の注意事項
代表電話ではなく、担当者携帯にかけること。
郵送物は法律事務所からとわからない封筒で、担当者宛てとし「親展」と記載。

・利益相反のチェック
被害申告者・相手方ともに利益相反なし。

＜基礎情報＞

A　就業規則について

内　容	該当条文	施行日（制定・改訂）	就業規則の周知	根拠資料
ハラスメントを禁止した部分	○条、○条、○条	最終改訂日　令和○年○月○日	有	資料Ａ－1
ハラスメントに対する懲戒処分を規定した部分	○条、○条、○条	最終改訂日　令和○年○月○日	有	資料Ａ－2
ハラスメント調査の手続を規定した部分	ハラスメント防止委員会規程第○章	最終改訂日　令和○年○月○日	有	資料Ａ－3

B　社内の過去の懲戒事例

処分の日	事案の内容	処分の内容	根拠資料
令和○年○月○日	男性上司から女性部下へ、身体的接触、単発	出勤停止5日	資料Ｂ－1（懲戒委員会議事録）
令和○年○月○日	男性管理職の職場での性的言動、日常的に行われる	降格	資料Ｂ－2（懲戒委員会議事録）
令和○年○月○日	管理職の暴言、単発	譴責	資料Ｂ－3（懲戒委員会議事録）

＜本件ハラスメントに関する情報＞

C　関係者の情報

相談者（X）	所属	○部○課	資料Ｃ－1（社員情報シート）
	社員区分	契約社員	
	入社年月日	令和○年○月○日	
	契約期間		
相手方（Y）	所属	○部○課	資料Ｃ－2（社員情報シート）
	社員区分	正社員	
	入社年月日	令和○年○月○日	
	契約期間		
	相談者との関係	直属の上司	
関係者	所属	○部○課	資料Ｃ－3（社員情報シート）
	社員区分	正社員	

入社年月日	令和○年○月○日	
契約期間		
相談者・相手方との関係	相談者の同僚。相談者がハラスメント被害を従前から相談していた	

D　事案の時系列

年月日	出来事	根拠資料
令和○年○月○日	ＹがＸの上司に着任	
令和○年○月○日	Ｙの歓迎会で、Ｘとプライベートの連絡先を交換	資料Ｄ－1（相談者提出のＳＮＳの履歴）
令和○年○月○日	ＹがＸを飲食に誘うが、Ｘは多忙として断る	
・・		
・・		
令和○年○月○日	Ｙが飲食の席で、Ｘに「こんなに可愛い子なのに、彼氏がいないのはもったいない」と発言	資料Ｄ－2（相談窓口のヒアリング記録）
・・	飲食からの帰り道に、ＹがＸと手をつなぐ	
・・		

E　会社の対応の時系列

年月日	出来事	根拠資料
令和○年○月○日	Ｘから相談窓口への相談あり	資料Ｅ－1（Ｘからの社内メール）
令和○年○月○日	相談員がＸからヒアリング	資料Ｅ－2（相談窓口のヒアリング記録）

2　受任の可否の確認（利益相反等）

(1)　利益相反の確認

被害申告者や、相手方（加害者とされている者）との利益相反を確認します。

(2)　顧問弁護士がハラスメント調査を受任することの適否

調査の中立性を重視する等の配慮から、顧問弁護士がハラスメント調査を担当しない方がいい場合もあります。この点を説明し、場合によっては、他の適任の弁護士を紹介することも検討します。

(1)　利益相反の確認

事件の受任に当たって、利益相反の有無を確認し、利益相反があれば受任をしないのが一般的なルールです（弁護士法25、弁護士職務基本規程27・28・57・63～66）。

◆利益相反の「相手方」になり得る当事者

企業から依頼を受けてハラスメント問題対応の職務を担当する場合に、利益相反の「相手方」となり得る当事者は、多くの場合は、被害申告者や加害者です。

例えば、次のようなパターンがあります。

①　被害申告者

ハラスメント問題に関連して、被害申告後になされた配転等が無効であると争ったり、損害賠償請求をする場合には、被害申告者が当該企業の相手方となります。

②　加害者

ハラスメント問題に関連して、懲戒処分が無効であると争ったり、損害賠償請求をする場合には、加害者が当該企業の相手方となります。

◆ハラスメント問題に関しヒアリングを担当していた場合

弁護士にてハラスメント問題の関係者からのヒアリングを担当した後に、被害申告者や加害者を相手方とする裁判・交渉への対応を依頼された場合には、相手方との関係性が、弁護士職務基本規程の次の条項に該当しないかを検討すべきです。

> 弁護士職務基本規程第27条第2号
> 　相手方の協議を受けた事件で、その協議の程度及び方法が信頼関係に基づくと認められるもの

ヒアリングで話を聞いたことが「協議を受けた」に該当しないか、という問題意識です。

この点、「協議を受けた」とは、「当該具体的事件の内容について、法律的な解釈や解決を求める相談を受けることを言う。『協議を受けた』と言い得るためには、主体的に協議を受けたことが必要である」と解すべきです（日本弁護士連合会弁護士倫理委員会編著『解説　弁護士職務基本規程〔第3版〕』79頁（日本弁護士連合会、2017））。

ハラスメント問題のヒアリングは、そもそも企業からの依頼に基づき、中立の立場にて実施するものですから、厳密に言えば、被聴取者から法律相談を受けるという場面には該当せず、利益相反は問題とならないでしょう。

ただ、ヒアリング担当弁護士が中立の姿勢を貫いていたとしても、被聴取者としては、ヒアリング担当弁護士に一定の信頼をおき、言い分を聞いてもらった、相談に乗ってもらった、他の人には秘密にしておきたいことも打ち明けた、と感じていることも少なからずあるでしょう。

このように、被聴取者と一定の信頼関係が形成されたという点を重視するならば、利益相反には該当しないとしても、被聴取者を相手方とする事件を受任することは控える方が望ましいといえます。

(2)　顧問弁護士がハラスメント調査を受任することの適否

ここで言うハラスメント調査とは、関係者に対するヒアリングを実施すること、書証（電子データで保存された文書も含みます。）を収集し検証すること、これにより、事実認定を行い、調査報告書を作成することを指します。

これを弁護士にて受任するとは、弁護士が自らヒアリングを実施し、弁護士名義での調査報告書を作成する、ということを指します。

◆顧問弁護士がハラスメント調査を実施することのデメリット

ハラスメント調査は、もともと企業内部の従業員が実施できるものを、外部の弁護士に委任するものですから、調査実施者の中立性・独立性は必須要件ではありません。

したがって、顧問弁護士がこれを受任して実施することも可能です。

ただし、顧問弁護士が受任をして、自らヒアリングを実施したり、弁護士名の調査報告書を作成したりすることには、次のようなデメリットがあることを理解し、依頼者に説明しておくべきです。

①　中立性に欠けるとみられる場合

関係者の一部が顧問弁護士と既知の仲であるといったこともあり得るため、調査の中立性に対し疑念を持たれる可能性があります。例えば、過去に、加害者と顧問弁護士が接待の場面で酒食を共にしたという事情があれば、被害申告者は「顧問弁護士は加害者側の肩を持っているのではないか。公平にヒアリングをしてもらえるのか。」という疑問を持つ、といった具合です。

もちろん、このような場面においても中立を貫いてこその弁護士ではありますが、調査の中立性に欠けるとの疑念を持たれるおそれがある場合には、調書への関与を控えるという判断もあり得ます。

②　当該ハラスメント問題に関連する事後の紛争処理を担当できない可能性

前記(1)で述べたとおり、ヒアリングを担当したケースにおいて、事後的に関係者と顧問先企業との間で紛争となった場合には、顧問先企業での紛争対応の代理人の受任を躊躇する場面も出てきます。

事後に紛争に発展することを予測しておくべきケースにおいては、顧問先企業に対して、「事後に紛争に発展した場合に、代理人としての対応を受任できない可能性がある。」ということを説明しておくべきです。

◆依頼企業へのデメリットの説明と、他の弁護士の紹介

弁護士がハラスメント調査を実施するメリットは、専門家が、中立の立場で、法律に照らした公正な調査を実施できる、という点にあります。依頼企業にこのメリットを最大限享受させるためには、中立性を徹底的に追求することが望ましいと考えます。

そこで、ハラスメント調査の段階にある企業に対しては、顧問弁護士が担当することによる上記のようなデメリットを説明した上で、必要であれば適任の他の弁護士を紹介できる旨を伝え、検討してもらうのがよいでしょう。

3　当該企業の就業規則（ハラスメント関連規程、懲戒規程等）の確認

(1)　就業規則等の効力の確認
　ハラスメントに関連する就業規則や各種規程（ハラスメント関連規程、懲戒規程等）が、ハラスメント問題発生時において、関係する社員らを規律する効力を有していたかを確認します。
(2)　当該会社で禁止されている「ハラスメント」とは何かの確認
　会社の規程上、いかなる行為につきハラスメントとしての事後対応を求められるのか、いかなる行為が懲戒処分の対象となるのかを確認します。
(3)　ハラスメント調査の手続が、どのように規定されているかの確認
　調査委員会の立ち上げ、社外委員の選任等、特別な手続が規定されていることもあるので、これらを確認します。

(1)　就業規則等の効力の確認

　会社におけるハラスメントの規制は、就業規則や、就業規則の別規程（ハラスメント関連規程、懲戒規程等）により定められているのが通常です。全てのハラスメント対応は、これらの規程に則った形で進めなければなりません。

◆就業規則等の効力要件

　まずは、就業規則等が、問題発生当時において、社員らの言動を規律する効力を有していたかということを確認します。
　就業規則等に効力が認められるための要件は、次のとおりです。

○労働契約期間の当初からハラスメント関連規程に変更がない場合
　要件1：労働契約法7条本文に定める合理性を満たすこと
　要件2：労働契約法7条本文に定める「労働者に周知」がなされたこと
○労働契約期間の途中でハラスメント関連規程が変更されている場合
　要件1：労働契約法10条本文に定める変更の合理性を満たすこと

要件2：労働契約法10条本文に定める変更後の「労働者に周知」がなされたこと
※なお、労働契約法9条の合意が認められる場合も変更は有効となります。

実務上は、ハラスメント関連規程について「合理性」の要件が否定されることは考えにくいですから、要件2の「周知」要件を確認すれば足りる場合がほとんどでしょう。

◆「周知」要件を満たしていること

労働契約法7条本文及び10条本文に定められた「周知」は、労働基準法施行規則52条の2に列挙された方法（①常時各作業場の見やすい場所へ掲示し、又は備え付けること、②書面を労働者に交付すること、③磁気テープ、磁気ディスクその他これらに準ずる物に記録し、かつ、各作業場に労働者が当該記録の内容を常時確認できる機器を設置すること）には限定されず、実質的に見て事業場の労働者集団に対して当該就業規則の内容を知り得る状態においていたことと解されます。

したがって、会社の就業規則等が、ハラスメント問題が発生した当時において、上記①ないし③やその他の方法により、「労働者に周知」されていたかを確認します。

(2)　当該会社で禁止されている「ハラスメント」とは何かの確認

ハラスメント対応を適切かつ迅速に進めるためには、いかなる行為についてハラスメントとしての事後対応を求められるのか、及びいかなる行為があれば懲戒処分をすべきなのかを確認しておくことが不可欠です。

この点、会社のハラスメント関連規程は、法律（雇用均等11①・11の3①、育児介護25①、労働施策推進30の2①）上の措置義務の履行として制定されていることがほとんどです。そのため、各種ハラスメントの定義規定も、これらの法令や指針と同一の内容で設けられていることが多いです。

ただし、法令よりも広い範囲の行為を「ハラスメント」ないし「ハラスメント等」として規定している場合もありますし（例えば、ジェンダーハラスメントもセクシュアルハラスメントに含めている等）、「ハラスメント」とは別の用語（例えば、他の社員への迷惑行為等）でハラスメント類似の言動を規制している場合もあります。

したがって、就業規則等の全体を確認し、ハラスメント問題対応において関連しそうな条項を、網羅的にリストアップしておく作業が必要です。

(3)　ハラスメント調査の手続が、どのように規定されているかの確認

次に、ハラスメント問題が発生した場合の手続がどのように規定されているかも確認します。

会社によっては、例えば、次のような手続が規定されていることもあります。

○被害申告があった場合には調査委員会を立ち上げる。
○調査委員の1名は社外の有識者とする。
○調査を開始する前に書面で被害申告者と相手方に通告をする。
○被害申告から原則○日以内に調査を完了する。
○一定の場合には調査結果に対する異議申立てを認める。

このような手続規定に違反すると、調査結果を前提としてなされる懲戒処分の有効性に疑義も生じかねませんので、慎重に確認をし、手続に沿った対応を進めなければなりません。

4　ハラスメント問題対応の段階に応じた受任

(1)　ハラスメント問題対応での弁護士による支援の内容

弁護士にてハラスメント調査を実施する、意見書を作成する、後方での助言・指導をする、代理人として対応する等、様々な関与の仕方があり得ます。

(2)　ハラスメント問題対応の段階に応じた支援の提案

被害申告者から相談を受けた段階、事情聴取を一通り実施した段階、事実認定をした段階、裁判等の紛争となっている段階等、どの段階にあるのかを確認した上で、最適な支援を提案します。

(1)　ハラスメント問題対応での弁護士による支援の内容

ハラスメント問題対応における弁護士による支援には、次のようなパターンがあります。

① 弁護士にてハラスメント調査を実施

ハラスメント調査、すなわち、関係者からのヒアリングや書証の収集・検証を行った上で、事実認定をし、調査報告書を作成する、という一連の業務は、弁護士が得意とする分野です。

例えば、関係者からのヒアリングに当たっては、二次ハラスメントにならないように配慮をしつつ、事実認定に必要な事情を十分に聴き取りしなければなりません。聴取結果や書証（メール、ＳＮＳのやり取り等も含みます。）の評価も裁判実務における事実認定の手法に準じて検討する必要があります。

これらを適切に実施するためには、裁判実務に精通していることが不可欠であるため、是非とも弁護士が担当をすべき分野と考えます。

② 意見書の作成

実施済みのハラスメント調査や事実認定の適法性・妥当性についての意見書や、調査結果に基づく懲戒処分・配転等の適法性についての意見書を作成することがあります。

③ 後方支援としての指導・助言

企業がハラスメント調査やその後の懲戒処分等の検討を進める中で、法律相談に応じ、後方支援として指導・助言をする、という関与もあり得ます。

④ 企業の代理人としての紛争対応

ハラスメント問題の関係者と企業とで紛争になった場合には、企業の代理人として交渉や裁判等に対応します。

(2)　ハラスメント問題対応の段階に応じた支援の提案

相談案件について、ハラスメント問題対応のどの段階にあるのかにより、提案する支援の内容が異なってきます。まずは、どの段階にあるかを確認した上で、可能な支援を提案します。

◆被害申告者から相談を受けた段階

そもそもハラスメント調査等の対応が必要な案件か、調査はどのように進めるべきか、調査を進める間の当事者の勤務・処遇をどうすべきか等を相談されることが多いです。

この場合、弁護士にてハラスメント調査を実施する、後方にて指導・助言をする、要所にて意見書を作成する、といった支援が可能です。

◆関係者からのヒアリング等の調査を一通り実施した段階

ヒアリングに応じない当事者がいるがどうすべきか、ヒアリングはこれで十分か、ヒアリングをしたら当事者の言い分が相反しているがどうすべきか等の相談を受けることがあります。

この場合は、既に企業で調査に着手していますから、基本的には、後方にて指導・助言をしつつ、要所にて意見書を作成する、といった支援となるでしょう。

ただし、企業が実施しているヒアリングでは不十分であり、多くの補充調査が必要になる、ということであれば、途中から弁護士がハラスメント調査を担当するという選択肢もあり得ます。この場合には、関係者に過分の負担をさせないよう、企業が実施した成果を前提にしつつ重複の質問を避ける配慮が必要です。

◆企業にて調査を実施し、事実認定をした段階

この事実認定で妥当であるか、これに対して加害者の懲戒処分としてどの程度が妥当か、加害者や被害者の配置転換をしてよいか等の相談を受けることがあります。

この場合は、意見書の作成や、後方での指導・助言が適切です。

◆ハラスメント問題の関係者と企業とが裁判等の紛争になっている段階

ハラスメント問題に起因する懲戒処分や配置転換の有効性を争う紛争、使用者責任や安全配慮義務違反に基づく損害賠償請求をされるといった紛争があります。

この場合は、企業の代理人として、交渉や裁判等に対応することになるでしょう。

ケーススタディ

Q　被害申告の内容からすると、ハラスメント調査の実施が必要な事案であるにもかかわらず、企業が調査を実施することに消極的である場合には、どうすべきでしょうか。

A　まず、なぜ企業がハラスメント調査を進めることに消極的なのかを聞き出します。その理由には、被害申告者が問題社員であるから、加害者が経営層から期待

されている人材であり懲戒処分の対象としたくないから、そのようなことにコストや時間をかけたくないから、といろいろあるでしょう。

まずは、これらの疑問や不安を一つずつ解きほぐした上で、ハラスメント問題を放置した場合のデメリットを説明します。例えば、当該被害申告者が会社の対応に不満を持てば、会社に対して労働審判・訴訟等を提起して紛争に突入することになります。また、ハラスメント問題を放置すれば、第二、第三の被害者を生みかねませんし、職場環境の悪化、離職という将来の悪影響を食い止めることができません。

このような結末は、どのような企業も望んでいないはずです。ハラスメント問題を放置した場合のリスクを詳しく説明し、ハラスメント調査の実施を勧めます。

5　委任契約書の作成

(1)　受任する範囲に応じた委任契約書の作成

ハラスメント調査、意見書作成、後方での指導・助言等のどのような法律事務を受任するのか、これに対する弁護士報酬の額や算定方法等を明確にした委任契約書を作成します。

(2)　ハラスメント調査を担当する場合

調査スコープ、調査手法、調査に当たっての権限、調査報告の内容・範囲等を合意しておきます。

(3)　複数の企業から依頼を受けて調査をする場合

ハラスメント問題に関与する複数の企業から調査の依頼を受ける場合には、中立性確保に留意します。

(1)　受任する範囲に応じた委任契約書の作成

ハラスメント問題対応に関する法律事務を受任するに当たっては、原則として、委任契約書を作成すべきです（弁護士職務基本規程30）。

委任契約書の記載事項としては、最低限、「受任する法律事務の表示及び範囲」、「弁護士の報酬の種類、金額、算定方法及び支払時期」、「委任契約が委任事務の終了に至るまで解除ができる旨並びに委任契約が中途で終了した場合の清算方法」を掲記すべきです（弁護士の報酬に関する規程5④）。

「受任する法律事務の表示及び範囲」に関しては、単に「ハラスメント問題への対応」といった一般的なものではなく、より具体的に、「ハラスメント調査（調査報告書作成を含む）」、「懲戒処分についての意見書作成」、「指導・助言」等と受任内容・範囲を明確に記します。

(2)　ハラスメント調査を担当する場合

弁護士がハラスメント調査を担当する場合には、関係者に直接ヒアリングをしたり、企業の情報にアクセスしたり等、企業内に立ち入っての能動的な活動が必要です。このような活動を円滑に進めるためには、あらかじめ次のような点についても合意しておくべきです。

◆調査スコープ

調査対象とする事実の範囲（調査スコープ）により、ヒアリングを実施する対象者の人数や、調査に要する時間も変わってきます。漠然と「ハラスメント問題の調査」として受任するのではなく、「Y社員からX社員に対するセクシュアルハラスメント問題の調査」とか、「X社員の○年○月○日申告にかかる事実関係の調査」等と具体的に調査スコープを定めておくべきです。

調査の途上で、問題解決のために調査スコープを拡大すべきと判断した場合には、企業に対し委任契約の範囲を拡大する提案をし、それに応じた報酬の増額も交渉をします。

◆調査手法

調査手法として、関係者に対するヒアリング、書証の入手・検証等、予定している事項を企業に提案をし、合意をしておくべきです。

ヒアリングに当たって、録音をするのか、録音反訳をするのかも定めておくべきです。録音反訳を専門業者に依頼する場合の費用は、弁護士報酬とは別途に企業が負担することも合意をしておきます。

書証の入手・検証に当たっては、電子データとして保存されている文書も含めるべき場合も多く、デジタルフォレンジック調査が必要となることもあります。これに当たっては、専門家に関与してもらう必要があり、別途費用が必要となることも合意しておきます。

◆調査に当たっての権限

調査の実施には、企業側の全面的な協力が不可欠です。

調査担当弁護士が、企業に対して、次のようなことを要求できることを合意しておきます。

①　調査担当弁護士に対し、企業が所有するあらゆる資料、情報、従業員へのアクセスを保障すること

②　企業が、従業員等に対して、調査に対する優先的な協力を業務として命令すること

◆調査報告の範囲等

調査報告の内容として、次のうち、どれを含むのかも明確に合意しておきます。

①　事実認定の結果

②　認定した事実の懲戒事由該当性

③　認定した事実を前提とした最終的な企業の対応に対する意見

また、調査過程で入手、作成した資料をどこまで提供するかも合意をしておきます。

①　ヒアリングの記録

②　書証等の資料

アドバイス

○デジタルフォレンジック調査

パソコンやスマートフォンなどの端末や、サーバーに蓄積されている電子データを保全した上で、分析し、改ざんや棄損の有無等を調査した内容を、調査報告書にまとめる、という一連の流れをデジタルフォレンジック調査といいます。

専門知識とノウハウが要求される作業であり、専門業者等への依頼が必要です。

ハラスメント調査に当たっては、社用メールの保全や復元を行って、ハラスメント言動の有無を検証するといった活用例があります。

ただし、相応の費用がかかりますので、デジタルフォレンジック調査により得られる証拠が、ハラスメントの事実認定に必須のものであるか否か、費用対効果の観点も含めて検討する必要があるでしょう。

(3)　複数の企業から依頼を受けて調査をする場合

Ａ社の従業員が、Ｂ社の従業員からのセクシュアルハラスメント被害を申告してきた場合には、Ａ社とＢ社が両者合意の上で、一人の弁護士に対してハラスメント調査を依頼することもあり得ます。

この場合には、Ａ社とＢ社、双方から信頼される調査を行うべきであり、どちらの会社にも肩入れしない中立の立場であることを明確にすることが必要です。

したがって、費用はＡ社とＢ社で折半とするのが適切でしょうし、調査スコープ、調査手法、調査に当たっての権限、調査報告の範囲等、いずれの項目においても、両者と同等の合意をしておくべきです。

第 2 章

ハラスメントへの企業の対応

第１　相談者からの相談

＜フローチャート～相談者からの相談＞

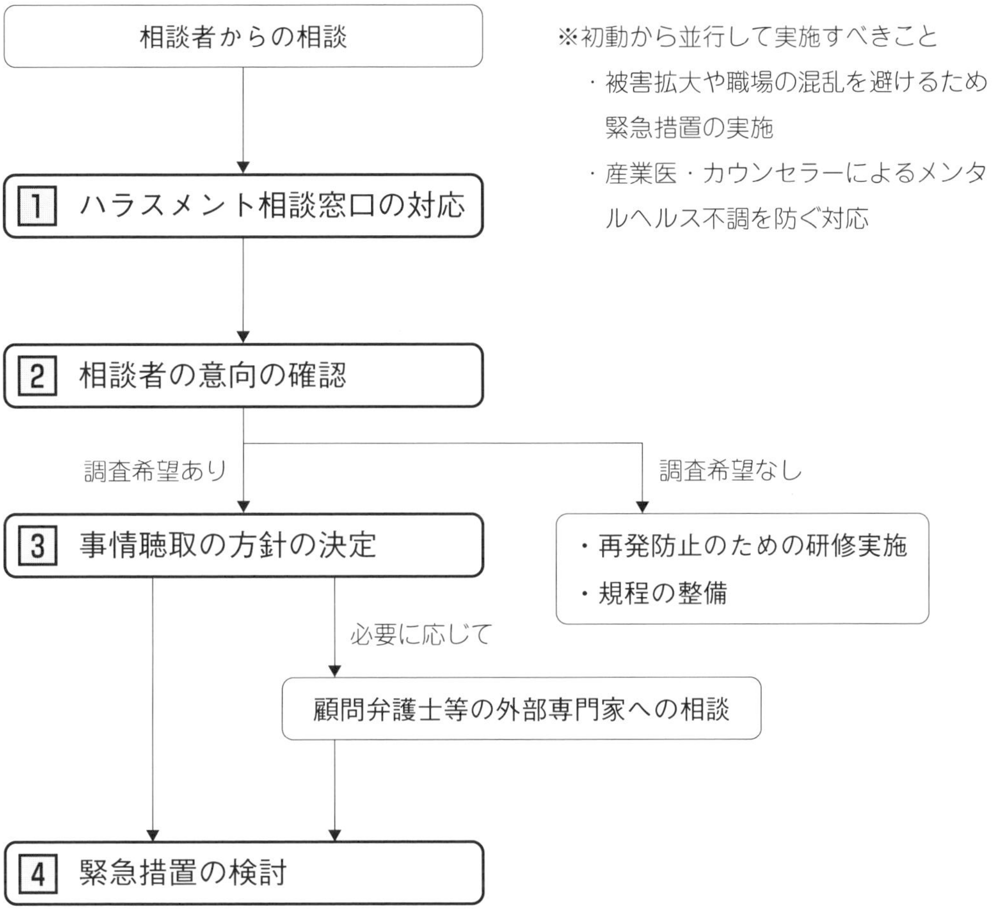

1　ハラスメント相談窓口の対応

(1)　迅速・中立な初期対応
　不適切な事後対応によりハラスメント被害を拡大することのないよう、迅速かつ中立な初期対応が不可欠です。相談員の人選も工夫しましょう。
(2)　ハラスメントか否かにこだわらない相談対応
　ハラスメントか否か微妙な場合であっても、広く相談に応じることが重要です。
(3)　親身な傾聴
　相談者のプライバシーを確保する措置をとった上で、相談者の申告に耳を傾け、何に悩み、困っているのかを丁寧に聴き取ります。

(1)　迅速・中立な初期対応

◆労働施策総合推進法・男女雇用機会均等法・育児介護休業法に基づく措置義務

　企業は、パワハラ指針、セクハラ指針、マタハラ指針及び両立指針に従い、ハラスメントに係る相談の申出があった場合には、その事案に係る事実関係の迅速かつ正確な確認を行わなければなりません。

◆二次ハラスメントも違法行為

　企業が、企業内外に設置した相談窓口や上司等を通じて、ハラスメントの被害申告を把握したにもかかわらず、何らの対応もしなかったり、偏頗な対応をしたりすると、それ自体が二次ハラスメントとして被害を拡大する違法行為となります。
　相談担当者の行為が違法とされた判例としては、Ａ市職員（セクハラ損害賠償）事件（横浜地判平16・7・8判時1865・106）が挙げられます。同判例の事案では、相談窓口担当の職員課長が、セクハラ相談を受けた後に、加害者側から事情聴取をして、セクハラがあったと認識していたにもかかわらず、全体的に加害者をかばう発言を繰り返し、結局被害者に対し何らの措置をとることなく、また加害者についても何らの処置を検討することもしませんでした。判旨は、この職員課長の対応は、問題解決にとって特に重要な事実の調査・確定を十分行わず、当時同課長が把握していた事実によっても当然検討すべきであると考えられた被害者の保護や加害者に対する制裁のいずれの点についても、何もしなかったと評するほかはないとし、違法行為に該当するとしました。

また、各指針は相談対応の際に「相談者の心身の状況や当該言動が行われた際の受け止めなどその認識にも適切に配慮すること」としており、各施行通達においてこの配慮には「相談者が相談窓口の担当者の言動等によってさらに被害を受けること（いわゆる「二次被害」）を防ぐための配慮も含まれる」とされています。

◆迅速な対応

ハラスメント被害者は、被害申告を躊躇する傾向にあるといわれています。

各指針においても、「被害を受けた労働者が萎縮するなどして相談を躊躇する例がある」と指摘されています。

統計的なデータによると、セクハラについては、「セクシュアルハラスメントを受けた本人の対応」として、「がまんした、特に何もしなかった」と回答した者が63.4％もいたとされています（「妊娠等を理由とする不利益取扱い及びセクシュアルハラスメントに関する実態調査」（平成28年3月1日）独立行政法人労働政策研究・研修機構）。

パワハラについても、過去3年間にパワハラを受けたと感じた者におけるその後の行動としては、「何もしなかった」と回答した者の比率が40.9％と最も高くなっています（「平成28年度職場のパワーハラスメントに関する実態調査」（平成29年3月）厚生労働省委託事業、東京海上日動リスクコンサルティング株式会社）。

また、セクハラに関する最高裁判例で、「職場におけるセクハラ行為については、被害者が内心でこれに著しい不快感や嫌悪感等を抱きながらも、職場の人間関係の悪化等を懸念して、加害者に対する抗議や抵抗ないし会社に対する被害の申告を差し控えたりちゅうちょすることが少なくないと考えられる」（Ｌ館事件＝最判平27・2・26判時2253・107）とされています。

被害者は、相談窓口等を頼るまでに、相談すべきかどうか悩み、相当の時間を費やしてきていると想定すべきです。相談者を待たせることなく、できる限り早急に相談を聞く機会を設けるように努めます。また、ハラスメントが継続中である場合も多いですから、被害拡大を防ぐためにも、早急に対応をすべきです。

◆中立な対応

相談当初から、相談者又は相手方のどちらかに肩入れをするような姿勢であってはなりません。

また、前掲Ａ市職員（セクハラ損害賠償）事件のように、加害者をかばって何らの対策も進めないことも不適切ですし、逆に相手方の言い分を聞かないままに相談者の言い分を鵜呑みにすることも不適切です。

◆相談員の人選

複数の相談員候補者から、案件ごとに担当相談員を人選する制度となっている場合等には、次のような点を考慮して人選します。

①　2名で担当する

相談対応が適切に行われたことの担保のため、複数名での対応が望ましいでしょう。

ただし、多人数で相談者を取り囲むような威圧的な雰囲気となることは避けるべきですから、2名での対応を基本とすべきです。1名が主に聴取担当、1名が主に記録担当と役割分担するのがよいでしょう。

②　複数の性、立場、属性の相談員が含まれるようにする

男性だけ又は女性だけの相談員で対応するよりも、複数の性の相談員で対応する方が、中立な雰囲気は作り出しやすいといえます。これは、特にセクハラ相談に当てはまりますが、パワハラやマタハラ相談においても、性的又は性差別的な言動が含まれることはよくありますので、全てのハラスメント相談に共通する視点といえます。

また、管理職1名と非管理職1名で担当する、現業1名と非現業1名で担当する、といった具合に、複数の立場・属性の相談員を組み合わせることができれば、中立な相談体制であることを強調しやすいでしょう。

③　当事者と親しい者は除外する

当事者（相談者や相手方）と親しい者が担当すると、偏頗な対応をされるのではないかという疑念を持たれやすいので、当事者の双方又はいずれかと親しい者は人選から外す方がよいでしょう。

④　速やかな面談日程の設定が可能な者を優先する

迅速な対応も重要ですから、相談員が出張中で当分対応できない、ということであれば、人選から外すという判断もあり得ます。

⑤　相談者の希望を考慮する

相談者が「この人に聞いてもらいたい」という希望を持っている場合には、一定の考慮をすべきでしょう。相談者が話しやすい場を設定することも重要です。

もっとも、人員には限りがありますから、全ての点で最善を目指すことは困難な場合もあります。例えば、緊急性が高くない案件であれば、④以外の点を重視するとか、

2名で担当する場合、当事者と親しい者が担当せざるを得ないとしても、②の点を考慮し、もう1名を関係性が薄い者に担当させる等、ケースバイケースの判断をする必要があります。

(2)　ハラスメントか否かにこだわらない相談対応

ハラスメントか否か微妙な場合であっても、広く相談に応じることが重要です。

法令上の措置義務として、パワハラ指針、セクハラ指針、マタハラ指針及び両立指針により、各ハラスメントに該当するか否か微妙な場合であっても、広く相談に対応をし、適切な対応をするという措置が企業に義務付けられています。

また、措置義務の対象となるハラスメントに該当しないとしても、安全配慮義務の履行という観点から、企業が環境調整、配置の見直し等をすべき場合はあります。参考になる判例として、ゆうちょ銀行（パワハラ自殺）事件（徳島地判平30・7・9労判1194・49）があります。同判例の事案では、自殺をした従業員Xに対する叱責は違法ではないと認定されましたが、Xの上司である管理職らは、Xが日常的な厳しい叱責を受け続けていたことを目の当たりにしていたこと、Xが継続的に異動を希望し続けていたこと、Xの体重が2年間で15kgも減少する等体調不良は明らかであったこと、Xが死にたがっているという情報を同じ職場の他の従業員からもたらされていたといった事実関係を前提とし、会社はXの執務状態を改善し、Xの心身に過度の負担が生じないように、同人の異動をも含めその対応を検討すべきであったとしたとして、これらの対応をとらなかったことにつき、会社の安全配慮義務違反を認めています。

ケーススタディ

Q　パワハラ相談をしに来た社員は、普段から、業務指示に従わない、反抗的である等といった問題行動がある者でした。相談内容を聞いてみても、加害者とされている上司よりも、相談者の行状に問題がありそうです。このような場合、相談者に注意指導をした上で、相談を打ち切っても構わないでしょうか。

A　設例のようなケースは、特にパワハラ相談では頻繁に起こり得るもので、相談担当者としても、パワハラには当たらないという第一印象を持ってしまいがちです。

しかし、問題社員に対する注意指導の必要性がある場合でも、その態様（例えば、人格非難の言葉を用いている、長時間・多数回にわたっている、他の社員の面前で行っている等）によっては、パワハラに該当する場合もあります。よって、相談者に問題があるからといって、即座に門前払いをすべきではありません。

また、改正後の労働施策総合推進法（令和2年6月1日施行）において、相談をしたことを理由とする不利益取扱いは禁止されていることにも、気を配っておくべきです。例えば、相談担当者が相談者に対し、「あなたの方が悪い」と叱責をした後に、会社が相談者を降格・配転等したとしましょう。たとえその降格・配転等が、相談者の問題行動に起因するとしても、降格や配転等が、相談したことに対する不利益取扱いと捉えられる可能性も否定できません。

そこで、設例のようなケースでも、次のような対応を徹底すべきです。

まず、相談担当者は、相談者の言い分を傾聴するに徹します。それがハラスメント調査を開始すべき程度のものなのかについては、相談終了後に社内フローに従って判定をします。

一方、相談や調査の過程で発覚した相談者の問題行動については、ハラスメント対応とは別の次元の問題として、別の機会を設けて上司等から注意指導をするなどします。

ハラスメント調査と、相談者の問題行動に対する指導とを、明確に分けて実施をすることが重要です。

◆パワハラについて

パワハラ指針により、広く相談に応ずべき場合の例示として、次のものが挙げられています。

①　放置すれば就業環境を害するおそれがある場合

②　労働者同士のコミュニケーションの希薄化などの就業環境の問題が原因や背景となってパワハラが生じるおそれがある場合

◆セクハラについて

セクハラ指針により、広く相談に応ずべき場合の例示として、次のものが挙げられています。

①　放置すれば就業環境を害するおそれがある場合

②　性別役割分担意識に基づく言動が原因や背景になってセクハラが生じるおそれが

ある場合

このうち、②の性別役割分担意識に基づく言動とは、例えば「女性にしておくのはもったいない」、「男のくせに情けない」、「女性は結婚したら家庭に入るのがいい」といったものです。この類の言動がなされる職場では、周囲の従業員を性の対象と見る意識が生まれ、セクハラ言動につながりかねないと懸念されています。

そこで、必ずしも「性的言動」という定義にあてはまらない言動についての相談も受け付けて、職場からなくしていくべきです。

◆マタハラについて

マタハラ指針及び両立指針により、広く相談に応ずべき場合の例示として、次のものが挙げられています。

① 放置すれば就業環境を害するおそれがある場合

② 職場における育児休業等に関する否定的な言動が原因や背景となって職場における育児休業等に関するハラスメントが生じるおそれがある場合

③ 妊娠、出産等に関する否定的な言動が原因や背景となって職場における妊娠、出産等に関するハラスメントが生じるおそれがある場合

このうち、②③は、必ずしも嫌がらせとまでいえない言動であっても、否定的な言動はなくしていくべき、という考え方です。

◆匿名の相談への対応

匿名の相談についても、無視するという対応は望ましくありません。相談が事実に基づくものであるならば、企業としては、措置義務や安全配慮義務の履行という観点からも、より良い職場作りという観点からも、問題解決に向けて何らかの取組を進めるべきです。メールでのやり取りで事実関係の確認ができる場合には、調査等の対応を進めるべきです。

具体的には、次の2点に留意して対応を進めます。

① 匿名のままでは対応が不十分となりかねないことの説明

匿名のままでは調査に限界があることが多く、対応が不十分になりかねない、ということを相談者に説明します。

その際、相談窓口はプライバシーの保護を徹底すること、相談したことによる不利益取扱いをしないこと等も説明し、名乗り出て相談してもらいたい旨の説得もします。

② 相談者の意向の確認

匿名であっても、調査を進めていくと、相談者を特定できてしまう場合もありま

す。匿名の相談者はこの事態を怖れていることが多いですので、どのような調査をし、どのような対策を講ずるのか、ということについて相談者の意向を確認する必要があります。

アドバイス

○相談と調査を分ける

ハラスメントかどうか微妙なものでも広く相談を受け付ける体制にして、そのように従業員に周知をしておけば、職場内の小さな不協和音を察知することも可能になります。相談窓口に持ち込まれた情報を活かせば、ハラスメントを種のうちに摘み取ることができるかもしれません。ハラスメントに限らず、様々な社内不祥事は、社内の窓口にていち早く察知して対応をするのが、最善です。

ただ、企業としては、些細なトラブルまで相談窓口に持ち込まれては困る、として、相談件数が増えることを敬遠する向きもあります。その背景には、相談を受けたら、全ての案件について相手方のヒアリングをして、調査報告書を作成して、何らかの処分を下さなければならない、という認識があると思われます。

このような企業に対しては、相談と調査（及びその後の処分）とを分ける制度設計・運用を推奨するべきです。すなわち、相談は広く受け付けるが、本格的な調査や処分は必要のある案件に絞って実施するような体制にする、といったアドバイスです。

(3)　親身な傾聴

相談窓口の初動対応としては、相談者に対して、親身になって傾聴を尽くすことが重要です。

◆プライバシーの確保ができる部屋の確保

パワハラ指針、セクハラ指針、マタハラ指針及び両立指針により措置義務の内容として、相談対応に当たっては、相談者のプライバシーに配慮することが求められています。

相談内容が他に漏れないような部屋を確保し、ハラスメント相談をしていること自体も周囲に知られないように配慮して呼び出す必要があります。相手方が出張中に実施する、離席の理由説明の仕方を指示しておく（例えば、「○○からの指示で○時〜○

時まで○○部の会議に出席します」と説明するようにと指示しておく等）といった工夫をすることもあります。

◆証拠持参の指示

相談者の手元に保存されているメール、手紙、写真等を参照しながら聴き取りをする方がスムーズに進みます。

証拠を持参してもらう旨をあらかじめ依頼をしておいて、相談前又は相談時に証拠を提示してもらいます。

◆相談窓口の対応方針の説明

相談者の信頼を得るため､ハラスメント問題が解決へ向かっていく道筋を示します。相談者への説明に当たっては、後掲【参考書式2】を参照してください。ポイントは次のとおりです。

①　ハラスメント問題対応の手順を説明する。

相談者に、包み隠さず事実を開示してもらうためには､「相談すればきちんと対応してもらえる」という信頼を得ることが不可欠です。

そのために、基本的なハラスメント問題対応の流れを説明します。

②　相談者の意向に反して、相手方や第三者の事情聴取を進めることはないと説明する。

相談者は、相談を持ち込んだことや相談内容が必ず相手方等に知られるのではないか、それにより自分ないし相手方の立場が不当に悪くなるのではないか、といった不安を持っている場合も多いでしょう。

この不安を解消するためには､まずは､相談者の意向を尊重することを伝えます。

信頼を得た上で、事実を話してもらう、ということが最優先です。

◆傾　聴

初回の相談対応では､「何があったのか」「何に困っているのか、悩んでいるのか」について、相談者の言い分を聴き取ることに徹するべきです。

ハラスメント相談については、相談者から事情を聴いた段階では、事実の存否やハラスメント該当性を即断することはできませんので、初回の相談の段階で、相談員の意見･感想を軽々しく発言することは厳に慎むべきです。例えば､「あの人がそんなひどいことしないだろう。勘違いだ｣､「あなたも悪い｣､「加害者は厳罰になるから安心して」といったものは禁句です。

また、力を貸してほしいと相談に来た相談者を突き放すような発言もしてはなりません。例えば、「それは個人間の問題。職場に持ち込むべきではない」、「ことを荒立てない方がよい」といった発言も慎むべきです。

ケーススタディ

Q　相談を受けた後、相手方（加害者とされた者）に社内電話をかけて20〜30分程度の事情聴取をしたところ、相手方からは、ハラスメントではないという主張と、辻褄の合う事情説明がなされました。相談者は誤解をしているだけで、相手方の主張を伝えれば問題は解決するかもしれないので、相談者に相手方の主張を伝えてみてもよいでしょうか。

A　ハラスメント事案において、加害者側が、一見すると矛盾のない説明をした上で、ハラスメントではないと主張することは、よくあることです。しかし、その後、調査を続けると、加害者側の説明とは矛盾する客観証拠が見つかったり、加害者側の説明が一貫せずに変遷したり、ということを経て、ハラスメント認定される可能性は大いにあります。したがって、設問のように、1回の電話のみを根拠に、相手方の言い分こそ真実であるとの前提で、相談者に接することは厳に慎むべきです。

新聞輸送事件（東京地判平22・10・29労判1018・18）では、X_1が、女性派遣社員Ａと同乗したタクシーの車内で、Ａのスカートをまくりあげた行為がセクハラであると認定されていますが、この相談を受けたX_2の対応も不適切であり、X_2の懲戒処分（降格）には合理的な理由があるとされています。X_2は本件設例と類似の対応をとって電話でX_1からヒアリングをし、X_1の「Ａのスカートに付着した嘔吐物がタクシーの座席シートに付かないようにするため、Ａのスカートの裾を約15cm引っ張り上げた」という説明を直ちに信用し、Ａに対して、「X_1は君に好意を持っていたようだ。セクハラというのは君の誤解ではないか。」、「彼にバッグでも買ってもらったらいいよ」、「X_1の言っていることは辻褄が合う」、「この件で問題にしても千円ぐらいにしかならないよ」、「問題にすると職場に居づらくなるよ」、「X_1と結婚しちゃえば」といった発言をしていました。裁判所は、X_2の当該態度や発言は「公平、中立さに欠ける」、「二次被害を与えかねない不謹慎かつ不適切な言動」であり、「Ａの被害感、不信感を高め、結果として、Ａに退職を決意するに至らしめて、自体を深刻化させた」と批判しています。

◆1回の相談時間の目安

相談者は理路整然と話をできない場合も多いですが、相談者のペースに合わせて、忍耐強く聴き取りを行うようにします。ハラスメント該当性の判定に役立つ事情に絞り込んで効率的に聴き取ることにこだわりすぎると、相談者は「この窓口では私の言い分を聞いてもらえない」と感じてしまい、外部機関への相談に切り替えるかもしれません。

ハラスメント問題は、できる限り企業内で自主的に解決すべき（もちろん、重大な刑事責任が発生する場合等は例外もあります。）と心得て、丁寧な聴き取りをします。

ただ、あまり長時間にわたることは避けるべきであり、「パワーハラスメント対策導入マニュアル（第4版）」（厚生労働省）では、1回の相談時間は「長くても50分程度」と推奨されています。50分程度で一旦中断して、第2回目の日程を確保する、という進め方がよいでしょう。

相談者には、事前に「今回は○時～○時までで、引き続き行う場合は、別日を設定します」と伝えておきます。

◆プライバシー厳守と不利益取扱いをしないことの説明

相談者に対して、改めて、次の2点を説明します。当然の事柄ではありますが、不安を感じながら相談に来ていることが多いので、改めて説明するのがよいでしょう。

①　プライバシー厳守

相談があったことや相談内容について、同意を得ずに開示することはなく、漏洩することもないこと。

②　不利益取扱いをしないこと

相談したことを理由に、不利益取扱い（解雇、雇止め、契約更新回数の引下げ、退職や正社員を非正規社員にするような契約内容変更の強要、降格、賞与等における不利益な算定、不利益な配置変更、不利益な自宅待機命令、昇進・昇格の人事考課等で不利益な評価を行う、仕事をさせない、専ら雑務をさせるなど就業環境を害する行為をする）をしないこと。

◆相談記録

原則として、相談時のやり取りは、録音や筆記により記録をします。

ただし、相談者の了解をとるべきと考えます。具体的には、「記録を正確に残すために録音（筆記）をします。今後の対応を進めるために必要な範囲でのみ利用し、むやみに相手方や第三者に開示するようなことはありませんので、ご安心ください。」といった説明をして、相談者の了解を得ます。

難色を示されるようであれば、「今後、同じことを繰返しお聞きして負担をかけることのないようにするためにも、正確な記録を残すことが重要なので、ご理解いただきたい」等と説得をしますが、最終的には相談者の意向を尊重し、重要なポイントについてメモをとる程度にとどめます。

アドバイス

○SNS等への書き込みへの対応

従業員がSNSへ「職場でハラスメントを受けている」旨の投稿をしていることを会社が把握した場合、会社としては二つのことを検討します。

一つ目は、ハラスメント問題の端緒を把握したとして、問題解決のための行動をスタートすることです。上司や相談窓口への相談といった会社が想定するルートで入ってきた情報ではないものの、職場が不穏な状況にあるらしい情報を把握した以上は、安全配慮義務の履行と言う観点からみても、職場環境の改善に向けた行動を起こすべきです。もっとも、投稿をした従業員の意向に反して、相手方の事情聴取を進めるべきではありませんから、まずは、当該従業員に事実関係の確認と意向確認をします。

二つ目は、SNSへの投稿行為への対応です。会社や相手方に対する名誉棄損行為に該当することもありますので、削除命令を出すこと、懲戒処分をすることを検討します。プラネットシーアールほか事件（長崎地判平30・12・7労判1195・5）においては、パワハラをめぐる裁判中に、原告がFacebookとTwitterで「長崎プラネット事件　パワハラ・長時間労働／賃金未払・不当解雇」と題し、Twitterには「#ブラック企業」というハッシュタグを入れて公開したのに対し、被告会社が、これらのSNSのページを完全に削除することを指示したり、懲戒処分を検討していると原告に伝えたことは、およそ根拠を欠くものとまではいえない、と判断されています。

【参考書式2】　相談者への説明書

相談に来られる方へ

○○株式会社

ハラスメント相談窓口

ハラスメント相談窓口の方針等について

1．共に問題解決に当たります

・あなたの相談をうかがい、一緒に問題解決に当たります。

2．秘密を守ります

・あなたが相談窓口に相談していることや、相談内容は、秘密として厳格に扱います。

・問題解決のために必要な関係者に情報を開示する際には、事前にあなたに相談します。

3．不利益な取扱いはしません

・相談窓口を利用したことを理由に不利益な取扱いをしないことを、会社として約束します。

4．相談窓口の対応方針

・相談案件ごとに最善な解決方法を模索します。

・どのように対応するかについては、あなたの意向も尊重します。

・基本的には、添付のフローチャート（略）に沿って進めますが、あなたの意向に応じて相手方や第三者のヒアリングをしない、相手方に今回の相談があったことを伝えないといった方法をとる場合もあります。

5．率直にご相談ください

・経験した事実、その時の気持ち、不安に思っていること、悩んでいることを率直にご相談ください。

・役に立つ資料（例えば、メモ、メール、SNS上のやり取り等）があれば、相談当日までに、相談窓口に提供してください。

6．相談時間の予定

・○月○日の○時～○時にお聞きします。

・さらに時間が必要であれば、後日に設定します。

7．体調不良はお知らせください

・万一、相談前や相談中に体調が悪くなった場合には、すぐにお知らせください。

8．記録を残すことにご協力ください

・当日に、相談記録を正確に残すために録音／筆記して構わないか、あなたの意向を確認します。

・同じことを繰返しお聞きして負担をかけることのないようにするためにも、正確な記録を残すことが重要ですので、ご協力をお願いします。

以上

2　相談者の意向の確認

(1)　相談者の意向の確認

相談案件について、どのように事実調査や対策を進めるかについて、相談者の意向を確認します。

(2)　相手方への事情聴取を希望しない場合

まずは、相談者に調査へ協力するよう説得すべきと考えますが、説得にもかかわらず相談者が相手方への事情聴取を拒否する場合には、相談者の意向を尊重し、全社向けの研修・注意喚起等の対策にとどめます。

(1)　相談者の意向の確認

◆措置義務の観点

パワハラ指針、セクハラ指針、マタハラ指針及び両立指針において、ハラスメント問題の事後対応に当たって、相談者のプライバシーに配慮することが求められています。

相談者のプライバシーが蔑ろにされると、加害者の処分等により当該ハラスメント問題を終局させても、相談者が職場で仕事を続けづらい状況になりかねません。ハラスメントの内容を職場の仲間が知る事態になれば、それ自体が相談者にとっては大きな苦痛となり得ます。

また、相談者のプライバシーを無視した調査が進められる体制であると、相談する社員はいなくなるでしょう。そうすると、ハラスメント問題は潜在化し、大きな問題に発展した時点で外部機関に持ち込まれかねません。ハラスメント問題の職場内での自主的解決を図るためにも、相談者のプライバシーを尊重することは、大変重要です。

◆相談者の意向の確認

相談者から聴取した内容は、相談者のプライバシーに関わる事情も含んでいますから、これを利用したり開示したりするに当たっては、相談者の意向を尊重すべきです。たとえ、当該ハラスメント問題を解決するという目的に沿った利用・開示であっても、相談者の意向を無視してはならないと考えます。

相談員は、「相談に来た以上は、ハラスメント問題の解決を望んでおり、相手方への事情聴取等を積極的に進めてほしいという意向をもっているに違いない」と捉えがちです。しかし、実際には、相談者は「悩んだ末に相談には来たが、不快に思っていることを相手方に伝えるべきかどうかを迷っている」、「事を大きくすべきか悩んでいる」、「相手方からの報復が怖い」といった心境であることはよくあります。

そこで、必ず、相談者に対し、どのように事後対応を進めていくかについて、意向の確認をします。

◆意向確認の方法

まず、相談者に対して、企業でどのような解決のプロセスを準備しているのかを説明します。就業規則や諸規程で定まっている場合には、それをフローチャートにしたものを見せながら説明すると伝わりやすいでしょう。

これと併せて、それぞれのプロセスにて相談者の名前や相談内容をどのように扱うのかについて、相談者に説明をしながら、意向を確認していきます。例えば、相手方や関係者への事情聴取の段階では、相談者の名前・相談内容を、必要に応じて開示することは構わないか、といったことです。

その際、相談者の名前（誰から相談があったか）は開示して構わないが、一部事情については相手方に知らせたくない、といった要望が出ることもありますので、開示する範囲について確認書を作成する等して、相談者と細部まで詰めておきます（後掲【参考書式3】参照）。

(2) 相手方への事情聴取を希望しない場合

◆相談者の説得

ハラスメントは、被害者だけの問題ではなく、企業にとっても損失となりますので、企業としては是非調査を進めたいところです。

そこで、相談者に対しては、相談者のプライバシー保護や相手方等による報復禁止のためにあらゆる措置をとるという約束をした上で、調査に協力をしてもらいたいという説得を試みるべきです。

◆相談者が相手方への事情聴取を拒否した場合

相談者が頑なに相手方への事情聴取を拒否する場合には、その意向に反して事情聴取を進めることは控えるべきと考えます。

この場合は、誰かから相談があった、ということには言及せずに、全社向けの研修や注意喚起、アンケートの実施、ハラスメント関連規程の整備といった、一般的な措置にとどめます。

アドバイス

○被害者以外の人（他の従業員や被害者の家族等）から相談があった場合の対応

ハラスメントの相談が、言動の直接の対象となった被害者以外の者から寄せられることもあります。例えば、被害を目撃した社員や、被害者から相談を受けた社外の人（家族や友人等）が、相談窓口に通報してくるといったケースが考えられます。

その場合も、ハラスメントの疑いがある事例の端緒を把握したわけですから、会社として調査を開始する必要性はあります。ただし、被害者のプライバシーへの配慮という観点からは、被害者とされた社員の意向に関係なく、周りが勝手に調査を進めることは避けるべきです。

そこで、相談窓口への通報者に対しては、「被害者とされた社員に事情や意向を確認した上で、調査をどのように進めるか決定する」、「調査結果については当事者のプライバシーを害さない限度で通報者に報告する（報告が限定的になる場合もある）」旨を説明します。その上で、被害者とされた社員に対して、通報があった内容を知らせ、事情や解決に向けた意向を聴き取り、どのようにハラスメント対応を進めるかを決定します。

その後の調査の中では、被害者とされた社員と相手方を当事者として扱い、通報者は第三者・関係者として扱うことが適切な場合が多いでしょう。

【参考書式3】 確認書

乙川花子さん

令和○年○月○日

ハラスメント相談員 ○○○○

確 認 書

あなたから相談を受けた、相手方甲山太郎さんからのハラスメント言動に関わる調査に当たっては、あなたから提供を受けた情報、お話しいただいた内容を、次のように扱います。

1．相手方への情報開示は次のとおりとします。

(1) あなたからセクシュアルハラスメントの相談があったことを伝えます。

(2) 相談内容として、次の申告があったことを伝えます。

ア SNSでのやり取り

・あなたから提供を受けた画像を必要に応じて相手方に見せます。

イ ○月○日の出来事

・あなたと相手方と二人で○○に飲みに行ったこと

・飲食の席で次のような発言があったこと

「○○」、「○○」、「○○」

・○○からの帰り道に相手方から手をつないだこと

・○○駅のホームで、相手方があなたに抱きついたこと

(3) 上記(2)の出来事をきっかけに、同棲している交際相手から、相手方との関係を疑われ、ギクシャクしていることは相手方には伝えません。

2．以上の情報などは、ハラスメント調査委員会や懲戒委員会の委員以外には開示しません。今後、調査のために、第三者から事情聴取をする場合等は、情報の取扱いについて改めてあなたに相談します。

以上

3　事情聴取の方針の決定

(1)　被聴取者の範囲の検討

相談者と相手方からの聴取は必須であり、必要に応じて第三者からも聴取します。

(2)　聴取の順番・日程・場所の検討

相談者→相手方（→第三者）という順序で、早急に事情聴取を実施することを基本としますが、口裏合わせの可能性等も考慮して個別のケースに応じた順番・日程を決定します。

(3)　事情聴取を実施する者の決定

ハラスメント関連規程に沿った人選をする中で、社外の弁護士に担当させることも検討します。

(1)　被聴取者の範囲の検討

◆相談者と相手方

相談者からは、初期相談から引き続き事情聴取を行います。

一方当事者である相談者の言い分のみから、ハラスメント言動の事実認定をすることはできませんので、相手方からも事情聴取をします。

なお、調査の結果、相手方に懲戒処分をする必要があると判断された場合には、懲戒対象者に対する「弁明の機会」を付与する必要があります。この「弁明の機会」は、どのような行為に対し懲戒処分を検討しているのかを説明した上で行うべきであるため、ハラスメント調査の事情聴取とは別途行います。なお、事情聴取において相手方の言い分を聞く機会を設けたことは、「弁明の機会」が十分に与えられていたことを補充するという位置付けといえるでしょう。

◆目撃者や上司等の第三者

相談者と相手方以外の第三者への事情聴取はどのような範囲で実施すべきでしょうか。

ハラスメント言動の目撃者への事情聴取は事実認定のために有意義ですし、職場の上司への事情聴取が、相談者と相手方の関係性を把握するために必要となる場合もあるでしょう。

ただ、あまり事情聴取の範囲を拡大しすぎると、ハラスメント問題が広範囲で知られることになって、プライバシー保護や職場の環境調整がしにくくなるという不都合が生じる場合もあります。また、事情聴取に費やす時間・労力も無視できませんから、第三者への事情聴取は必要最小限にとどめるべきです。

例えば、次のように検討します。

①　メールやSNSのやり取りでハラスメント言動がなされており、それらが証拠として残っている場合

メールやSNSのやり取りが証拠として残っていれば、相手方と相談者の言い分が矛盾していたとしても、十分にハラスメント認定が可能と思われますので、通常、第三者の事情聴取の必要性は低いでしょう。

この点、N商会事件（東京地判平31・4・19労経速2394・3）では、相手方が相談者に対して、好意を寄せ、交際を求める内容のメールを送信した事実についてセクハラ相談がなされた事案です。相談を受けた後、取締役営業部長が、関連するメールの内容を確認した上で、相手方に対して注意指導をし、相手方もこれを了解して相談者に対する謝罪をしたという事実関係においては、「プライバシーに関わる相談事項について、他の従業員に対し、ことさらに事実確認を行うことが必須ということもできず」、これをすべき注意義務が会社にあるとはいえないと判断しています。

②　口頭でハラスメント言動がなされており、周囲がそれを目撃したり、言動の直後に相談を受けていた者がいる場合

口頭でのハラスメント言動については、客観証拠が乏しく、相談者と相手方との言い分が矛盾することがよく起こりますので、第三者（目撃者や相談を受けていた者）から聴取する必要性が高いです。

③　ハラスメント言動があったことについて争いがないが、相談者の被害は氷山の一角と思われる場合

相談者に対するハラスメント言動は証拠により認定できるとしても、問題はそれだけにとどまらないケースもあります。例えば、相手方と相談者間にとどまらず、当該職場でハラスメント言動が蔓延しているような場合です。そのような事情がうかがわれるような場合には、職場の上司等の第三者からの事情聴取も実施して、問題の根本からの解決を目指すべきです。

(2)　聴取の順番・日程・場所の検討

◆基本的な対応

基本的には、相談者の次に相手方、その後、必要であれば、第三者という順序で聞きます。措置義務により、迅速な対応が求められますから、できる限り早急に実施する日程を組みます。

◆相手方による口裏合わせも想定

ただし、相手方が、相談の事実を知った時点で、周囲に口裏合わせを指示するといった事態も想定した上で、事情聴取の計画を立てるべきです。

具体的には、相手方がハラスメント言動を争うことが予想され、第三者からの聴取結果が特に重要になると推測した場合には、相談があったという事実を相手方に知られる前に、第三者の事情聴取を完了するように計画します。例えば、相手方が出張等で不在の日に第三者の事情聴取を実施するといった方法があります。

聴取の場所としては、社外の貸会議室を利用した方が秘密裏に実施しやすいでしょう。

(3)　事情聴取を実施する者の決定

◆当該企業のハラスメント関連規程に従った実施

企業のハラスメント関連規程に、「案件ごとに調査員3名を選任して事情聴取等を実施させる」等と、事実調査のプロセスが詳細に定められている場合もありますので、これに従います。

◆社外の弁護士による実施の検討

ハラスメント問題の事情聴取では、相談者と相手方の言い分が一致しない等、困難を伴うことが多くあります。そのため、当初から専門家である弁護士に依頼をして実施するということも検討するとよいでしょう。

弁護士に依頼するメリットは、①中立性を確保しやすい、②裁判実務の専門家としての立場から的確かつ効率的な事情聴取を実施できる、③社内の相談員の手間を省けることです。

4　緊急措置の検討

(1)　良好な職場環境の回復を優先

ハラスメントの事実調査が未了の段階でも、良好な職場環境の回復のための措置を講ずるべきです。

(2)　当事者を引き離す暫定措置の検討

相手方に、相談者への接触禁止、執務場所の暫定的な変更や自宅待機を命ずる等、当事者を引き離す暫定措置を講ずることを検討します。

(3)　相談者のメンタルヘルス不調への対応

メンタルヘルス疾患の診断を受けている場合には診断に従った対応（休職等）をするほか、予防的にカウンセリングを実施することも検討します。

(1)　良好な職場環境の回復を優先

企業は、ハラスメント相談を受けた時点で、相談者周辺の職場環境の悪化を把握したわけですから、早急に良好な職場環境の回復に尽力すべきです。ハラスメントの事実調査が完了するまでは静観という後手の対応をしてはなりません。

もっとも、事実認定やハラスメント該当性の判断が未了の段階では、関係者に対する注意指導、懲戒処分や配転等の終局的な措置はとれませんので、あくまで、暫定措置にとどめます。

(2)　当事者を引き離す暫定措置の検討

ハラスメント言動が継続することが予測される場合や、相手方と顔を合わせるだけで心理的負担が拡大するような場合には、相談者と相手方を引き離す暫定措置を講じます。

暫定措置は、多かれ少なかれ、相手方の業務に支障をもたらします。あくまで、いまだハラスメントの有無が判明しない段階での暫定措置ですから、相談者が晒されている危険と、相手方の被る支障とのバランスを考慮の上で、暫定措置の内容を決定すべきです。

◆相手方への暫定措置

相手方への暫定措置としては、次のような方法が考えられます。いずれについても、就業規則に明示の根拠がなくとも可能な措置です。

① 相手方に相談者への接触、報復や調査の妨害の禁止を命ずる

いかなる事案においても、調査が未了の段階で、相手方と相談者が無用に接触することは避けるべきです。そこで、相手方に調査の開始を知らせる段階で、併せて相談者への接触、報復や調査の妨害を禁止する旨を命じておくべきです（後掲**【参考書式4】**参照）。

相談者と相手方の関係性や、相談者から申告されている被害の程度も考慮した上で、使用するエレベーターやトイレ等を互いに限定する、といった制限をすることや、業務上必要なコミュニケーションは第三者を介してとるように命ずることも検討します。

これらの措置は、相手方の業務遂行への影響は比較的少ないものといえますので、調査に着手する事案全般に用いても問題ないと考えます。

② 相手方の執務場所を暫定的に変更する

相談者と相手方の執務場所が物理的に隔離されておらず、接触を禁止するだけでは事実上の接触を避けることが難しい場合には、相手方の執務場所を暫定的に変更する措置を検討します（後掲**【参考書式5】**参照）。

検討に当たっては、当該措置が、相手方の業務遂行に支障を及ぼす可能性がある点や、相手方に何らかの不祥事があったとの風評が職場内外に拡大しかねない点に配慮をすべきです。

まず、同じ執務室内で執務するデスクの場所を変える、同じ事業場内で部屋を変えるといった程度の変更は、業務命令として可能でしょう。執務場所を変える理由について、当事者以外に対しては、「業務上の都合」と抽象的に説明する等して、ハラスメント調査のための暫定措置であると分からないような工夫を検討します。

次に、相手方を異なる事業場で勤務させることにすれば、引き離す措置としての実効性は高いでしょう。あくまで事実調査や最終処分が完了するまでの暫定措置であれば、業務命令として許されると考えます。もっとも、この措置は、相手方の通勤の負担が増える、職場に「相手方に不祥事があったのではないか」といった憶測・風評を招くといった影響を及ぼすことがありますから、業務命令権の濫用に当たらないか、慎重に検討すべきです。例えば、相談者の申告内容（申告に係る被害の深刻さ、現在の体調）や、相手方に接触禁止命令を出しても相談者との接触を避けることが難しいかどうか等、必要性の程度を検討して当該措置を命じるか否か検討す

べきでしょう。また、命ずる場合には、調査を迅速に行って暫定措置を最短期間にとどめる、相手方の業務への支障が少ない職場環境を整える等、相手方への支障を少なくする工夫をして相当な方法を選択すべきと考えます。

③　相手方に自宅待機を命じる

相手方に業務命令による自宅待機をさせるという選択肢もあります（後掲【参考書式6】参照）。業務用のパソコン等を持たせずに自宅待機とすれば、職場での相談者との接触を排除できるほか、証拠隠滅（パソコン内のデータの消去や、周囲への口裏合わせの働きかけ）も防止できます。

もっとも、上記②よりもさらに、相手方の業務遂行への支障や、不祥事に関する憶測・風評を招くといった影響は大きいですから、②と同様に、必要性や相当性を吟味すべきです。

判例をみても、業務上の必要性を欠いたり、不当に長期間にわたる場合には、自宅待機命令が権利濫用となり、違法となる可能性があります。例えば、ノース・ウェスト航空事件（千葉地判平5・9・24判タ834・98）では、非違行為の事実調査を尽くさないまま継続された約7か月間の自宅待機命令を違法としています。

自宅待機中の賃金は、出勤時と同等に全額支払うことを基本とします。その法的根拠は、会社が自宅待機という労務提供を命じているという論理、あるいは、使用者の帰責事由による労務不提供であるから民法536条2項に従うという論理です。

ケーススタディ

Q　相談者からセクハラ相談がありましたが、その内容は強制わいせつ罪に該当する行為も含むもので、相談者が提出した証拠から相談内容が事実である疑いが濃厚です。相手方への事情聴取等はこれから実施しますが、懲戒解雇の可能性もあると考えています。直ちに自宅待機を命じ、賃金を支払わないこととしても構わないでしょうか。

A　申告内容が事実であると認定される見込みが高く、被害が深刻であるため、相談者や職場への悪影響を防止するために、自宅待機とすることができると考えます。

もっとも、賃金については、次の二つの理由から支払う方がよいといえます。

一つ目の理由は、業務命令による自宅待機期間中の賃金は民法536条2項により支払うのが原則であり、その支払を免れる場合は、「当該労働者を就労させないことにつき、不正行為の再発、証拠湮滅のおそれなどの緊急かつ合理的な理由が存する場合」に限られるという見解です（日通名古屋製鉄事件＝名古屋地判平3・7・22判タ773・165）。

二つ目の理由は、調査完了後に懲戒解雇処分をした場合に、加害者側から、先立つ無給の自宅待機命令は実質的には懲戒処分であったから、後になされた懲戒解雇処分は「二重処罰の禁止」に違反し無効であるとの反論を招く危険性があるためです。これに対し、賃金を支払っていれば何らの不利益処分にも該当せず、二重処罰の禁止に当たる余地はありません。

したがって、後に重い懲戒解雇が想定される事案であっても、賃金は支給することとし、できる限り調査を迅速に進めて、有給の自宅待機期間を短くとどめることが得策であることも多いです。

◆相談者の執務場所変更・自宅待機

相談者を執務場所変更・自宅待機とする措置は、法令上禁止されている「相談をしたことによる不利益取扱い」に該当するおそれがありますので、避ける方が無難です。

相談者の同意がある場合には、一方的な「不利益取扱い」には該当しないといい得ますが、当該同意は自由な意思に基づくものであるべき等の高いハードルが課されると思われますので、単に同意書にサインをもらえばよいという安易な考えをとるべきではありません。

相談者自身が希望した場合や、事実調査完了後には措置を解除することの説明をした上で自由な意思に基づく同意を得た場合に限って、許される措置です。

アドバイス

○個別事案に応じた暫定措置を

暫定措置は、相手方の言動や勤務場所等を制約することになりますので、相手方に負担を課すことになります。適正・公平なハラスメント調査をするために、やむを得ない負担ではあるのですが、軽微な案件でも必ず自宅待機をさせるといった対応は適切でないと考えます。

特に、パワハラ相談では、注意指導とハラスメントの境界が当事者にとっては不明瞭であることから、相談に係る言動が全て事実であったとしても、相手方の処分には至らず、相談者と相手方との歩み寄りを促すような解決もあり得ます。また、同じ相手方に対する愚痴や不満を繰り返し相談窓口に相談に来るが、いずれも相手方の言動に不適切な点は認められず、むしろ相談者が不当なクレームを繰り返しているといった場合もあります。

これらの場合にまで、相手方に自宅待機等の負担を負わせるのはバランスを欠きますので、前記(2)で紹介した暫定措置をどのように実施するかは、個別事案ごとに検討すべきです。

(3)　相談者のメンタルヘルス不調への対応

企業は、安全配慮義務の履行として、メンタルヘルス不調であると訴えている社員に対して、しかるべき対応をすべきです。これは、メンタルヘルス不調の原因如何に関わりません。

したがって、相談者が不調を訴えている場合には、ハラスメントの存否が不明の段階であっても、速やかに診断書に従った措置（休職等）や、産業医による面談や、カウンセラーによるカウンセリングの機会を付与する等の措置を講ずるべきです。

【参考書式4】　相手方へのハラスメント調査開始の通知及び業務命令書（接触等の禁止）

甲山太郎殿

令和○年○月○日

代表取締役○○○○

業務命令書

現在、乙川花子社員より、あなたを相手方とするセクハラ被害申告がなされています。申告内容が真実であるか、ハラスメントに該当するかは、これから調査を進めます。

適正・公平な調査を実施するため、当面、あなたが相談者に対して接触をすること、被害申告がなされたことを理由として嫌がらせや報復行為をすること（申告を取り下げるように働きかける、評価を低くする、日常的な業務指示において過大ないし過小な指示をする、行動を監視する、付きまとう等を含みます。）、調査を妨害すること（調査委員会の委員以外の社員に本件調査が実施されていることを口外することも含みます。）を禁止します。業務上、乙川花子社員に指示を出す必要がある場合には、丙山一郎部長を介して行ってください。

また、不測の事態を避けるため、○側エレベーターを使用することを禁止しますので専ら○側のエレベーターか階段を使用してください。

なお、当該措置は、調査が完了するまでの暫定措置であり、あなたが何らかのハラスメントをしたことを前提とする不利益処分ではありません。暫定措置が不要と判断した時点で、解除する旨の通知をします。

以上

【参考書式5】　相手方へのハラスメント調査開始の通知及び業務命令書（執務場所の変更）

甲山太郎殿

令和○年○月○日

代表取締役○○○○

業務命令書

現在、乙川花子社員より、あなたを相手方とするセクハラ被害申告がなされています。申告内容が真実であるか、ハラスメントに該当するかは、これから調査を進めます。

適正・公平な調査を実施するため、当面、あなたが相談者に対して接触をすること、被害申告がなされたことを理由として嫌がらせや報復行為をすること（申告を取り下げるように働きかける、評価を低くする、日常的な業務指示において過大ないし過小な指示をする、行動を監視する、付きまとう等を含みます。）、調査を妨害すること（調査委員会の委員以外の社員に本件調査が実施されていることを口外することも含みます。）を禁止します。業務上、乙川花子社員に指示を出す必要がある場合には、丙山一郎部長を介して行ってください。

また、不測の事態を避けるため、あなたの執務場所を次のとおり変更します。この変更の理由は、他の社員に対しては「業務上の都合」と説明をします。

場所：○○営業所○階

期間：ハラスメント調査が完了するまで。

現時点では、○日までを予定していますが、調査の進捗に応じて変更（延長又は短縮）することがあります。変更する場合には、○日までに通知します。

なお、当該措置は、調査が完了するまでの暫定措置であり、あなたが何らかのハラスメントをしたことを前提とする不利益処分ではありません。暫定措置が不要と判断した時点で、解除する旨の通知をします。

以上

【参考書式6】　相手方へのハラスメント調査開始の通知及び業務命令書（自宅待機）

甲山太郎殿

令和○年○月○日

代表取締役○○○○

業務命令書

現在、乙川花子社員より、あなたを相手方とするセクハラ被害申告がなされています。申告内容が真実であるか、ハラスメントに該当するかは、これから調査を進めます。

適正・公平な調査を実施するため、当面、あなたが相談者に対して接触をすること、被害申告がなされたことを理由として嫌がらせや報復行為をすること（申告を取り下げるように働きかける、評価を低くする、日常的な業務指示において過大ないし過小な指示をする、行動を監視する、付きまとう等を含みます。）、調査を妨害すること（調査委員会の委員以外の社員に本件調査が実施されていることを口外することも含みます。）を禁止します。業務上、乙川花子社員に指示を出す必要がある場合には、丙山一郎部長を介して行ってください。

また、不測の事態を避けるため、当面の間、次のとおり自宅待機を命じ、会社から調査のための出社を指示した日時以外に出社することを禁じます。直ちに、会社から貸与しているパソコン、スマートフォン、入室するためのセキュリティカードを人事部に預けた上で、退社してください。

期間：ハラスメント調査が完了するまで
現時点では、○日までを予定していますが、調査の進捗に応じて変更（延長又は短縮）することがあります。変更する場合には、○日までに通知します。
賃金：出社した場合と同等の支払をします。

なお、当該措置は、調査が完了するまでの暫定措置であり、あなたが何らかのハラスメントをしたことを前提とする不利益処分ではありません。暫定措置が不要と判断した時点で、解除する旨の通知をします。

以上

第２　事情聴取

＜フローチャート～事情聴取＞

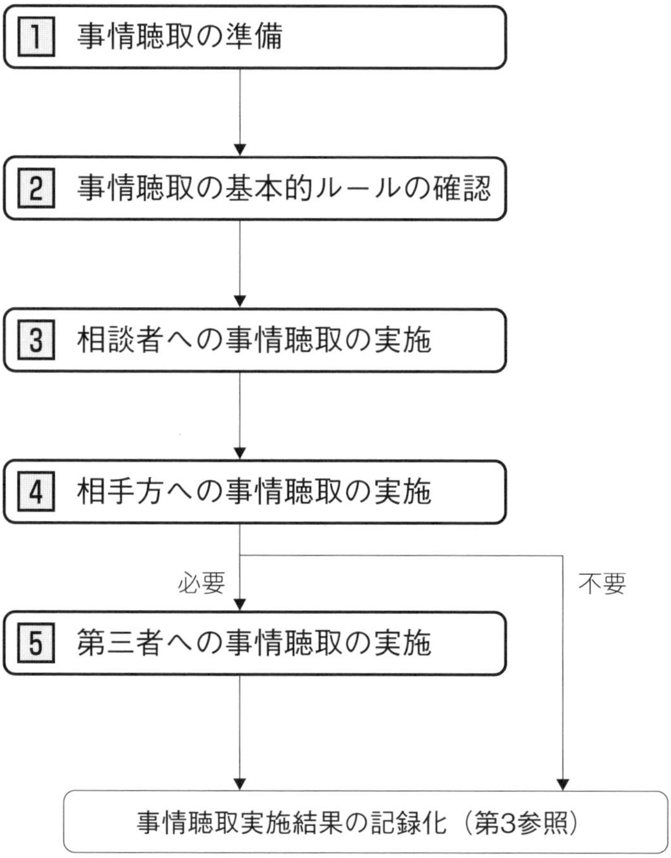

1　事情聴取の準備

本項目では、「取引先Ａ社の社員も出席する企画会議の場で、皆の面前で上司から厳しい叱責を受けた後、体調が優れない」という相談内容について、事実調査を進めるという事例（以下「設例」といいます。）を用いつつ、事情聴取の進め方について解説します。

> **(1)　懲戒事由の確認**
>
> 調査の目的の一つは、懲戒事由該当性を判断することですから、これに足りる事実認定をすべく、調査当初から、当該会社の懲戒事由を確認しておく必要があります。
>
> **(2)　相談者と相手方の関係性の確認**
>
> ハラスメント該当性を検討する上では、当事者の関係性を把握することが重要です。
>
> **(3)　ヒアリングシートの作成**
>
> 既に手元にある証拠を手掛かりに、事情聴取で重要になりそうなポイントを絞っていき、事情聴取に使用するヒアリングシートを作成します。

(1)　懲戒事由の確認

調査結果報告書には懲戒事由該当性を検討するに十分な事実認定の報告が含まれるべきといえます。そこから逆算すると、調査の当初から、いかなる事実関係が認められれば懲戒事由に該当するかを意識して、事実関係の存否を確認していくことが必要です。

そのために、会社の就業規則やハラスメント関連規程を参照して、懲戒事由を確認します。

例えば、次の＜例＞のような規定であれば、皆がいるところで叱責をしたという出来事は、調査を進める上で重要な事実の一つとなるため、5W1Hを含めて詳細に聴き取るべき、といった検討をします。

＜例＞

○就業規則

第○条　社員が次のいずれかに該当するときは、情状に応じ、けん責、減給又は出勤停

止とする。 第○号　ハラスメント防止規程にて定めるパワーハラスメントを行ったとき

○ハラスメント関連規程

第○条　次のような行為はパワーハラスメントに該当する。 第○号「他の社員の面前での叱責」

(2)　相談者と相手方の関係性の確認

◆組織内での関係性

ハラスメント該当性の判断に当たっては、相談者と相手方との組織内での関係性についての考慮が不可欠です。具体的には、現在の組織内での関係性の他、相談者及び相手方が入社して以降の過去の関係性も含めて調査します。

パワハラは、「優越的な関係を背景とした」言動であることが要件の一つですので（労働施策推進30の2①）、直属の上司と部下なのか、先輩と後輩なのか、同僚同士なのかといった点を把握した上で、いかなる優越的な関係があるのかを検討する必要があります。

セクハラについては、労働者の「意に反する」性的言動であることが要件の一つとなっており（雇用均等11、セクハラ指針）、この認定に当たって、当事者の関係性を考慮する場面が出てきます。セクハラ事案では、相手方が「相談者も嫌がっておらず、抗議や抵抗をされなかった。よって、意に反する言動ではなかった。」と弁解するケースは多々あるため、抗議や抵抗を難しくする関係性ではないかを把握しておく必要があります。もっとも、およそ、職場におけるセクハラ行為については、「被害者が内心でこれに著しい不快感や嫌悪感等を抱きながらも、職場の人間関係の悪化等を懸念して、加害者に対する抗議や抵抗ないし会社に対する被害の申告を差し控えたりちゅうちょしたりすることが少なくないと考えられる」（Ｌ館事件＝最判平27・2・26判時2253・107）という傾向があるため、当事者間に上下関係がなくとも抗議・抵抗は難しいという前提で検討すべきです。

妊娠・出産・育児休業等に関するハラスメント（マタハラ）については、行為者が上司であるか、部下であるかによって、該当性の判断が分かれることがあります。例えば、育児休業を取得したいという相談に対して、上司が「取得申請をしないように」と1回言えばハラスメントに該当しますが、同僚の同旨の言動は繰り返し又は継続的になされた場合にハラスメントに該当すると整理されています（両立指針第2　14(1)ニ(ロ)②）。

◆相談者や相手方をめぐる過去のトラブル等

会社が既に把握している情報として、相談者と相手方が関与したトラブルがなかったかを確認しておきます。ハラスメントが突発的であるか、継続的であるかを把握する参考資料になります。

具体的には、会社が保存している過去のハラスメント相談の履歴や、評価面談記録等を調査します。相談者と相手方の間での出来事を中心に情報収集をしますが、他の社員との間での出来事も参考情報として収集します。

(3)　ヒアリングシートの作成

◆重要な事実の絞り込み

相談内容のうち、ハラスメント該当性や懲戒事由該当性との関係で、重要となりそうな事実を絞り込んでいきます。

①　パワハラ事案において重要な事実

パワハラ指針において、代表的な言動の類型として例示されている㋐身体的な攻撃、㋑精神的な攻撃、㋒人間関係からの切り離し、㋓過大な要求、㋔過小な要求、㋕個の侵害を参考にします。

もっとも、この㋐～㋕の6類型については、パワハラ指針も明示しているとおり「限定列挙」ではありませんし、字面上これに該当してもパワハラではないとの判断もあり得ますので、こだわり過ぎると本筋を見失うことになりかねません。

②　セクハラ事案において重要な事実

セクハラ事案における事実認定に当たっては、金沢セクシュアル・ハラスメント事件（名古屋高金沢支判平8・10・30労判707・37）が、違法性判断の考慮事情として、「行為の態様、行為者の職務上の地位、年齢、被害者の年齢、婚姻歴の有無、両者のそれまでの関係、当該言動の行われた場所、その言動の反復・継続性、被害女性の対応等」をあげている点が参考になります。

③　妊娠・出産・育児休業等に関するハラスメント事案（マタハラ事案）において重要な事実

マタハラ指針及び両立指針において例示されている「制度等の利用への嫌がらせ型」や「状態への嫌がらせ型」を参考にしつつ、相談者の状態（妊娠・出産等）や、相談者が利用できる制度（育児・介護休業、短時間勤務制度等）を把握した上で、相談者に対してどのような言動がなされたのか、それらの言動が制度利用の阻害となっているのか等を検討します。

もっとも、マタハラ指針及び両立指針における例示も、あくまでも例示列挙ですから、こだわりすぎないようにします。

◆収集済みの証拠の確認

絞り込んだ重要な事実について、収集済みの証拠を確認します。

例えば、問題となる言動が社用メールでなされていれば、客観的証拠が残っており、そのような言動があったことは争点とはならないでしょうから、事情聴取では一応確認する程度で足ります。これに対し、口頭でなされた言動については、客観的証拠がありませんので、事情聴取を通じてその存否を認定すべき重要なポイントと位置付けます。

この際、収集済みの証拠には、資料番号を付して整理をすると便利です。事情聴取で被聴取者に証拠を提示する場合や、調査報告書を作成する場合にも、効率よく資料を探し出すことができます。

◆設例での検討

設例では、ハラスメント該当性や懲戒事由該当性という観点から、企画会議での叱責という出来事が調査の中心となります。

次に、その事実関係に関わる客観証拠の有無を確認していきます。①企画会議での口頭の叱責については客観証拠はないが、②企画会議で相談者が行ったプレゼンテーションの内容についてはスライドが保存されている、③当該スライドについて事前に相談者が相手方の承認を得た旨のメールが保存されている、④企画会議後に他の参加者から相談者を心配し励ますメールが届いていること等を確認をして、相手方との間で争いのないであろう事実関係を固めていきます。

さらに、目撃者の有無も確認します。企画会議には社内外の複数の者が参加していますので、相談者と相手方の言い分が異なったとしても、目撃者に確認することができそうです。

以上の検討から、設例では、企画会議での他者の面前での何らかの厳しい対応があったことまでは判明しているので、具体的にどのような言動であったのか、企画会議前の相手方の指導は十分だったのか等を中心に事情聴取を進めるという方針を立てます。

◆背景事情を切り捨てない

もっとも、ハラスメント調査の目的は、懲戒処分を行うことだけではありません。将来に向けて、相談者や相手方の職場環境を改善することが最大の目的ですから、今回の言動の背景にある事情も探っていくことも必要です。

例えば、相手方の相談者や周囲の者への態度・対応が、相手方の上司による評価面談の時期以降豹変したように周囲の者には感じられたという事情があることは重要です。パワハラ言動の背景には相手方が上司からノルマの達成を厳しく求められていたという事情がありそうです。そのような背景にある問題も併せて解決しなければ、同様のパワハラは再発するのではないかといった懸念が払拭できません。

よって、一見あまり関係がないと思われる事情も、完全に対象外としてしまうのではなく、重要度は下げつつも、ある程度網羅的な調査をする心構えが必要です。

2　事情聴取の基本的ルールの確認

(1)　従業員の調査協力義務

従業員は一定の範囲で会社の調査に協力し、事情聴取に応ずる義務があります。

(2)　事情聴取内容の記録化

事情聴取の内容は、原則として録音して記録に残します。

(3)　秘密の保持

聴取者は、事情聴取の内容について、厳格に秘密を守らなければなりません。

(4)　第三者の同席

被聴取者が希望する第三者の立会いは各社の規定に従って許否を決めます。

(5)　無用な口外の禁止

調査が進行中の事案についての口外は、禁止するようにします。

(1) 従業員の調査協力義務

会社がハラスメント事案に対して、事実関係の調査をすることができることは当然のことです。富士重工事件（最判昭52・12・13判時873・12）は、「企業秩序に違反する行為があった場合には、その違反行為の内容、態様、程度等を明らかにして、乱された企業秩序の回復に必要な業務上の指示、命令を発し、又は違反者に対し制裁として懲戒処分を行うため、事実関係の調査をすることができることは、当然のことといわなければならない。」と判示しています。

そして、その反面として、会社が、ハラスメント事案の調査する目的で、相談者・相手方・目撃者等の第三者に事情聴取を行う場合、これらの労働者は一定の調査協力義務を負います。この点、前掲富士重工事件は、労働者が調査協力義務を負う場合は、次の二つの場合であると判示しています。

第1は、「当該労働者が他の労働者に対する指導、監督ないし企業秩序の維持などを職責とする者であって、右調査に協力することがその職務の内容となっている場合には、右調査に協力することは労働契約上の基本的義務である労務提供義務の履行そのものであるから、右調査に協力すべき義務を負うものといわなければならない」というものです。関係者の上司に当たる従業員がこれに該当し、広範な調査協力義務が認められます。

第2は、「調査対象である違反行為の性質、内容、当該労働者の右違反行為見聞の機会と職務執行との関連性、より適切な調査方法の有無等諸般の事情から総合的に判断して、右調査に協力することが労務提供義務を履行する上で必要かつ合理的であると認められ」る場合、というものです。相談者・相手方・目撃者がこれに該当します。ただし、第2の場合は、上記第1の場合よりも限定的な解釈とされており、調査協力義務を負う従業員のプライバシー等の人格への配慮が求められます。

上記判示が、労務提供義務の履行ないしこれに付随するものとして調査協力義務を導き出していることからすれば、就業規則に明記しているか否かに関わらず調査協力義務は認められます。ただし、協力しなかったことを理由に懲戒処分をするためには、対応する懲戒事由が必要です。

(2) 事情聴取内容の記録化

◆事情聴取の録音

事情聴取については、原則、被聴取者に伝えた上で録音をします。

ハラスメント調査のために必要な事情聴取をする際に、会社の判断で録音をすることは、調査権限がある以上、何ら問題のない対応と考えます。

もっとも、録音することにより事情聴取への協力を得難くなるという場合もあります。例えば、相談者が相手方からの報復をおそれて過度に萎縮をしている場合や、性的被害について話さなければならない場合、相手方が処分を警戒しすぎており具体的な説明を受けられない場合等には、録音をしないという選択肢もあり得ます。このような場合、録音の代替として、詳細なメモをとり、事後にまとめたメモで被聴取者に内容を確認してもらうという手段をとる方が、実のある事情聴取を実施できる可能性があります。被聴取者には、録音の代わりに、パソコンや筆記でメモをとること、聴取後にまとめたメモに目を通してもらいたいこと、そのため事情聴取のための所要時間は比較的長くなることを断った上で、録音をしない事情聴取を実施するのがよいでしょう。

ケーススタディ

Q 被聴取者が「会社のＩＣレコーダーで録音をするのであれば、私のＩＣレコーダーでも録音をさせるべきだ」と主張していますが、被聴取者が録音することを認めなければならないのでしょうか。

A 会社に、録音を認めるべき義務はありません。被聴取者が録音データを所持すれば、被聴取者による意図的な開示や、不注意による漏洩といった危険が高まり、関係者らのプライバシーに深刻な被害を及ぼすこともあり得ますので、原則としては認めるべきではなく、就業規則に録音禁止の旨の規定がなくとも、録音禁止を命じられると考えます。

この点、甲社事件（東京地立川支判平30・3・28労経速2363・9）は、会社の録音禁止の業務命令に対し、被用者が、懲戒手続の弁明の機会に当たって「自分の身を守るために録音は自分のタイミングで行う」と主張する等の反抗的態度をとったことを一つの理由とした解雇が有効とされています。判旨は、使用者は、労働契約上の指揮命令権及び施設管理権に基づき、被用者に対し、職場の施設内での録音を禁止する権限があるというべきで、このことは就業規則にこれに関する明文があるか否かによって左右されない、としています。

ただし、必ずしも「被聴取者による録音は一切認めない」という硬直的な対応をする必要まではありません。目撃者の事情聴取において、目撃者がどうしても録音したいという要望があるときなど限定的に「①録音内容を他人に漏えいしない」「②ブログやＳＮＳに流さない」といった確約を書面でとった上で録音を認めるということもあり得る選択肢です。

(3)　秘密の保持

◆厳格な秘密保持

聴取者は聴取内容に関し、厳格に秘密を守らなければなりません。

パワハラ指針、セクハラ指針、マタハラ指針及び両立指針では、措置義務の内容として、相談者・行為者等のプライバシーを保護するために必要な措置を講ずるとともに、その旨を労働者に対して周知すべきことが定められています。

実務上も、秘密が守られることを前提としなければ、被聴取者に、体験した事実や、それに関する評価や意見等を自由に述べてもらうことは難しく、調査への協力を期待することができません。

◆事情聴取書の社内での開示範囲

厳格な秘密保持が求められることから、聴取者はむやみに聴取内容を開示してはならず、ハラスメント調査やその後の対応（懲戒処分や配転等を決めるための手続）を行うに当たって必要な人的範囲において、必要な情報のみを開示することに留意をします。

社内のどの範囲で、事情聴取の一言一句の細かなやり取りの記録（事情聴取書）を開示するかは、各社の規定によります。ハラスメント該当性を判定する会議体（ハラスメント調査委員会）では、事情聴取書まで開示するが、懲戒委員会の委員にはハラスメント調査委員会がまとめた調査報告書のみを開示し、事情聴取の詳細な記録までは開示しないといった扱いもあり得るでしょう。

◆事情聴取書の関係者への開示

相談者、相手方等の関係者が、会社に対し、事情聴取書の開示を要求することがあります。その場合の対応は、就業規則等の定めがあれば、それに従います。就業規則等の定めがなくとも、聴取者が秘密を守ることを約束した上で事情聴取を行っているわけですから、正当な理由なく開示することは許されないと考えるべきであり、事情聴取書を全面的に開示することはしません。関係者に対する調査の進捗状況や結果の説明に当たっては、事情聴取の関連する箇所を部分的に、あるいは、要約して開示することで対応すべきです。

この点については、サントリーホールディングス事件（東京地判平26・7・31判時2241・95）が参考になります。通報にかかる事実がパワハラに該当しないとした会社の判断に不服がある通報者（原告）は、会社側が適切な調査や対応を怠ったと主張しましたが、その中で、被告Y_2（内部通報制度担当者）がハラスメントの判断経過等の開示を拒否したことも不当と主張していました。これに対して、裁判所は、「被告会社においては通報・相談内容及び調査過程で得られた個人情報やプライバシー情報を正当な事由なく開示してはならないとされていることからすると、被告Y_2において、調査結果や判断過程等の開示を文書でしなかったことには合理性があったものといえ、しかも、被告Y_2は、原告に対し、被告Y_1への調査内容等を示しながら、口頭で被告Y_1の行為がパワハラに当たらないとの判断を示すなどしていたものであって、被告Y_2に違法があったということはできず、原告の上記主張は理由がない。」として、原告の主張を排斥しています。

アドバイス

○裁判での文書提出義務と事情聴取書

相談者や相手方に事情聴取書を開示すべきかを考える上で、検討しておくべきこととして、裁判（懲戒処分の無効を主張する裁判や、安全配慮義務違反を主張する裁判等）になった場合に、事情聴取書について文書提出義務が認められるか、という点があります。

これについては、当該会社において、事情聴取が非公開の手続とされており、その記録の開示にも応じない制度とされていれば、民事訴訟法220条4号ニの「専ら文書の所持者の利用に供するための文書」として文書提出義務が否定されるべきと考えます。

参考になる判例として、朝日ビルマネジメントサービス事件（神戸地尼崎支決平17・1・5労経速1927・13）では、セクハラ調査に関して会社が作成した事情聴取書については、「専ら文書の所持者の利用に供するための文書」に該当し、文書提出義務が否定されています。

また、国立大学法人茨城大学事件（東京高決平24・11・16労判1102・9）（ただし、国立大学法人が保有するヒアリング記録等についての文書提出義務が争点となっており、民間企業にそのまま妥当するものではありません。）が、民事訴訟法220条4号ロの該当性を判断するに当たって、ヒアリング記録について次のように述べている点は、大いに参考になります。すなわち「調査報告書が、外部に開示されることを予定しているものではない以上、調査の過程で作成されるヒアリング記録が、外部の者に開示されることを予定していないものであることは明らかである。そして、ヒアリング記録には、事実の有無に関する被聴取者の認識を述べた部分のほか、それについての被聴取者の評価、意見等を述べた部分があり、それらを截然と区別することは困難であると認められる。このうち後者の部分は、調査委員会の調査に協力するために、秘密が守られることを前提に述べられたものと解されるのであって、これが開示されるならば、調査委員会と被聴取者の信頼関係が損なわれ、以後の同様の事情聴取の円滑な実施に支障を生ずるものということができる」というものです。

もっとも、同事件においても、当該法人にて制度上開示が想定されている部分（加害者とされる者や学長からのヒアリング記録）や、個別具体的に開示しても支障のない部分（第三者たる被聴取者の氏名、役職、聴取の日時、場所のみ）については、開示の対象とされています。よって、ヒアリング記録を文書提出命令の局面においても非開示として秘密を守るためには、ハラスメント調査が非開示の手続であり、事情聴取書の開示を行わないことを、規定上明記しておくべきです。

(4)　第三者の同席

事情聴取の際に、弁護士、家族等の第三者の立会いを求められた場合に、これを認めるべきかについては、各社の就業規則等の規定によります。

ハラスメント関連規定に立会いを認める根拠があるのであれば、規定に従って許否を決めます。また、懲戒処分の手続規定に、懲戒処分に先立つ弁明の機会に弁護士や労働組合等の立会いを認める旨の規定があることを根拠として許諾すべき場合もあるでしょう。

これに対して、立会いを認めるべき根拠を欠く場合には、聴取者の裁量により許否を決定すれば足ります。立会いを認めるべき場合とは、被聴取者が精神的に不安定であるためカウンセラーに付添いをしてもらうような場合でしょう。

ケーススタディ

Q　ハラスメント調査を進める中で、相手方（加害者とされた者）に対して、事情聴取に応じるよう通知をしたところ、相手方から「代理人弁護士の立会いを認めない限りは、事情聴取に応じない。」との返答がありました。当社の就業規則には立会いを認める旨の規定はありませんので、立会いを認めないと伝えたところ、代理人弁護士が「当職の立会いを認めない限り、懲戒処分に先立つ弁明の機会を与えなかったことになり、今後の相手方に対する一切の懲戒処分は無効になる。」との書面を送ってきました。立会いに応じなければいけないのでしょうか。

A　立会いに応じるか否かは会社で判断をすればよいと考えます。

2つの観点から解説します。

1点目は、弁明の機会を与えなかったことのみにより、懲戒処分が無効になるかです。この点については、就業規則等に弁明の機会を付与する旨の規定があれば、弁明の機会を欠いた懲戒処分は無効となりますが（千代田学園事件＝東京高判平16・6・16労判886・93）、規定がない場合には、弁明の機会を付与しなかった旨のみを理由に懲戒処分を無効とすることは困難であると考えられます（白石哲『労働関係訴訟の実務〔第2版〕』397頁（商事法務、2018））。ただし、「一般論としては、（中略）弁明の機会を与えることが望ましい」と判示する判例があることに注意します（詳細は、第２章第３**5**(3)ケーススタディ参照）。

2点目は、懲戒処分に当たり弁明の機会を与えるべきという規定があった場合に、弁護士を同席させなかったことにより弁明の機会を欠いたと言われるのか、という問題です。この点については、就業規則に弁護士等の立会いを認めるべきとの規定がない限り、立会いを認めなくとも、弁明の機会を欠くことにならないと考えます。なぜなら、就業規則で明確な定めがない限りは、いかなる手続によって懲戒処分をするかは、会社の裁量に委ねられるからです（三井リース事件＝東京地決平6・11・10労経速1550・24参照）。

したがって、会社には、相手方が指名する弁護士の事情聴取への立会いを認めるべき義務はなく、会社にて裁量により判断すればよいと考えます。

ただ、立会いの規定がない場合でも、懲戒手続の際に、被処分者の代理人として弁護士が弁明書を提出してきたり、被処分者の連絡窓口になることは一般的にあり得ることです。そのような代理行為まで無効であるとして排除することはできません。

(5)　無用な口外の禁止

調査が進行中の事案について、関係者が無用な口外をすると、次のような不都合な状況を招きかねません。

1つ目は、相手方によるハラスメントがあったとか、相談者は虚偽申告をしている等と公然と摘示することは、その真偽に関わらず、関係者に対する名誉棄損であるとして刑事上、民事上の責任が成立し得ることです。この責任追及をめぐって職場内に新たな紛争が発生する危険が高いです。

2つ目は、関係者らの口裏合わせにより、事実が歪められる危険性があることです。仮に意図的な口裏合わせの工作をしなくとも、影響力の強い者の発言に流されることにより、関係者の記憶や供述が歪められることも起こり得ます。

3つ目として、調査未了の段階で、真偽も定かでない事案の内容が社内に知れ渡ることになれば、調査完了後の職場環境の改善が難しくなりかねません。

したがって、調査の途上において、被聴取者が社内外で、事情聴取について口外することは禁止すべきです。事情聴取において、どのようなことを聞かれ、どのように回答したかはもちろん、事情聴取が実施されていること自体の口外も禁止するべきです。

アドバイス

○ハラスメントが事実であっても名誉棄損

被害者が、加害者からハラスメントを受けたことを公然と摘示することは、ハラスメント被害が事実であったとしても名誉棄損に該当するとして不法行為が成立する場合があります。

例えば、プラネットシーアールほか事件（長崎地判平30・12・7労判1195・5）においては、原告がFacebookとTwitterで「長崎プラネット事件パワハラ・長時間労働／賃金未払・不当解雇」と題し、Twitterには「＃ブラック企業」というハッシュタグを入れて公開したことに対し、ブラック企業と名指しされた被告会社が削除を命じる業務指示をしました。この業務指示が不法行為に該当するかを検討する中で、判示は、実際に原告に対するパワハラの事実が認められ、被告会社がブラック企業と同類と称されてもやむを得ない点があったとしつつも、SNSへの当該書き込みは「被告会社の社会的評価を低下させるものである」としており、名誉棄損に該当する表現であったと評価しています。

また、Yユニオンほか事件（東京高判平30・10・4（平30（ネ）2571））では、労働組合が、組合が管理するホームページで、執行委員長兼営業本部長のセクハラ行為（身体に触る等）について、イニシャル表記で「○営業本部長のセクハラ発覚」、「セクハラを会社が隠ぺいした」との見出しで、セクハラ言動についての記事を掲載したことについては、会社や営業本部長の社会的評価を低下させるものであるとして名誉棄損に該当すると判断しました。もっとも、この掲載行為は、イニシャル表記であることや、会社の見解（セクハラには当たらないというもの）を併記・紹介していたこと等を考慮の上、正当な組合活動として社会通念上許容される範囲内のものであるとして違法性を阻却し、不法行為の成立は否定しました。

3　相談者への事情聴取の実施

本章では、便宜上、相談窓口が相談を受ける段階（本章第１）と、相談者の事情聴取の段階とを区分して解説しています。もっとも、実務的には、初期相談を受けた相談員が引き続き事情聴取を行うとか、初期相談のみで事情聴取が完了している等、双方の区別がつかない手続になる場合もあります。その場合には、本項にあげたポイントが初期相談時にも該当します。

(1)　体調への配慮

事情聴取はハラスメント被害者にとって多大な負担となることを認識した上で、相談者の体調への配慮を欠かさないようにします。

(2)　事情聴取前の説明

事情聴取での秘密は守られること、不利益取扱いはしないことを伝えて、事情聴取への協力を促します。

(3)　ヒアリングシートを用いての聴取

重要なポイントに絞って、効率よく聴き取りをします。

(4)　聴取後の注意事項

聴取を受けている事案についての口外禁止を伝え、今後の進捗予定を説明します。

(1)　体調への配慮

ハラスメント調査を進めることは重要ですが、相談者の体調への配慮も欠かしてはなりません。被害当時のことを話すことは、人格否定や人格非難をされた出来事を自らの言葉で再現して語ることでもあり、被害者の心理的負担は想像以上に大きいものです。

事情聴取により相談者の体調が悪化したとなれば、会社は安全配慮義務違反を問われることにもなります。ハラスメント調査に熱心になるあまり、相談者に無理をさせることのないよう、まずは相談者の体調を最優先で考えます。

◆欠勤・休職している場合

相談者が、体調不良で欠勤・休職している場合には、基本的には、事情聴取の実施は控えます。その間に、相手方や関係者の事情聴取を進めるかどうかは、相談者からどの程度事情を聴取できているか、調査を進めることに関しての相談者の意向を確認できているかにより、個別に判断します。

相談者が、休職中でも自分からの事情聴取を実施してほしいと積極的に希望をした場合も、実施するか否かは慎重に判断します。相談者の体調を把握している主治医や産業医に、事情聴取に耐えられる体調であるかについて、意見を求め、それに従った対応とします。医師が、所要時間やカウンセラーの同席等の条件をつけて可能との意見であれば、その条件に沿って実施します。

なお、医師の意見照会に当たっては、後掲【参考書式7】及び【参考書式8】を参考としてください。

◆事情聴取中の配慮

事情聴取の実施前に、途中で体調が悪くなったら申し出るように伝えておき、途中でも、このまま続けても体調に支障はないか等、確認をするように努めます。

そして、被害当時のことを話すことは、被害の追体験にもつながるため、無用に同じことを何度も繰り返し聴くことは避けるべきです。

また、繰り返しの質問には、相談者は、自分の話を聞いてくれていたのだろうかと不信を持つことにもなりますので、この観点からも重複を避けねばなりません。そのために、最初の相談の際から、相談内容の記録をしっかりとっておくことが重要です。特に、聴取者が交代する場合には、それまでの記録を引き継いでおきます。

◆時　間

被聴取者の集中力や体調に鑑み、のちに「長時間問い詰められた」等のクレームが出ることを避けるため、1回の聴取時間は50分程度にとどめるようにします。

ただし、被聴取者の体調にも支障がなく、50分で聴取を切り上げることで、何度も聴取の場を持つことがかえって被聴取者の負担となる場合には、「50分程度」に固執せず、柔軟に対応しましょう。

(2)　事情聴取前の説明

◆手続についての説明

事情聴取がどのような手続であるのかを、開始前に説明しておきます。

特に、初期の相談対応と、今回の事情聴取とでは、異なる手続であることを意識してもらうことが重要と考えます。会社の制度により、相談窓口担当者である相談員が、そのまま事情聴取を担当する場合には、相談対応と事情聴取が切れ目なく行われるようなこともあります。

また、相談対応で聴取した内容も、事情聴取で聴取した内容も、事実認定の証拠になるという点からも、両者は一体のものではあります。

ただ、相談対応が相談者から傾聴をする場であったのに対し、事情聴取はハラスメント該当性等の判断のための事実調査の場となり、聴取者の目的に沿った質疑がなされる場に変容します。この点を、事情聴取開始前に、相談者に伝えておくべきと考えます。

具体的には、事情聴取はどのような手続か、予定している事情聴取の内容、今後どのような手続を予定しているかを伝えます。

なお、説明に当たっては、後掲【参考書式9】を参考としてください。

◆調査協力義務

相談者にも一定の調査協力義務がありますので、この点も説明しておきます。

もっとも、無制限に認められるわけではなく、前掲富士重工事件では、「調査対象である違反行為の性質、内容、当該労働者の右違反行為見聞の機会と職務執行との関連性、より適切な調査方法の有無等諸般の事情から総合的に判断して、右調査に協力することが労務提供義務を履行する上で必要かつ合理的であると認められ」ると解されています。

このように、調査協力義務は「必要かつ合理的」な範囲で認められるものですから、相談者のプライバシーや、話したくないという意思も尊重すべきであり、「相談した以上は、全てを詳しく話すべきである」といった強権的な対応をすべきではありません。事実調査の重要性を伝え、任意の協力を促す依頼をします。

例えば、性的被害について、その詳細を話したくないという場合には、一旦は自発的に話をしたことを聴くにとどめておき、他の証拠（客観証拠や相手方聴取結果等）からどの程度の事実認定ができるかを検討します。その上で、より詳しく聴かなければ、ハラスメント事案の根本的な解決が難しい（例えば、相手方の処分は難しい等）といった事情があれば、それを相談者に説明して、更なる協力を促す、といった方法をとります。

なお、調査に応じる以上、虚偽を述べたり、口裏合わせをしたりして、企業秩序を混乱させることは許されないことは、信義誠実の原則（労契3④）に照らしても当然であり、この点は相談者にも伝えておくべきです。

◆事情聴取の記録化

相談者からの事情聴取も、原則として、記録を残すために録音をします。

事情聴取の詳細な記録は、ハラスメント事案の解決のためという目的のために必要な範囲でのみ開示をすること、開示された者は秘密を厳格に守ることを説明した上で実施します。

もっとも、相談者が録音に難色を示したり、録音しているために率直な陳述を得られないような場合には、録音をせずに、パソコンや筆記でメモをとり、まとめたメモを確認してもらう、という手段をとることもあり得る点は、前述のとおりです。

また、事案によっては、事情聴取の内容を、相談者が記名・捺印する陳述書にまとめておくことも検討します。例えば、相談者が自分の話した内容がどのような形で相手方に伝えられるのかについて不安に思っているような場合には、陳述書の内容のみを相手方に伝えるという約束で、陳述書を作成することも一案です。また、ハラスメント事案をめぐって将来の紛争が予想される場合（厳罰が見込まれる場合や、当事者の言い分が矛盾する場合等）には、裁判での証言も見込んで、予め相談者の陳述書を作成しておくという備えも必要でしょう。相談者が、相談や事情聴取時は会社の調査に協力的であっても、後の裁判でも積極的に協力してくれるとは限りませんので、協力が得られる段階で、証拠の確保をしておくべきです。

◆不利益取扱いを行わない

会社は、ハラスメントに関する相談をしたことや、事実関係の確認に協力したこと等を理由に不利益な取扱いを行ってはなりません（労働施策推進30の2②、雇用均等11②、育児介護25②）。

安心して事情聴取に応じてもらうため、この点も改めて説明します。

(3) ヒアリングシートを用いての聴取

聴取は、ヒアリングシートを用いて効率的に実施します。

相談時の聴取や、収集済みの証拠では不足している情報を中心に質問します。

設例では、上司からの叱責が問題となっている会議のプレゼンテーションについて、相談者のプレゼンテーションの問題点はどこにあったのか、別の機会の指導はなされていたのか等という関心から、事前に上司から何らかの指導がなかったのかを確認します。具体的には、スライドを承認されたというメールの記録を見てもらいながら、メール以外の口頭でのコミュニケーションはあったのか、これ以前に課内の会議やメールでのやり取り等はあったのか等を質問していきます。

また、取引先の担当者の面前でのあからさまな叱責という異常な状況も気にかかりますので、相談者と取引先の担当者との関係性も確認をします。相談者が主担当者としてＡ社の対応をしてきたのか、誰かの補佐として担当してきたのか等です。主担当者であったならば、叱責により相談者が受けた心理的負担は一層大きいだろう、という問題意識です。

聴取後には、要点をヒアリングシートに記入をし、相手方や関係者からの事情聴取に備えます。

なお、ヒアリングシートについては、後掲【参考書式10】を参考としてください。

(4)　聴取後の注意事項

◆無用な口外禁止

事情聴取を進めているハラスメントの件について、社内外で口外することは禁止されていることを相談者に伝えます。事情聴取において、どのようなことを聞かれ、どのように回答したかはもちろん、事情聴取が実施されていること自体の口外も禁止するべきです。

もっとも、相談者が悩みや不安を誰にも相談できないと感じて孤立することは防ぐべきですから、ハラスメント調査委員等がいつでも相談に乗る等と伝えておき、話をできる門戸を開いておく工夫をするとよいでしょう。

◆今後の進捗予定

相談者に対して、今後の進捗予定を伝えます。

相談者に、会社はきちんと調査を進めてくれるのだろうか、という不安を抱かせないため、支障のない範囲で具体的な予定を伝えます。

【参考書式7】　事情聴取実施に関する情報提供依頼書

令和○年○月○日

事情聴取実施に関する情報提供依頼書

○○病院
　　クリニック　　丁野一男先生　御机下

〒○○○－○○○○
○○市○○　○－○－○
○○株式会社　○○事業所
産業医　　　　乙川　花子　　印
電　話　○○－○○○○－○○○○

下記１の弊社従業員の事情聴取実施に際し、下記２の情報提供依頼事項について任意書式の文書により、情報提供及びご意見をいただければと存じます。

なお、いただいた情報は、本人に対する事情聴取の実施の適否を判断する目的及び本人の職場復帰の支援をする目的のみに使用され、プライバシーは十分配慮しながら産業医が責任を持って管理いたします。

今後とも、弊社の健康管理活動へのご協力をよろしくお願い申し上げます。

記

１　従業員
　氏　名　　甲山　太郎（男・女）
　生年月日　平成○年○月○日

２　情報提供依頼事項
(1)　発症から初診までの経過
(2)　治療経過
(3)　現在の状態（業務に影響を与える症状及び薬の副作用の可能性なども含めて）
(4)　次のハラスメント相談事案について、事情聴取を実施することに関するご意見
　（疾患の再燃・再発防止のために必要な注意事項など）
　・上司丙山一郎氏からのパワーハラスメントの相談について
　・特に令和○年○月○日の出来事を中心とする

以上

（本人記入欄）
私は本情報提供依頼書に関する説明を受け、情報提供文書の作成並びに産業医への提出について同意します。
令和○年○月○日　　　氏名　甲山　太郎　　印

【参考書式8】　事情聴取実施に関する意見書

令和○年○月○日

ハラスメント調査委員長　殿

事情聴取実施に関する意見書

○○株式会社　○○事業所
産業医　乙川　花子　印

<table>
<tr><td rowspan="2">事業場</td><td rowspan="2">○○</td><td rowspan="2">所属</td><td rowspan="2">○○</td><td>従業員番号</td><td>氏　名</td><td rowspan="2">[男]・女</td><td rowspan="2">年　齢
○歳</td></tr>
<tr><td>○○○○○○</td><td>甲山　太郎</td></tr>
<tr><td colspan="2">目　的</td><td colspan="6">上司丙山一郎氏からのパワーハラスメントについて詳細の聞き取りをすることの可否の判断に資するものとして</td></tr>
<tr><td colspan="2" rowspan="2">事情聴取実施に関する意見</td><td colspan="2">事情聴取の実施の可否</td><td colspan="4">可　　[条件付き可]　　不可</td></tr>
<tr><td colspan="6">意　見
社会生活を普通にできる程度まで体調回復しているため、事情聴取に対応することは可能である。
ただし、1日当たり2時間程度を限度とし、休息場所を確保した上で、適宜休息をとりながら実施すること。本人が中断を申し入れた場合には、即時に中断することを条件とする。</td></tr>
</table>

【参考書式9】　事情聴取にあたっての説明書①（相談者への説明書）

令和○年○月○日

甲山太郎様（相談者への説明書）

ハラスメント調査委員会
委員長　乙山次郎　㊞

あなたから寄せられた相談をきっかけとして、ハラスメント調査を進めています。

１．ハラスメント調査について

ハラスメント調査は、添付のフローチャート（略）に沿って進めます。

中立の立場の調査委員が、あなたから事情を聴いた後、相手方からも事情を聴き、その内容を検討の上、さらに関係する第三者からも事情を聴く必要があるかを決めます。場合によっては、相手方や第三者から事情を聴いた後で、再度あなたから事情を聴く場合もあります。

事情聴取と同時に、関係する資料（メール、書類、音声・画像等）を収集します。

これらが完了すれば、ハラスメント調査委員会にて、あなたと相手方との間でどのような出来事があったのかを判定した後、いかなる事後対応をすべきかを決定します。

２．あなたからの事情聴取について

(1)　内　容

あなたから相談を受けた次の事実関係を中心に事情を聴きます。

関連する周辺の事情もあわせて聴きます。

・○月○日　A社との企画会議での丙山一郎課長からあなたに対する言動

(2)　時間・回数

1回の聴取時間は、50分を予定しています。

さらに時間を設ける必要がある場合には、追加の日程を定めます。

３．留意事項

(1)　調査への協力

今回、職場でハラスメント事案が発生した疑いがあるものとして、会社としての調査を開始しています。調査の目的は被害を受けた社員の被害回復が第一ですが、その他に、職場全体の環境改善、再発防止も含まれます。

事情聴取の内容には、あなたのプライバシーや名誉にかかわり、話しにくい事柄も含まれると推察しますが、上記目的のために重要な事柄をお聞きしていますので、記憶に基づいた事実を率直に話していただくよう、ご協力をお願いします。

※関係規定　ハラスメント関連規程○条

(2)　事情聴取の録音

事情聴取の際は、全ての質問・応答を録音し、記録として保存をします。

事情聴取の内容を正確かつ迅速に記録化するための手段として、ご了解ください。

※関係規定　ハラスメント関連規程○条

(3)　秘密を守ります

今回の事情聴取の結果（録音データや録音反訳データ）は、ハラスメント調査委員に開示されますが、全てのハラスメント調査委員は、秘密を厳格に守ります。無用に事情聴取の内容を他に開示することはありません。

相手方や第三者の事情聴取や、事後対応の検討のために必要と判断した場合には、部分的にあなたの話した内容をハラスメント調査委員以外の関係者に開示することもありますが、その場合も、必要な範囲に限定した開示とします。

また、仮に相手方等が、事情聴取の記録の開示を求めた場合も、内部文書であるとして、任意の開示に応じることはしません。

※関係規定　ハラスメント関連規程○条

(4)　不利益な取扱いをしません

今回の事実調査に協力いただいたことを理由とする、あなたに対するあらゆる不利益取扱いはしません。今後、心配な出来事があれば、いつでもハラスメント調査委員に相談してください。

(5)　口外の禁止

今回、調査が実施されているハラスメントの件については、他の社員に口外することを禁止します。

事情聴取において、どのようなことを聞かれ、どのように回答したかはもちろん、事情聴取が実施されていること自体も、口外しないでください。

無用な口外をすることによるトラブルとして、あなた自身の言動が名誉棄損であるとか口裏合わせを試みたと非難されること、真偽も定かでない情報が職場に広まって今後の職場環境改善が困難となること等が懸念されます。

事情聴取が進む間、心配なことがあれば、私たちハラスメント調査委員に遠慮なく相談してください。なお、本件の主担当委員は、丙山三郎（内線：○○○○、メールアドレス：○○@○○○）です。

※関係規定　ハラスメント関連規程○条

以上

(注)　調査中の情報漏洩の危険を避けるため、当該説明書は事情聴取の場で提示し、事情聴取終了時には回収することを想定しています。

【参考書式10】　ヒアリングシート

日　時	場所等	争いのない時系列	ハラスメント相談窓口での聴取内容	参考資料
○月		○期評価面談 相手方：業績目標未達を指摘される。		資料Ｃ－3 ○期評価面談記録
○月頃			上司からの当たりがきつくなった 当たりがきつくなったのは、評価面談の時期以降と感じている	
○月○日	社内メール	上司に当日用のスライドを承認される →上司「これで進めてください」		資料Ｄ－1 スライドのデータ 資料Ｄ－2 社内メールのデータ
○月○日○時頃	第○会議室	Ａ社も参加しての企画会議（参加者：相談者、相手方、丁川花子氏、丁山一男氏、Ａ社社員2名）	皆の面前で上司から厳しい叱責を受けた →上司「これでは何も伝わってこない」 →上司「もう何年マーケティングをやっているんだ」 →上司「今日はもう聞いてるだけでいい」 →上司「次は担当を外します」	資料Ｄ－3 会議議事録
			その場では泣かないようにこらえて、黙って座っていた 会議が終わった後、書類を片付けてからトイレへ行って泣いた	
	プライベートのメール		会議に出席した当社丁川花子氏からメール →丁川花子氏「さっき、課長きつかったけど、大丈夫？ちょっとどうかと思ったよ。最近課長カリカリしてるよね。何か力になれることがあれば、いつでも言ってね」	資料Ｄ－4 メールデータ（相談者提供）
○月○日		相談者欠勤	朝、通勤電車に乗ったが、吐き気がして引き返す。出社できず	勤怠記録
	メール		上司からメール →上司「体調不良とのこと、聞きました。お大事に。Ａ社の件は当面丁山さんに進めてもらいます」	資料Ｄ－5 メールデータ（相談者提供）
○月○日	相談窓口	相談者の相談受付		

（注）　網掛け部分はヒアリング終了後に記入します。

相談者ヒアリング	相手方ヒアリング	目撃者ヒアリング
	Q　評価面談で何を言われたか。また、面談前後で行動に変化はあったか	
	・業績目標の未達を指摘された ・部下にうまく仕事を任せられるように努力しなさい、と言われた ・部下のやり方に細かく指示を出すことを控えるようにした	
Q　当たりがきついと感じた相手方の言動のうち、記憶しているものはあるか	Q　相談者が指摘するような言動はあったか	Q　評価面談の時期以降、相手方の言動に変化はあったか
・企画書の起案で質問をしても「任せます」と言われた。取引先に提出後にダメな点を指摘された（メール〇月〇日　資料Ｄ－2） ・〇月〇日頃、Ａ社の件で、業務報告をした際に、「また足を引っ張るようなことのないように頼んだよ」と言われた ・挨拶をしても、顔をあげずに無視されることがあった	・もう任せられるだろうと考えて、事前に目を通さなかったら、出来が悪かったので、メールにあるような指摘をした ・期待をする意味で、「足を引っ張らないで」と言ったと思う ・挨拶を無視したことはない	・業績目標のことを言われることは増えた ・私は相手方との付き合いが長いこともあり、傾向と対策が立てられていることもあり、特にダメ出しをされることもなかった
Q　改善を指摘されなかったか	Q　事前にアドバイスすべき点はなかったのか。また、アドバイスをしたのか	Q　会議前の準備への相手方の関わり方は
・何もなし ・当日は任せるから、しっかり準備してください、と言われた	・具体的なデータが足りていないと感じた ・本人に気付いてもらうために、「当日までにしっかり準備が必要」と指摘をした	・相談者に任せきりという感じ ・私も特にフォローを指示されることなく、他の件で忙しかったので、関与していなかった
Q　何に対して、叱責をされたのか	Q　相談者が指摘するような言動はあったか。また、何に対して、そのような言葉をかけたのか（指導すべき点は何だったのか）	Q　相手方にどういう言動があったか確認をする →相談者のプレゼンの内容は問題なかったか
・よくわからないが、多分、事前準備が不十分ということだと思う	・そのように言ったと思う ・相変わらず具体的なデータや具体例のない、空虚な内容だったから	・「何も伝わらない」「もうここへ来て何年目なのか」「もうこの件の担当は外れてもらいます」という言葉を記憶している ・相談者の話には、説明データが不足していると感じた。私だったら、こういうものも入れて説明をするかな、という点があった
Q　相談者とＡ社担当者との関係性は	Q　会議中・会議後、相談者はどんな様子だったか	Q　相談者はどんな様子だったか
・相談者が、当初から主担当。普段の連絡窓口は全て相談者が務めてきた	・ずっと下を向いていた ・言い過ぎたと感じた ・そっとしておこうと思い、自分から声をかけることはしなかった	・下を向いて、涙をこらえているように見えた ・会議後、しばらく戻ってこなかったので、大丈夫かと心配してメールをした
	Q　どのような考えでメールをしたか	
	・心配していたが、もともと明るいタイプの人なので、1日2日休んだら元に戻るだろうと思っていた	

4 相手方への事情聴取の実施

(1)　体調への配慮
　ハラスメントの疑いがあるとして事情聴取を受けることは、大きな負担となり得ますので、相手方の体調への配慮も欠かさないようにします。
(2)　事情聴取前の説明
　聴取者は中立の立場であること、事情聴取で開示した秘密は守られること、不利益取扱いはしないことを伝えて、事情聴取への協力を促します。
(3)　ヒアリングシートを用いての事情聴取
　相手方が加害者であると決めつけず、中立の立場から事情を聴くように努めます。
(4)　事情聴取後の注意事項
　聴取を受けている事案についての口外禁止を伝え、今後の進捗予定を説明します。

相手方は、相談者の言い分では「加害者」とされている者であることから、ハラスメントをしたもの、懲戒処分されるべきもの、といった先入観をもって事情聴取に臨んでしまいがちです。聴取者がこのような姿勢であると、事情聴取は、事実の調査のための手続ではなく、相手方への制裁の機会のようになってしまいます。

しかし、事情聴取前の段階では、相手方が何を語るのか、どのような証拠を持っているのか等、把握をできていない状況です。相手方の話を聴いたり、証拠を提出してもらったりすることで、事案に対する印象は大なり小なり変わってくることが常です。

聴取者としては、中立であることに努め、予断を持たずに相手方の話に耳を傾けるべきです。

(1)　体調への配慮

ハラスメント調査の過程で体調不良を訴えるのは、相談者のみとは限りません。相手方が、被害申告の事実を知らされた後に欠勤するようになったり、事情聴取の最中に体調不良を訴えたりということが、まま起こります。

相手方は一定の事実調査協力義務を負いますが、事情聴取により体調が悪化したとなると、会社は安全配慮義務違反を問われかねませんので、相手方の体調への配慮も忘れてはなりません。

◆欠勤・休職している場合

相手方が、体調不良で欠勤・休職している場合には、基本的には、事情聴取の実施は控えます。もっとも、事案の重大性から、早期に事情聴取を行うべき要請が高いと判断した場合には、産業医等の医師に事情聴取に耐えられる体調であるかについて意見を求めた上で、医師の意見に従います。

なお、相手方の事情聴取を中断せねばならない場合も、相談者からの事情聴取は進められますが、第三者からの事情聴取を先行させるかは個別に判断します。例えば、ハラスメント言動の目撃者がいるが、相手方の体調の回復にしばらく時間がかかりそうな場合には、目撃者の記憶が減退する前に、先に事情聴取をしておくといった判断をします。これに対し、相手方の事情聴取をほどなく実施できる見込みである場合には、まずは相手方の言い分を確認した上で、更に第三者まで事情聴取の範囲を広げるべきか検討するのがよいでしょう。

◆事情聴取中の配慮

事情聴取中に体調が悪くなったら申し出るように伝え､体調不良の訴えに対しては､休憩をとる等の対応をします。もっとも、休憩中に証拠隠滅や口裏合わせの連絡等をさせないための措置を必要に応じて講ずべきです。

◆時　間

のちに「長時間問い詰められた」等のクレームを避けるため、1回の聴取時間は50分を目安にします。

ただし、相手方が了解しており、50分程度で聴取を切り上げることで、何度も聴取の場を持つことがかえって負担となる場合には、50分程度に固執せず、柔軟に対応しましょう。

(2)　事情聴取前の説明

◆手続についての説明

事情聴取がどのような手続であるかを、開始前に説明しておきます。

相手方は、事情聴取に呼び出され、自分に対するハラスメント被害申告があったと知らされた時点で、今後どのような処分をされるのかと身構えていることが多いです。中には、何を弁解しても聞き入れてもらえないのではないか、と懐疑的になる人もいますので、聴取者は中立の立場であり、相手方の言い分も十分に聴くことを丁寧に説明しておくべきです。

具体的には、一般的なハラスメント調査の手続の流れ、事情聴取はどのような手続か、現時点で調査がどこまで進んでいるか、予定している事情聴取の内容、今後どのような手続を予定しているか等です。

なお、説明に当たっては、後掲【参考書式11】を参考としてください。

◆調査協力義務

相手方は、相談によって持ち込まれたハラスメントの疑いのある事案に対しては、その有無や内容についての調査に協力する義務を負いますので、その点も相手方に説明しておきます。

前掲富士重工事件では、「調査対象である違反行為の性質、内容、当該労働者の右違反行為見聞の機会と職務執行との関連性、より適切な調査方法の有無等諸般の事情から総合的に判断して、右調査に協力することが労務提供義務を履行する上で必要かつ合理的であると認められ」る場合には、労働者が調査協力義務を負うと解されていますので、自らに就業規則違反あるいは企業秩序を乱すハラスメント行為をした疑いをもたれている本人として、その調査に協力すべきは当然です。

もっとも、調査協力義務は「必要かつ合理的」な範囲で認められるものですから、机をたたいて威圧したり、長時間拘束したり、認めれば処分を軽くすると嘘をついたりして自白を迫るような手法は許されません。

なお、調査で虚偽を述べたり、証拠隠滅や口裏合わせをしたりすることによって、企業秩序を混乱させることが許されないことは、信義誠実の原則（労契3④）に照らしても当然であり、この点も相手方に伝えておくべきです。

◆事情聴取の記録化

相手方からの事情聴取も、記録を残すために録音をします。

録音への協力を促すため事情聴取の録音記録は、ハラスメント事案の解決のためという目的のために必要な範囲でのみ開示をすること、開示された者は秘密を厳格に守ることを説明しておきます。

もっとも、録音をすることにより率直な陳述を得られないことが想定されるような場合には、録音をせずに、パソコンや筆記でメモをとり、まとめたメモを確認してもらう、という手段をとることもあり得る点は、前述のとおりです。

ケーススタディ

Q　これまでの相手方とのやり取りの中で、相手方が「相談窓口のやり方が、片寄って不公平である」と言って聴取者に対して難癖をつけてくることが多々発生しているため、同様なトラブルを避けるため、事情聴取を録音の上で実施することにしました。ところが、相手方が、録音するのであれば話をしない、と言っています。録音せずに事情聴取を進めるべきでしょうか。

A　設問のようなケースでは、事後的に紛争となった場合への備えとしても、正確な録音記録を残しておくことは極めて重要です。抵抗されたため、録音をせずに事情聴取を進めるという対応は不適切と考えます。

まずは、録音に応じるように説得をします。「言った、言わない」という些末なトラブルを避け、適正かつ迅速な調査を進めるために、録音で正確な記録をとることが不可欠であることや、録音をしたからといって事情聴取の音声データや詳細な一言一句が不当に開示されることはないことを丁寧に説明します。

それでも納得しない場合には、事情聴取を中断します。この場合、相手方の言い分を聴取する代替手段として、質問事項への回答書を期限までに提出するよう命ずることもあり得るでしょう。提出された回答書等を事情聴取に代替する証拠として、事実認定をすることになります。

なお、回答書の提出にも応じない等の対応であれば、調査協力義務違反であるとして懲戒処分をするとか、他の証拠から相手方に不利な事実認定をするといったことも辞さない姿勢で臨むべきです。

◆不利益取扱いを行わない

会社は、ハラスメントに関する事実関係の確認に協力したこと等を理由に不利益な取扱いを行ってはなりません（労働施策推進30の2②、雇用均等11②、育児介護25②）。この点は、相手方に対しても当てはまりますので、説明しておきます。

もっとも、調査の結果、ハラスメント等不適切な言動が認定された場合に、当該言動を理由として懲戒処分がなされることがあり、これが禁止されていないことは当然です。

(3)　ヒアリングシートを用いての事情聴取

事情聴取は、ヒアリングシートを用いて効率的に実施します。

◆周辺事情から聴く

最初からハラスメントの核心の場面を聴くよりは、最近、相談者に変わった様子はないか等、周辺の話から進めていく方が、相手方との会話を進めやすいでしょう。

◆中立の立場で相手方の言い分を聴く

中立の立場から、相手方の記憶している事実関係を聴き取るためには、最初から誘導をしすぎずに、相手方の言葉で話してもらうような聴き方が適切です。誘導が過ぎると、ハラスメントがあったことを前提にした詰問をされている、という印象を持たれてしまうためです。

具体的には、いきなり「企画会議で、『もう何年マーケティングをやっているんだ』と言いましたか？」等と、相談者の言い分を前提に、イエスかノーの答えを求める質問を立て続けにするよりは、「企画会議でのあなたの発言で精神的にまいってしまったという相談がありますが、どういう発言をしたか記憶に残っていますか？」、「どういう場面での発言だったのですか？」といった質問からはじめて、最終的に相談者の記憶している発言について「○○さんは、『もう何年マーケティングをやっているんだ』という発言だったと言われていますが、どうですか？」と確認していく、という方法がよいでしょう。

事情聴取は、あくまで事実調査の場です。最初から相手方をハラスメント加害者と決めつけて詰問し、懲らしめる場ではないということを意識すべきです。

◆ヒアリングシートへの記入

聴取後には、要点をヒアリングシートに記入し、相談者からの再度の事情聴取や、関係者からの事情聴取が必要かを検討します。

(4)　事情聴取後の注意事項

◆無用な口外禁止

相手方が聴取を受けた内容を無用に口外することは、相談者に対する名誉棄損に該当したり、事後の職場環境の改善を困難にしたり、といった危険性を含みます。また、第三者との口裏合わせにもつながりますので、一切の口外を禁止する旨を伝えます。

具体的には、事情聴取を進めているハラスメントの件については、他の社員に口外することは禁止されていることを伝えます。事情聴取において、どのようなことを聴かれ、どのように回答したかはもちろん、事情聴取が実施されていること自体の口外も禁止するべきです。

◆今後の進捗予定

相手方に対しても、今後の進捗予定を伝えます。

相手方は、どのような処分がなされるのかと不安に感じていますので、相談者に対すると同様、支障のない範囲で具体的な予定を伝えておくとよいでしょう。

【参考書式11】　事情聴取にあたっての説明書②（相手方への説明書）

令和○年○月○日

丙山一郎様（相手方への説明書）

ハラスメント調査委員会

委員長　乙山次郎　㊞

あなたの言動に対して、ハラスメント相談窓口に相談が寄せられたことをきっかけとして、ハラスメント調査を進めています。

１．ハラスメント調査について

ハラスメント調査は、添付のフローチャート（略）に沿って進めます。

本件では、既に相談者から一定の聴取をしていますが、その聴取内容に関し、中立の立場の調査委員が、あなたからも事情を聴きます。その内容を検討の上、さらに関係する第三者からも事情を聴く必要があるかを決めます。場合によっては、第三者から事情を聴いた後で、再度あなたから事情を聴く場合もあります。

事情聴取と同時に、関係する資料（メール、書類、音声・画像等）を収集します。

これらが完了すれば、ハラスメント調査委員会にて、あなたと相談者との間でどのような出来事があったのかを判定した後、いかなる事後対応をすべきかを協議して、決定します。

２．あなたからの事情聴取について

(1)　内　容

相談者（甲山太郎氏）から相談を受けた次の事実関係を中心に事情を聴きます。

関連する周辺の事情もあわせて聴きます。

・○月○日　A社との企画会議にて、あなたからの相談者に対する言動

(2)　時間・回数

1回の聴取時間は、50分を予定しています。

さらに時間を設ける必要がある場合には、追加の日程を定めます。

３．注意いただくべき事項

(1)　調査への協力

今回、職場でハラスメント事案が発生した疑いがあるものとして、会社としての調査を開始しています。調査の目的は被害を受けた社員の被害回復が第一ですが、その

他に、職場全体の環境改善、再発防止も含まれます。

事情聴取の内容には、あなたのプライバシーや名誉にかかわり、話しにくい事柄も含まれると推察しますが、上記目的のために重要な事柄をお聞きしていますので、記憶に基づいた事実を率直に話していただくよう、ご協力をお願いします。

※関係規定　ハラスメント関連規程○条

(2)　事情聴取の録音

事情聴取の際は、全ての質問・応答を録音し、記録として保存をします。

事情聴取の内容を正確かつ迅速に記録化するための手段として、ご了解ください。

※関係規定　ハラスメント関連規程○条

(3)　秘密を守ります

今回の事情聴取の結果（録音データや録音反訳データ）は、ハラスメント調査委員に開示されますが、全てのハラスメント調査委員は、秘密を厳格に守ります。無用に事情聴取の内容を他に開示することはありません。

相談者や第三者の事情聴取や、事後対応の検討のために必要と判断した場合には、部分的にあなたの話した内容をハラスメント調査委員以外の関係者に開示することもありますが、その場合も、必要な範囲に限定した開示とします。

また、仮に相談者等が、事情聴取の記録の開示を求めた場合も、内部文書であるとして、任意の開示に応じることはしません。

※関係規定　ハラスメント関連規程○条

(4)　不利益な取扱いをしません

今回の事実調査に協力いただいたことを理由とする、あなたに対するあらゆる不利益取扱いはしません。今後、心配な出来事があれば、いつでもハラスメント調査委員に相談してください。

もっとも、調査の結果、ハラスメント言動等が認定された場合には、当該言動等を理由とした相応な不利益な処遇や処分があり得ることは当然のこととしてご承知おきください。

※関係規定　ハラスメント関連規程○条

(5)　口外の禁止

今回、調査が実施されているハラスメントの件については、他の社員に口外することを禁止します。

事情聴取において、どのようなことを聞かれ、どのように回答したかはもちろん、事情聴取が実施されていること自体も、口外しないでください。

無用な口外をすることによるトラブルとして、あなた自身の言動が名誉棄損であるとか口裏合わせを試みたと非難されることや、真偽も定かでない情報が職場に広まって今後の職場環境改善が困難となること等が懸念されます。

事情聴取が進む間、心配なことがあれば、私たちハラスメント調査委員に遠慮なく相談してください。なお、本件の主担当委員は、丙山三郎（内線：○○○○、メールアドレス：○○@○○○○）です。

※関係規定　ハラスメント関連規程○条

以上

(注1)　調査中の情報漏洩の危険を避けるため、当該説明書は事情聴取の場で提示し、事情聴取終了時には回収することを想定しています。

(注2)　当該説明書２．(1)では、相談者が誰であるかを相手方に知らせていますが、事案によっては、相談者が誰であるかを知らせないまま事情聴取等の調査や事後対応を進める場合もあり得ます。例えば、日常的に相手を選ばずにハラスメント言動がなされている場合には、相談者を明らかにしないまま、複数の被害者に対する言動を調査し、事実認定することも可能です。

5　第三者への事情聴取の実施

(1)　事情聴取前の説明
事情聴取の重要性を伝えた上で、事情聴取で開示した秘密は守られることや不利益取扱いをしないことを約束し、事情聴取への協力を促します。
(2)　ヒアリングシートを用いての事情聴取
第三者が関係している事実関係に限定して質問をします。
(3)　事情聴取後の注意事項
聴取を受けている事案についての口外禁止を伝えます。

(1)　事情聴取前の説明

◆調査協力義務

社員である第三者も、ハラスメント事案に対して、調査協力義務を負います。

前掲富士重工事件で判示されているところに従うと、いかなる範囲で当該義務を負うかは、立場によって異なります。

関係者の上司たる社員は調査に協力することが本来業務の内容の一部であるため、全面的な調査協力義務を負います。

これに対し、ハラスメントの目撃者や、関係者の同僚等は、「調査対象である違反行為の性質、内容、当該労働者の右違反行為見聞の機会と職務執行との関連性、より適切な調査方法の有無等諸般の事情から総合的に判断して、右調査に協力することが労務提供義務を履行する上で必要かつ合理的であると認められ」る場合に調査協力義務を負います。例えば、相談者と第三者が私的にやりとりしているSNSの記録を全て開示せよ（又は、相談者が開示することに同意せよ）という会社の命令に従うべき協力義務は認められないでしょうが、相談者からハラスメントについて相談を受けた際のやり取りの記録を開示せよという命令に対しては従うべき協力義務が認められるでしょう。

ところが、第三者は、ハラスメント事案との関わりが、相談者や相手方に比較すると希薄であるため、調査に対して協力すべきという意識も希薄であり、むしろ面倒なことに巻き込まれたくないと協力することに消極的である場合もあります。そこで、事情聴取に先立ち、第三者も調査協力義務を負うことを説明します。

なお、調査で虚偽を述べたり、証拠隠滅や口裏合わせをしたりすることによって、企業秩序を混乱させることが許されないことは、信義誠実の原則（労契3④）に照らしても当然であり、この点も第三者に伝えておくべきです。

◆調査の目的の説明

調査協力義務があるから協力しなさい、という強権的な言い方だけで被聴取者が調査に協力してくれるとは期待できません。

何の調査を行っているのか、その調査の中で第三者の事情聴取結果がどのように役立つのか、この調査や事情聴取が職場環境の改善のためにいかに重要であるのか、といった事柄を第三者に伝えて、協力を促す必要があります。

ただし、第三者に対して、調査の内容や、これまでの事情聴取結果をつまびらかに伝えることは避けるべき場合が多いでしょう。第三者が事情聴取後に職場で口外して情報を拡散させてしまうこと、第三者が多くを知ることにより相談者や相手方とコミュニケーションをとりづらくなること等も想定し得ますので、説明する内容は必要最小限度にとどめるべきです。具体的には、関係者の上司であれば、ある程度包括的に伝えることが原則ですが、その上司に全幅の信頼を置けるかといった個別的な事情も考慮します。目撃者や同僚という立場の被聴取者に対しては、彼らが既に見聞きしているだろう情報以外は極力開示しないという方針をとります。

◆秘密の保持

第三者は、自分が話した内容が、相談者や相手方に伝わり、次は自分が嫌がらせをされるのではないかといった心配をし、厄介なことに巻き込まれたくないので黙っておきたいという心境になることもあります。

この心配を解消するため、第三者が事情聴取で話した内容や、事情聴取に応じた事実自体も、秘密として厳守し、無用に開示することはない、と約束をします。

◆不利益取扱いの禁止

法律上、ハラスメントの調査に協力したことを理由とする不利益な取扱いは禁止されています（労働施策推進30の2②、雇用均等11②、育児介護25②）。

第三者には、会社としてこの禁止に違反しないことや、上司や相手方が報復措置をとることも許さないことを説明して、調査への協力を求めます。

なお、説明に当たっては、後掲【参考書式12】を参考としてください。

(2)　ヒアリングシートを用いての事情聴取

聴取は、ヒアリングシートを用いて効率的に実施します。

第三者が関係している事実関係に限って質問します。

関係のない事実関係について質問をすることは、得るものがない無益なものであるばかりか、第三者に情報を無意味に開示することになりかねませんので、避けるべきです。

聴取後には、要点をヒアリングシートに記入し、相談者や相手方からの再度の事情聴取や、あるいは、他の関係者からの事情聴取が必要かを検討します。

(3)　事情聴取後の注意事項

第三者に対して、無用な口外は名誉棄損や口裏合わせ、職場環境改善の支障となり得ることを伝え、これを禁止します。事情聴取において、どのようなことを聴かれ、どのように回答したかはもちろん、事情聴取が実施されていること自体の口外も禁止するべきです。

その後の調査の進捗状況の報告については、限定的ではありますが、実施すべきと考えます。相談者・相手方に比べて、調査結果が第三者に対して持つ影響力は大きくありませんが、調査に協力したものとして、どのように解決が図られたのか、ということを知らせておいた方が、その後の職場環境の改善に対する協力も得やすいでしょう。

【参考書式12】　事情聴取にあたっての説明書③（第三者への説明書）

令和○年○月○日

丁川花子様（第三者への説明書）

ハラスメント調査委員会
委員長　乙山次郎　㊞

現在、当委員会では、ハラスメント相談窓口に寄せられた相談をきっかけとして、ハラスメント調査を進めています。

１．ハラスメント調査について

ハラスメント調査は、添付のフローチャート（略）に沿って進めます。

中立の立場の調査委員が、関係者からの事情聴取や関係する資料（メール、書類、音声・画像等）の収集を進めています。

これらが完了すれば、ハラスメント調査委員会にて、ハラスメント等の事実関係を確定した後、いかなる事後対応をすべきかを協議して、決定します。

２．あなたからの事情聴取について

(1)　内　容

・○月○日　A社との企画会議における丙山一郎課長と甲山太郎氏の言動

(2)　時間・回数

1回の聴取時間は、50分を予定しています。

さらに時間を設ける必要がある場合には、追加の日程を定めます。

３．注意いただくべき事項

(1)　調査への協力

今回、職場でハラスメント事案が発生した疑いがあるものとして、会社としての調査を開始しています。調査の目的は被害を受けた社員の被害回復が第一ですが、その他に、職場全体の環境改善、再発防止も含まれます。

事情聴取の内容には、話しにくい事柄も含まれると推察しますが、上記目的のために重要な事柄をお聞きしていますので、記憶に基づいた事実を率直に話していただくよう、ご協力をお願いします。

※関係規定　ハラスメント関連規程○条

(2)　事情聴取の録音

事情聴取の際は、全ての質問・応答を録音し、記録として保存をします。

事情聴取の内容を正確かつ迅速に記録化するための手段として、ご了解ください。

※関係規定　ハラスメント関連規程○条

(3)　秘密を守ります

今回の事情聴取の結果（録音データや録音反訳データ）は、ハラスメント調査委員に開示されますが、全てのハラスメント調査委員は、秘密を厳格に守ります。無用に事情聴取の内容を他に開示することはありません。

相談者や相手方の事情聴取や、事後対応の検討のために必要と判断した場合には、部分的にあなたの話した内容をハラスメント調査委員以外の関係者に開示することもありますが、その場合も、必要な範囲に限定した開示とします。

また、仮に相談者や相手方等が、事情聴取の記録の開示を求めた場合も、内部文書であるとして、任意の開示に応じることはしません。

※関係規定　ハラスメント関連規程○条

(4)　不利益な取扱いをしません

今回の事実調査に協力いただいたことを理由とする、あなたに対するあらゆる不利益取扱いはしません。今後、心配な出来事があれば、いつでもハラスメント調査委員に相談してください。

(5)　口外の禁止

今回、調査が実施されているハラスメントの件については、他の社員に口外することを禁止します。

事情聴取において、どのようなことを聞かれ、どのように回答したかはもちろん、事情聴取が実施されていること自体も、口外しないでください。

無用な口外をすることによるトラブルとして、あなた自身の言動が名誉棄損であるとか口裏合わせを試みたと非難されること、真偽が定かでない情報が職場に広まって今後の職場環境改善が困難となること等が懸念されます。

事情聴取が進む間、心配なことがあれば、私たちハラスメント調査委員に遠慮なく相談してください。なお、本件の主担当委員は、丙山次郎（内線：○○○○、メールアドレス：○○@○○○○）です。

※関係規定　ハラスメント関連規程○条

以上

(注)　調査中の情報漏洩の危険を避けるため、当該説明書は事情聴取の場で提示し、事情聴取終了時には回収することを想定しています。

第３　事実認定・関係者への対応・再発の防止

＜フローチャート～事実認定・関係者への対応・再発の防止＞

【事実認定】

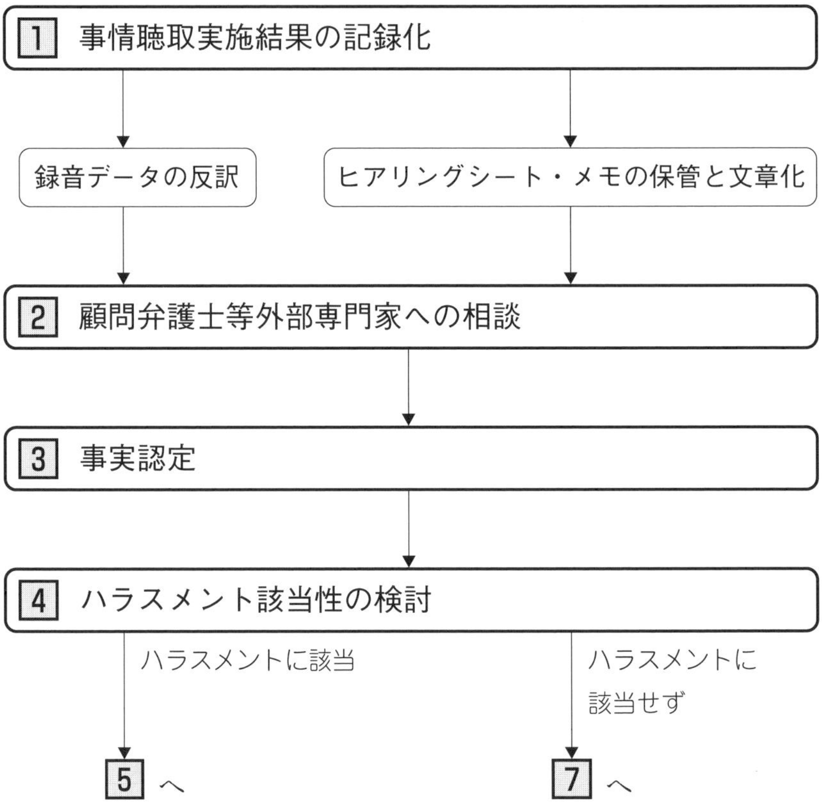

【関係者への対応】

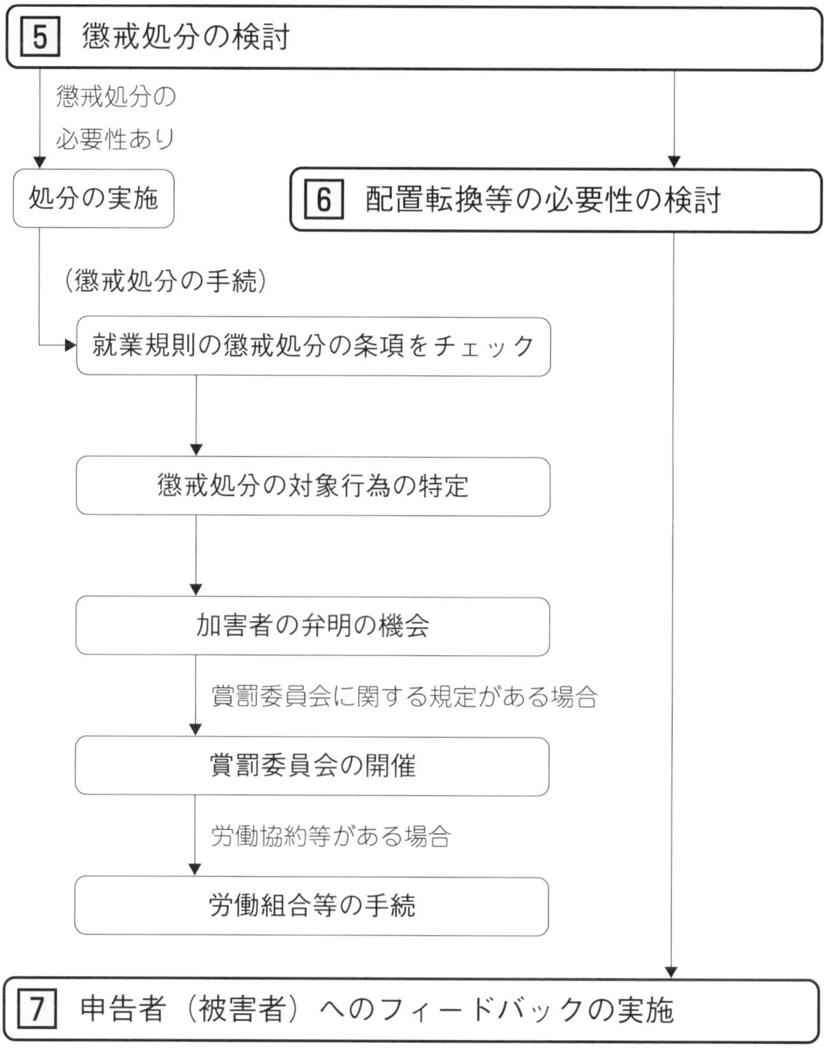

【再発の防止】

8 再発防止策

・懲戒処分の公表
・アンケートの実施
・ハラスメント防止の啓発活動
・就業規則の見直し

1　事情聴取実施結果の記録化

(1)　録音データの保管と反訳
事情聴取の際、対象者の供述を録音した場合には、録音データの適切な保管をすることに加えて、反訳して（文字に起こして）書面を保管しておくべきです。
(2)　ヒアリングシートやメモの保管と文章化
事情聴取の際に作成したヒアリングシートやその元となったメモも廃棄をせずに、適切に保管をして、なるべく文章化をしておくべきです。

(1)　録音データの保管と反訳

事情聴取の際、対象者の供述を録音した場合には、その録音データは、後の民事訴訟等で証拠となり得ますし、刑事事件に発展した場合には、刑事事件の証拠として捜査機関に任意提出を求められることもあり得る重要なものです。

◆録音データの保管

録音データの紛失を避けるために、二つ以上の方法（例えば同一の録音データをパソコンのハードディスクとＣＤ等という二つの保存場所に保管する等の方法）で適切に保管をしておくことをお勧めします。ＩＣレコーダー等録音に使用した機器でのみ保管しておくことには、データ紛失のリスクを伴います。また、秘匿性の高い情報が入っていますので、セキュリティ管理は厳格に行いましょう。

◆録音データの反訳

民事訴訟法において、録音テープ等（ＣＤ等に保存されたデータを含みます。）を提出する際は、証拠説明書に標目・作成者（発音者）・立証趣旨・録音の対象・日時・場所を明らかに記載し（民訴規148）、さらに、相手方から求めがあれば、録音テープの内容を説明した書面を提出しなければなりません（民訴規149）。この内容を説明した書面としては、大抵の場合、発言を逐語訳した反訳文書を提出することになります。

また、反訳文書そのものを本来の書証として証拠提出する方法（民訴規144）もあります。この場合は、相手方当事者は、録音テープ等の複製物の交付を求めることができます。

いずれにせよ、民事訴訟において録音データを証拠提出する際には、録音テープ等の反訳文書が必要となります。

ハラスメント事案は、紛争化するおそれの高いものですから、録音データについては、あらかじめ、反訳業者等を利用して、逐語訳の反訳書面を作成しておくことをお勧めします。後掲【参考書式13】は、反訳業者を利用せずに、自ら録音反訳する場合の参考として示します。あくまでも逐語訳ですので、聞き取れない言葉があっても、意訳した文章を付け加えたりしないようにしましょう。「あの……（聴取不能）」等と記載して、聞き取れない部分があることを明らかにしましょう。

(2)　ヒアリングシートやメモの保管と文章化

事情聴取の結果をまとめたヒアリングシートや、事情聴取の際行っていたメモについても、厳重に保管しておきましょう。

対象者の供述を録音できなかった場合には、ヒアリングシートやメモが、後の民事訴訟等で有力な証拠となり得ますし、刑事事件に発展した場合には、刑事事件の証拠として捜査機関に任意提出を求められることもあり得る重要なものです。ヒアリングシートやメモだけでは、その行間に書かれた事実経緯が分からなくなるおそれがありますので、記憶が薄れない段階で、聴取者において、ヒアリング内容を文章化しておくこともお勧めします。

録音データと同様、秘匿性の高い情報が入っていますので、セキュリティ管理は厳格に行いましょう。

アドバイス

○事情聴取記録の保管は念入りに

事情聴取は、録音やメモの作成等により、適切に記録化しておくことが重要です。これに失敗するとせっかく行った調査が水泡に帰してしまいます。

まず、事情聴取を録音する際は、ボイスレコーダーやスマートフォンアプリを利用することが多いでしょうが、ボイスレコーダー2台で録音したり、ボイスレコーダーとスマートフォンの双方で録音したりといった方法で、「録音できていなかった」という最悪の事態を避けましょう。

また、録音データをボイスレコーダーやスマートフォンに保存したままにするのではなく、パソコンなどのハードディスクとＣＤ等の双方に複製して保存するなど、複数の保存場所にデータを保管しておくと安心です。

ヒアリングシートやメモも、紛失のおそれがありますので、鍵のかかる書類庫に保管するほか、電子データ化してパソコンなどのハードディスクに保存することも必要です。

いずれも、秘匿性の高い情報ですので、データ保存する場合には、パスワードを設定した上で、権限ある者しかアクセスできない場所に保存することも忘れてはいけません。

【参考書式13】　事情聴取の反訳書類

（日　時）　令和○年○月○日　午後1時～午後1時50分
（場　所）　○○株式会社第3会議室
（聴取者）　○○株式会社人事部主任甲野太郎（以下「甲野」という。）
　　　　　　○○株式会社人事部係員乙田花子（以下「乙田」という。）
（被聴取者）○○株式会社総務部庶務課丙島良子（以下「丙島」という。）

甲野：本日は、令和○年○月○日に、丙島さんから人事部宛てに申告がありました○○○○氏からのセクハラ行為に関して、事情聴取をさせていただきます。私は、人事部主任の甲野と申します。よろしくお願いします。

乙田：私は、人事部係員の乙田と申します。今日は、書記をさせていただきます。私からも、補足的なご質問をさせていただく場合もありますので、よろしくお願いいたします。

丙島：よろしくお願いいたします。

甲野：正確を期するために、この事情聴取を録音させていただいてよいでしょうか。もちろん、この録音記録は、ハラスメントの調査に利用するものであって、むやみに社内で公開したりするものではありませんので、安心してください。

丙島：はい、分かりました。

甲野：では、さっそくですが、丙島さんから、私宛てにいただいたメールによりますと、先週金曜日の総務部庶務課の送別会の宴席で、課長の○○○○氏から、キスされそうになったり、肩を抱かれたり、デュエットを強要されたということがあったということですが、その送別会は、どなたが参加されていましたか。

丙島：はい。同期の係員の丁田さんの送別会でしたので、丁田さん。課長の○○氏。主任の甲本さん。係員の甲田さん、乙本さん、丙木さん。そして、私の7名です。

甲野：庶務課は、全員参加されていたのですか。

丙島：えっと、係員の丁山さんが、欠席していました。

甲野：送別会の場所は、どこでしたか。

丙島：会社の向かいの居酒屋「△△」でした。

甲野：そうですか。それでは具体的に、どのような行為があったかについてお伺いします。

丙島：あの……（聴取不能）、その前にちょっと……（聴取不能）

甲野：お話しするのがしんどいところがあれば、おっしゃってくださいね。

（後略）

2　顧問弁護士等外部専門家への相談

(1)　会社側での対応経験豊富な専門家への相談

ハラスメント事案を相談する専門家としては、弁護士あるいは社会保険労務士が挙げられます。いずれにせよ、ハラスメント事案の会社側での紛争処理経験が豊富な専門家に相談すべきです。

(2)　専門家への相談時期

相談の時期はケースバイケースですが、ハラスメント事案で初動を誤れば、調査がおろそかになり、二次被害を生むこともありますので、早めに相談すべきです。

(3)　事情聴取に携わる弁護士と紛争対応を依頼する弁護士との切り分け

ハラスメント被害者や加害者と、使用者とは、後に紛争で対立関係となるおそれがあります。後の紛争対応を担当することを予定している弁護士は、ハラスメント被害者や加害者の事情聴取を担当すべきではありません。

(1)　会社側での対応経験豊富な専門家への相談

ハラスメント事案の発生を把握した場合には、ハラスメント問題について、会社側での対応経験が豊富な専門家へと相談することが必要になります。

ハラスメント事案を相談する専門家としては、弁護士あるいは社会保険労務士が挙げられます。いずれであっても、顧問契約をしている専門家が既にいれば、社内のことをよく把握しているため、その専門家に相談するのが簡便です。ハラスメント事案が紛争に発展するおそれが高い場合には、交渉や訴訟対応ができる弁護士に相談すると、一貫性のある対応をとりやすくなるでしょう。

(2)　専門家への相談時期

専門家へ相談する時期は、ケースバイケースです。会社内でハラスメントを専門的に対応する部署（ハラスメント調査委員会等）があれば、事情聴取までは社内で、事情聴取結果を踏まえて、今後の手続について専門家に相談するという流れが自然です。

しかし、言動が密室で行われていて客観証拠がない等により事実認定が困難であるケースや、事情聴取対象者が調査に非協力的であるケースなど、事実調査の段階で、既に紛争が予想されるケースであれば、早めに専門家に相談をして、将来の訴訟対応も視野に入れつつ、慎重に調査を進めるべきでしょう。

(3)　事情聴取に携わる弁護士と紛争対応を依頼する弁護士との切り分け

事実認定が困難であるケースや、事情聴取対象者が調査に非協力的であるケースでは、調査段階から弁護士に依頼をして、事情聴取も弁護士に依頼をして実施することが考えられます。この場合、弁護士は、被害者や加害者双方から事情を聴取することになります。

このように弁護士が関与して実施した調査の結果をもとに、会社は加害者の懲戒処分等の事後対応を実施します。これでハラスメント対応は完了するわけですが、その後に、会社は、被害者から安全配慮義務違反や職場環境調整義務違反を理由として損害賠償請求を受ける可能性があります。また、加害者からは、懲戒処分の無効を争う訴訟を提起される可能性もあります。

事情聴取に携わった弁護士が、これらの訴訟対応において、会社側代理人となることが全く許されないわけではありません。しかし、訴訟において事情聴取の際の会社の対応が問題となったりした場合には、その弁護士自身が証人となり得ることもあり得ます。また、事情聴取の際は、相談者（被害者）に対しても、相手方（加害者）に対しても、公平に接する必要があります。そのような公平に接する立場であった事情聴取者たる弁護士が、いざ訴訟となった際には、会社側の代理人として対立する立場になることに少なからず違和感を覚えられることにもなりかねません。

念のため、事情聴取に携わる弁護士と紛争対応をする弁護士は切り分けをしておいたほうがよいでしょう。

実際、ハラスメント調査委員会が設置されている会社で、その委員となっている弁護士は、会社の代理人として活動することは予定されておらず、実務上、切り分けられていることが多いと思われます。

アドバイス

○弁護士はどの立場で事案に関与しているかを常に意識する必要がある

弁護士は、ハラスメント事案について、様々な立場での関与を依頼されます。

まず、「顧問弁護士として、どのように関与すべきか」ですが、例えば、顧問先の会社でハラスメント事案が発生した際、人事担当者は、真っ先に顧問弁護士に相談に来ます。複雑そうな案件であったり、社内でハラスメント調査の経験がなかったりすれば、顧問弁護士にて被害者や加害者のヒアリングを実施してほしいとの要望が寄せられることもあるでしょう。しかし、顧問弁護士としては、二つ返事でこれを引き受けるべきではありません。まずは、自らが事情聴取に関与することが得策であるかを検討し、人事担当者等と相談をするべきです。この際、特に重要なのは、被害者・加害者や第三者からの事情聴取を担当した弁護士が、引き続き、当該ハラスメントに関わる紛争において会社側代理人として活動することは難しくなるという点です。つまり、当該ハラスメントに関わる紛争では、「調査不足であった」、「ヒアリングの際に弁護士に十分に聞いてもらえなかった」、「配置転換の要望が受け入れられなかった」、「ハラスメントがさらにひどくなった」といった主張が頻出するため、事情聴取に携わった弁護士の行為の存否・適否が争点となり、法廷で証言しなければならない場合もあります。このような立場と、会社の代理人としての立場は両立し得ないため、会社の代理人として活動することは難しくなるのです。

また、時には、顧問弁護士が、人事担当者等から、「被害者が加害者を告訴する等の援助をしてあげてもらいたい」といった相談を受けることもあります。会社もハラスメントがあったと認定しているのでしょうから、一見被害者と会社との利害は一致しているようにも見えますが、会社は、事後的に被害者から安全配慮義務違反に基づく損害賠償請求をされる可能性はあります。よって、将来、被害者との紛争において、会社の代理人として活動する余地を残しておくため、このような依頼は引き受けるべきではないでしょう。

次に、事情聴取を引き受けることになった場合には、会社からの依頼により中立の立場で事実調査を担当している、という点を肝に銘じておくべきです。ヒアリングの過程で被聴取者に対して親身になるあまり、「会社はもう辞めた方がよいのではないか」とアドバイスをしたり、「このような行為はハラスメントに該当するので注意するように」といった訓戒をしたりといったことをしないように注意しましょう。

事案の相談を受けた当初から、弁護士としてどの立場で事案に関与するのかという点を、明確に会社に伝え、自らが関与すべきでないと判断した事柄に関しては、別の弁護士に依頼することを勧めることも必要です。

3　事実認定

(1)　双方の言い分が異なる場合の事実認定のあり方

相談者と相手方のどちらの証言が、客観的な証拠・目撃者の証言と一致しているか、一貫性があるか、矛盾点がないかという点を重視して判断します。

(2)　証拠の収集

相談者と相手方の言い分が対立している場合には、まずは、メール・ＳＮＳ・録音・動画といった客観証拠を集めます。ヒアリングについては、関係者のより多くの証言を集め、目撃者等のヒアリング結果を精査します。

(3)　真偽不明の場合どうするか

客観証拠の収集・事情聴取を経ても、相談者が主張するハラスメント行為の真偽が不明の場合には、ハラスメントがあると認定することはできません。もっとも、一部でも認定可能な事実があれば、それを基に、事後対応を検討するという視点も必要です。

(1)　双方の言い分が異なる場合の事実認定のあり方

ハラスメント被害の相談者と相手方の言い分が一致する場合には、相談内容をそのまま事実として認定して差し支えないでしょう。また、不一致の部分があったとしても、ハラスメント該当性を判定するに当たって重要な部分において双方の言い分が一致をしているのであれば、一致する限度で事実と認めて、ハラスメント該当性の判断に進むことができるでしょう。

しかし、ハラスメント行為、特にセクハラは、密室で行われることが多く、相談者と相手方で、相談に係る言動の有無について、言い分が対立することがよくあります。この場合、どのように事実認定をすべきでしょうか。相談者と相手方双方の言い分が異なる場合には、どちらの言い分に信用性があるかを判断せざるを得ません。この信用性の評価は、裁判での事実認定において用いられる手法に従うべきであり、正に弁護士の知識経験を活用すべき場面となります。

まず、どちらの証言が客観的な証拠や目撃者の証言と一致しているかが事実認定のポイントとなります。

また、各々の供述内容そのものに、一貫性があるか、矛盾点がないかという点も重要です。複数回ヒアリングを実施して、供述に変遷がないかということも参考になります。その場しのぎの言い訳をしているときには、複数回のヒアリングで前回と違ったことを供述する可能性もあります。

また、相談者が相手方に個人的に恨みをもっているというようなケースでは、殊更に相手方を陥れるための虚偽の供述をするおそれもありますので、二人の普段からの関係性にも注目する必要があります。

(2)　証拠の収集

相談者と相手方の供述の信用性を判定するに当たっては、客観証拠や目撃者等の証言の収集が重要です。いかなる証拠や供述を収集すべきかを解説します。

◆客観証拠の収集

①　直接証拠

㋐　動画・音声記録

ハラスメント行為自体を撮影した動画や録音した音声があれば、それ自体が、直接証拠となります。相談者等からデータの提供を受け、その内容を精査しましょう。

ただし、これらの記録は、会話の一部のみを切り出したものである場合もありますから、これのみでハラスメントであると即断できないことに留意は必要です。例えば、「アホ」「ボケ」「会社を辞めちまえ」というような言葉はそれ自体が人格否定の不適切な発言ですが、被害者から加害者に対し、その発言以前に、挑発的な言動がなされているといった事情が加われば、全体としてハラスメントには該当しないという評価もあり得ます。音声が残っている一部分の言動のみならず、全体としての会話の文脈がどうであったかも詳細に事実認定をした上で、ハラスメント該当性や懲戒処分の適否の判断の材料とする必要があります。

なお、ハラスメント言動を録音するために、従業員がいつでもＩＣレコーダー等の録音機器を持っている場合に、録音を禁止できるかという点が問題となることがあります。東京地裁立川支部平成30年3月28日判決（労経速2363・9）では、就業規則に録音を禁止する明文はなくとも、会社は、労働契約上の指揮命令権及び施設管理権に基づいて、録音禁止を指示することができると判示されました。職場環境の維持や営業上の秘密の保持にとって重要なことですので、何でも録音しようとする従業員がいる場合には、録音禁止の業務命令を出すことにより対処をしましょう。

㋑　メール・ＳＮＳメッセージ

また、相談者と相手方のメールやＳＮＳメッセージのやり取りも、直接証拠になります。

例えば、パワハラ事案では、メールやＳＮＳメッセージの文言自体がハラスメントの言動に該当する場合があります。例えば、「死ね」「ボケ」等の暴言そのものがメールに記載されている場合が分かりやすい例です。三井住友海上火災保険事件（東京高判平17・4・20労判914・82）では、ポイントの大きな赤文字で、「意欲がない、やる気がないなら会社を辞めるべきだと思います。当ＳＣにとっても、会社にとっても損失そのものです。あなたの給料で業務職が何人雇えると思いますか。あなたの仕事なら業務職でも数倍の業績を挙げていますよ。」と記載したメールを送信し、同時に同じ職場の従業員十数名に対しても送信したことが、違法な指導であると判断されています。

また、セクハラ事案の場合、相手方から相談者に対して、デートに誘ったり、卑猥な言動をしていることが分かるメッセージのやり取りはそれ自体がセクハラの直接証拠になります。

㋒　その他の客観証拠

パワハラ事案で、職場に「この者とは一緒に勤務したくありません！」「○○課一同」等と記載された被害者の顔写真付きポスターを掲示した場合（東京高判平22・1・21労判1001・5）の当該ポスターも直接証拠になります。

また、中部電力事件（名古屋高判平19・10・31判タ1294・80）では、上司が部下に対し、自覚を促すとして、主任としての心構え（過大な責任意識を植え付けさせるような内容）を記載して提出するよう指示し、これを書かせ、問題点を指摘したが、当該部下以外に対しては、他に書き直しを命じたことがなかったという事案がありましたが、このような文書も直接証拠となります。

②　間接証拠

ハラスメント行為そのものに関連する客観証拠がなくとも、ハラスメントの言動の直後の関係者の言動に関する客観証拠があれば、それも収集しておきましょう。

㋐ 被害後のメールやＳＮＳメッセージ

例えば、セクハラ事案で、相手方から被害を受けた後に、相談者が、上司や同僚その他の人物に相談した内容のメール・ＳＮＳメッセージも、直接証拠とはなりませんが、記憶が鮮明なうちに作成されたものとして間接証拠となります。

㋑ 診断書

パワハラ事案で、相手方からの暴力によりケガをした場合や、暴言により精神疾患を発症したという場合の診断書もハラスメント行為を間接的に裏付ける証拠となりますので、相談者から提供を受けましょう。

ただし、診断書は、ケガや精神疾患そのものの証拠にはなりますが、それがハラスメント行為に基づくものかどうかといった因果関係を直接立証する証拠にはなりませんので、その点に注意しましょう。

◆目撃者等の第三者の証言

収集した客観的証拠から、相談者か相手方のどちらの言い分を信用できるかが明らかになった場合には、調査範囲を最小限度にとどめるという判断から、第三者の事情聴取まで実施しないこともあり得ます。

これに対し、客観的証拠が不足しており、問題となる言動やその背景事情についての供述の信用性を判定しかねる場合には、関連する事情を把握していそうな第三者に事情聴取を実施し、その結果を事実認定の根拠とすべきです。例えば、セクハラ行為が飲み会等の公の場で行われた場合の目撃者の証言や、パワハラ行為が多くの人の面前で行われた場合の同席者の事情聴取は重要です。また、相手方から類似のハラスメント言動を受けたことがあるという第三者の証言も、相手方の反復継続するハラスメント被害を認定する場合の重要な証拠となり得ます。

ただし、目撃者等の第三者が、相談者・相手方のいずれか一方に親しい関係の場合には、どちらかに寄り添った発言をしてしまうおそれがあります。第三者の供述内容を精査するに当たっては、当事者との関係性にも留意しましょう。

(3) 真偽不明の場合どうするか

上述のような過程を経て、ハラスメントの事実を認定していくわけですが、客観証拠の収集や第三者の事情聴取結果を精査しても、相談者が主張するハラスメント行為の真偽が不明ということもあります。会社は捜査機関のような強制力を伴う捜査権限を有していませんから、自ずと事実調査には限界があるといわざるを得ません。

真偽不明の場合に会社はどのような判断をすべきかについては、事後に見込まれる関係者からの裁判との関係で考えるべきです。

仮に、会社が「相手方がハラスメント言動はなかったと証明できなかった（疑いを晴らせなかった）のだから、相手方を懲戒処分とする」という判断をしたらどうでしょうか。この場合に、相手方から懲戒処分の有効性を争う裁判が提起されれば、会社側は、自らが立証責任を負う懲戒事由の存在について立証する証拠を有せず、敗訴する見込みが高いでしょう。

これに対し、会社がハラスメント行為はなかったものとして事後対応に進んだ場合はどうでしょうか。会社の判定を不服とする相談者からは、会社の安全配慮義務違反等を理由とする損害賠償請求訴訟を提起される可能性がありますが、訴訟においても相談者がハラスメント言動を立証できる見込みは低く、会社が敗訴するリスクは低いといえる場合が多いと見込めます。

したがって、真偽不明の場合には、ハラスメント行為があったと認定することはできません。「疑わしきは罰せず」が基本です。

もっとも、相談者の主張する事実関係は真偽不明であっても、相手方の不適切な言動を一部認定できる場合はあり得ます。例えば、密室でのパワハラの文言まで認定できなくても、密室で2時間もの間叱責が続いたことに争いがなければ、相手方の注意指導の手法に問題があるとして、厳重注意や懲戒処分をすることはあり得ます。また、酒食の席での身体的接触までは認定できなくても、ＳＮＳで上司たる相手方が相談者を執拗に酒食に誘っていたことを認定できれば、当該行為自体が上司の言動として不適切として、厳重注意や懲戒処分をすることもあり得ます。相談者の主張や、ハラスメント該当性にばかり注目するのではなく、認定可能な事実関係を、広い視野から、ハラスメントや別の非違行為に該当しないのか等検討することも必要です。

なお、後に、刑事裁判や民事裁判に発展した場合に、会社の事実認定と裁判所の事実認定が異なることがあり得ます。会社の事実調査は、あくまで従業員に業務命令に基づき事情聴取をしたり、証拠の提出を求めたりできるだけで、捜査機関のように強制捜査する権限もありません。会社と裁判所での事実認定の結論が異なることは、このような事実認定の基礎となる証拠がもともと違っていることに起因します。もちろん、同じ証拠があっても、その証拠の評価が異なれば、事実認定の結果が変わってきます。先入観や思い込みで評価せず、まずは、供述と客観証拠が一致しているか、そして、供述や証言の信用性の認定を慎重に行い、丁寧な事実認定を心掛けましょう。

◆調査報告書

後掲【参考書式14】は、事実認定とハラスメント該当性の判断の結果をまとめた調査報告書の記載例です。この記載例は、会社の懲戒処分の手続に関する規定にのっとり、懲戒審査委員会が立ち上げたハラスメント調査委員会が調査結果を報告するという形式をとっています。各社の制度により、会社の人事部門や弁護士が報告者となることもあります。

文書の主体はどうあれ、調査報告書を作成する際のポイントは、①どのような事項を対象に調査をしたかを明確にすること、②調査の過程を明確にすること、③判断の材料とした証拠資料を明記すること、④結論をはっきりと記載することが重要です。このような調査の「対象・過程・収集した証拠資料・結論」のいずれかが欠けた場合には、調査報告書の説得力がなくなります。

【参考書式14】　調査報告書（記載例）

令和○年○月○日

○○株式会社
代表取締役　甲本　太郎　殿

ハラスメント調査委員会
委員長　甲本　花子

ハラスメント調査委員会における調査結果のご報告

甲山一郎氏（総務部総務課）のハラスメント行為について、ハラスメント調査委員会において調査を行いました。その結果について下記のとおりご報告いたします。

記

第１　ハラスメント調査委員会の設置（令和○年○月○日　懲戒審査委員会）

令和○年○月○日の懲戒審査委員会において、総務部総務課主任　甲山一郎氏（以下「本件対象者」という。）について、○○株式会社従業員就業規則に定める懲戒に該当する疑いがあるため、○○株式会社懲戒審査委員会規程に基づき、ハラスメント調査委員会（以下「調査委員会」という。）を設置（令和○年○月○日懲戒審査委員会）し、以下の構成（令和○年○月○日の懲戒審査委員会にて決定）で事実関係の調査を行い、懲戒事由該当性について審議を行った。

ハラスメント調査委員

委員長	甲本	花子	常務取締役
委　員	甲崎	次郎	人事部部長
委　員	乙島	道子	法務部コンプライアンス室室長
委　員	丙葉	三郎	弁護士

第２　調査委員会の調査

１　調査対象事項

本事案は、「○○株式会社懲戒審査委員会規程」に基づき、令和○年○月○日、申立人・甲島緑（総務部総務課係員）より相手方（本件対象者）からハラスメント行為（セクシュアルハラスメント）を受けたとの申立てがあったことに起因する。

これを踏まえて、○○株式会社懲戒審査委員会規程に基づき、令和○年○月○日懲戒審査委員会において、調査委員会が、設置された。以下、調査委員会が、認定した事実について報告する。

2　関係者

申立人　甲島緑（総務部総務課係員）

相手方　甲山一郎（総務部総務課主任）

3　調査委員会の開催経緯

(1)　令和○年○月○日　第1回　調査委員会開催

①　委員長より調査委員会を設置した経緯について説明があった。

②　次回の調査委員会までに、申立人・相手方・目撃者のヒアリング調査を行うこと、それぞれの担当者を決定した。

(2)　令和○年○月○日　第2回　調査委員会開催

①　丙葉委員より、申立人・相手方・目撃者のヒアリング調査の結果が報告された。

②　申立人から提出されたメール履歴・ＳＮＳ履歴・写真等の客観証拠を委員にて確認した。

4　事実経過等

令和○年○月○日	申立人が入社する。
令和○年○月○日	申立人の歓迎会に、相手方が参加する。相手方の申出により、連絡先を交換する。
令和○年○月○日	相手方から申立人に対し、食事に誘うメールが届く。 内容は、以下のとおり。 「…………」
令和○年○月○日	……（事実経緯）……
令和○年○月○日	「○○クリニック」より、申立人について、「令和○年○月○日より、抑うつ症状、睡眠障害に対して、投薬治療を行っている」との診断（心因反応）が出される。
令和○年○月○日	申立人より、人事部にセクシュアルハラスメントの相談がある。

5　調査委員会の判断

本事案のうち、相手方が、メール等で執拗に食事やデートに誘う行為は、……〔略〕……。

これに対し、申立人も、嫌がる素振りを見せず、絵文字がついたメールを送信し、一見快諾しているように見えるが……〔略〕……。

以上の事実経緯から、本件対象者の行為は、当社就業規則第○条○に記載する「相手方の意に反する性的言動により、当該従業員の就労環境を悪化させ、又は、当該従業員の心身に不調を来したもの」に該当すると判断する。

【添付資料】

1　相手方と申立人のメール履歴（令和○年○月○日～○月○日分）
2　申立人ヒアリング記録（丙葉委員作成）
3　相手方ヒアリング記録（丙葉委員作成）
4　目撃者ヒアリング記録（丙葉委員作成）
5　診断書（○○クリニック丁野医師作成）

4 ハラスメント該当性の検討

(1) パワハラ

正当な「指導」と違法な「パワハラ」の線引きに注意します。

(2) セクハラ

「対価型セクシュアルハラスメント」又は「環境型セクシュアルハラスメント」のいずれも、被害者側が明示的に拒否したり、抵抗したりしていなくても、セクハラに該当することがある点に注意します。

(3) マタハラ

妊娠・出産・育児以外にも「介護」の問題もあることに注意します。育児・介護に関しては、女性のみならず、男性も被害者となり得る点にも注意します。

昨今、ハラスメントと称される言動は、法制化されている「セクハラ」「パワハラ」「マタハラ」に限られず、多岐にわたっています。教育機関特有のハラスメントは、「アカデミックハラスメント（スクールハラスメント、キャンパスハラスメント）」と言われます。また、「アルコールハラスメント」といった、飲み会における一気飲みの強要などといったハラスメント、中高年の年齢を揶揄する「エイジハラスメント」等、さまざまな場面における言動について、ハラスメントの呼称が使われるようになりました。

パワハラ指針では、自社の社員が、取引先（役員や従業員）からハラスメントを受けるという、いわゆる「カスタマーハラスメント」に対する取組についても言及されています。

このように多義的に用いられている「ハラスメント」という言葉ですが、いずれも職場での「嫌がらせ」に属するものであり、パワハラ、セクハラ及びマタハラの複合的な行為態様といえます。以下では、法制化されているパワハラとセクハラ、及びマタハラについて、その該当性の判断基準を説明します。

なお、以下の説明の中では、判例のほか、パワハラ指針、セクハラ指針及びマタハラ指針を参照しますが、これらの指針は、各法施行通達において「あくまで職場におけるパワーハラスメント（セクシュアルハラスメント、マタニティハラスメント）が発生しないよう防止することを目的とするものであり、個々のケースが厳密に職場におけるパワーハラスメント（セクシュアルハラスメント、マタニティハラスメント）に該当するか否かを問題とするものではないので、この点に注意をすること」とされています。したがって、この指針の例示が必ずしも、裁判において、「ハラスメントに該当する行為」であると認定されるわけではないことに注意を要します。

(1)　パワハラ

◆定　義

パワハラとは、「職場において行われる①優越的な関係を背景とした言動であって、②業務上必要かつ相当な範囲を超えたものにより、その雇用する③労働者の就業環境が害されるもの」（労働施策推進30の2①等）をいいます。パワハラは、これら全ての要素を満たすものをいい、「客観的にみて、業務上必要かつ相当な範囲で行われる適正な業務指示や指導」については、職場におけるパワハラには該当しません。

パワハラ指針は、各要素について、より詳細な内容を定めていますので、その内容を紹介しつつ、参考判例も挙げて解説します。

ア　職場とは

パワハラ指針によると、ハラスメントが起こる「職場」とは、事業主が雇用する労働者が業務を遂行する場所を指し、通常就業している場所以外の場所であっても、当該労働者が業務を遂行する場所については「職場」に含まれる、とされています。

そして、パワハラ運用通達によると、「『職場』には、業務を遂行する場所であれば、通常就業している場所以外の場所であっても、出張先、業務で使用する車中及び取引先との打合せの場所等も含まれるものであること。なお、勤務時間外の『懇親の場』、社員寮や通勤中等であっても、実質上職務の延長と考えられるものは職場に該当する。その判断に当たっては、職務との関係性、参加者、参加や対応が強制的か任意か等を考慮して個別に行うものであること。」と示されています。

イ　労働者とは

被害者となる「労働者」には、正社員のみならず、パートタイム労働者・契約社員等のいわゆる非正規社員も含まれます。これもセクハラ・マタハラと共通します。また、派遣社員については、派遣元会社のみならず、派遣先会社も派遣社員がパワハラ被害に遭わないようにする措置をとらねばなりません（労働施策推進30の2①・30の3②）。

また、パワハラ指針では、上司・同僚に限らず、取引先等の他の事業主又はその雇用する労働者、就職活動中の学生等の求職者等の社外の関係者も被害者になり得ることが明記されました。

ウ　「優越的な関係を背景とした」とは

パワハラの典型例は、職務上の地位が上位の者から下位の者、すなわち、「上司」から「部下」に対して行われるものですが、これに限らず、「当該行為を受ける労働者が行為者に対して抵抗又は拒絶することができない蓋然性が高い関係」を背景にして行われるものを指します。先輩後輩間のパワハラや、正社員から非正規社員へのパワハラ・同僚間のパワハラや、場合によっては、部下から上司へのパワハラもあり得ます。

部下から上司へのパワハラ、同僚間のパワハラとしては、部下の方が上司より、業務上必要な知識や経験が豊富であり、部下の協力を得なければ円滑な業務を行うことができない場合や、同僚間や部下による集団でのいじめなどがあります。

例えば、同僚間のパワハラが問題となった判例として、同僚の女性社員7名によるいじめや嫌がらせ(毎日のように4名がＳＮＳメッセージを使って悪口を送信したり、「これから本格的にいじめてやる」と言ったりしていた。）について、違法と判断された事案があります（大阪地判平22・6・23労判1019・75)。

エ　「業務上必要かつ相当な範囲を超えた」言動とは

業務上必要かつ相当な範囲を超えた言動とは、「社会通念に照らし、言動が明らかに会社の業務上必要のない、又はその態様が相当ではないもの」をいいます。

オ　「労働者の就業環境が害される」とは

「労働者の就業環境が害される」とは「当該言動により労働者が身体的又は精神的に苦痛を与えられ、労働者の就業環境が不快なものとなったため、能力の発揮に重大な悪影響が生じる等、当該労働者が就業する上で看過できない程度の支障が生じること」を指します。

◆パワハラ該当性の判断

パワハラ指針では、個別事案におけるパワハラ該当性の判断について、次のとおり、定めています。

ア　「業務上必要かつ相当な範囲を超えた」言動かの判断に当たって

「この判断に当たっては、様々な要素（当該言動の目的、当該言動を受けた労働者の問題行動の有無や内容・程度を含む当該言動が行われた経緯や状況、業種・業態、業務の内容・性質、当該言動の態様・頻度・継続性、労働者の属性や心身の状況、行為者との関係性等）を総合的に考慮することが適当である。また、その際には、個別の事案における労働者の行動が問題となる場合は、その内容・程度とそれに対する指導の態様等の相対的な関係性が重要な要素となることについても留意が必要である。」とされています。

パワハラ運用通達ではさらに詳しく、「属性」とは、例えば、労働者の経験年数や年齢、障害がある、外国人である等が、「心身の状況」とは、精神的又は身体的な状況や疾患の有無当が含まれ得ることが示されています。

そして、労働者に問題行動があった場合であっても、人格を否定するような言動など業務上必要かつ相当な範囲を超えた言動がなされれば、当然職場におけるパワーハラスメントに当たり得ることが示されています。このように、被害者側に落ち度があっても、指導や叱責が行き過ぎるとパワハラになりますので、注意を要します。

イ　「労働者の就業環境が害される」かの判断に当たって

「平均的な労働者の感じ方」が基準とされ、具体的には、「同様の状況で当該言動を受けた場合に、社会一般の労働者が、就業する上で看過できない程度の支障が生じたと感じるような言動であるかどうかを基準とする」とされています。

パワハラ運用通達では、この点について、言動の頻度や継続性は考慮されるが、強い身体的又は精神的苦痛を与える態様の言動の場合には、1回でも就業環境を害する場合があり得ると付記されていることにも注意が必要です。

ウ　三要素の全てを満たすかの判断に当たって

上記アで「総合的に考慮することとした事項のほか、当該言動により労働者が受ける身体的又は精神的な苦痛の程度等を総合的に考慮して判断することが必要である。このため、個別の事案の判断に際しては、総合窓口の担当者等がこうした事項に十分留意し相談を行った労働者（以下「相談者」という。）の心身の状況や当該言動が行われた際の受け止めなどその認識にも配慮しながら、相談者及び行為者の双方から丁寧に事実確認等を行うことも重要である」とされています。

その上で、パワハラの代表的な言動の6類型を示しており、個別事案における判断の一助とすることを示唆しています。

もっとも、パワハラ指針は当該6類型について「ただし、個別の事案の状況等によって判断が異なる場合もあり得ること、また、次の例は限定列挙ではないことに十分留意」すべきとしています。

◆パワハラ行為の6類型

パワハラ指針は、個別事案における該当性判断の一助となるものとして、パワハラに該当する代表的な言動の6類型を列挙しています。同指針が「該当すると考えられる例」、「該当しないと考えられる例」として挙げている例を引用するとともに、参考判例も紹介します。

なお、同指針が述べるとおり、これらの類型に形式的に該当するからといって必ずパワハラに該当するものではない点や、6類型は限定列挙ではないため、これらの類型以外のものがパワハラに該当する場合もある点には留意が必要です。

① 暴行・傷害（身体的な攻撃）

【該当すると考えられる例】

・殴打、足蹴りを行うこと（パワハラ指針）

・相手に物を投げつけること（パワハラ指針）

・「謝れ」「辞めてしまえ」と言いながら椅子を蹴ったり、名札を破ること（大阪地判平24・5・25労判1057・78）

・業務上のやり取りについて激昂し、右横から大腿の外側膝付近を3回にわたって強く蹴ること（東京地判平17・10・4労判904・5）

【該当しないと考えられる例】

・誤ってぶつかること（パワハラ指針）

・業務上関係のない単に同じ企業の同僚間の喧嘩

・危険な行為をやめさせようとして身を挺して制止すること

・校長及び教頭が、業務命令違反を行った高校教諭に対して処分告知をする際に腕をつかんだ行為（ただし、教諭が処分告知の際に大声で叫んだり、あえて室外に出ようとして、処分告知を妨害しようとしたためこれを阻止する目的があった）（広島高判平25・6・20（平24（ネ）309））

② 脅迫・名誉棄損・侮辱・ひどい暴言（精神的な攻撃）

【該当すると考えられる例】

・人格を否定するような言動を行うこと。相手の性的指向・性自認に関する侮辱的な言動を行うことを含む（パワハラ指針）

・業務の遂行に関する必要以上に長時間にわたる厳しい叱責を繰り返し行うこと（パワハラ指針）

・他の労働者の面前における大声での威圧的な叱責を繰り返し行うこと（パワハラ指針）

・相手の能力を否定し、罵倒するような内容の電子メール等を当該相手を含む複数の労働者宛てに送信すること（パワハラ指針）

・上司が部下に対して叱責する際、「馬鹿野郎」「給料泥棒」と叱責したり、部下の配偶者のことを話題に出して「よくこんな奴と結婚したな、もの好きもいるもんだな」と発言したこと（その他暴行行為もあり）（東京地判平22・7・27労判1016・35）

・指示どおり作業を行っていなかった部下（派遣社員）を叱責する際に「殺すぞ」

と発言したこと（その他不適切な言動多数あり）（大阪高判平25・10・9労判1083・24）

・仕事のミスをした従業員に対して上司が「てめえ、何やってんだ」「どうしてくれるんだ」「ばかやろう」などと大声で怒鳴った（暴行もあり）。「会社に与えた損害を弁償しないなら家族に払ってもらう」「会社を辞めたければ7000万円払え。払わないと辞めさせない」と発言したこと（名古屋地判平26・1・15判時2216・109）

・職場に「この者とは一緒に勤務したくありません！」「舟艇課一同」等と記載された被害者の顔写真付きポスターを掲示した行為（東京高判平22・1・21労判1001・5）

・研修会の懇親会の席上で、社長も含めた参加者全員の面前において、部下を指して「俺が仲人をしたのに、できが悪い」「何をやらしてもあかん」「その証拠として奥さんから内緒で電話があり、『主人の相談に乗ってほしい』と言った」などと発言したこと（大阪地判平19・11・12労判958・54）

【該当しないと考えられる例】

・遅刻など社会的ルールを欠いた言動が見られ、再三注意してもそれが改善されない労働者に対して一定程度強く注意すること（パワハラ指針）

・その企業の業務の内容や性質等に照らして重大な問題行動を行った労働者に対して、一定程度注意すること（パワハラ指針）

・上司が部下の勤務態度を改善させるために、1週間のうちに2回業務命令を出して「勤務態度改善命令」なる書面に署名を求めたことについて、もともと当該部下は指導されたことを守らない、社会人としてのマナーを守らないと改善すべき点があったことから、指導として相当であると判断されたこと（東京地判平25・9・26（平24（ワ）30471））

③　人間関係からの切り離し（隔離・仲間外し・無視）

【該当すると考えられる例】

・自身の意に沿わない労働者に対して、仕事を外し、長期間にわたり、別室に隔離したり、自宅研修させたりすること（パワハラ指針）

・一人の労働者に対して同僚が集団で無視をし、職場で孤立させること（パワハラ指針）

・内部告発をした従業員に対し、20数年以上、他の社員とは離れた2階個室に席を配置され、研修生の送迎等の雑務しか与えられず、昇格もストップしたこと（富山地判平17・2・23判タ1187・121）

・高校教諭に対して、11年以上にわたり、クラス担任、授業及び公務分掌の一切から外して机に座っている以外に仕事を与えず、職員室内に隔離したり、自宅研修命令により自宅にいることを余儀なくさせたりするなどの仕事外しをしたこと（東京高判平5・11・12判タ849・206）

【該当しないと考えられる例】

・新規に採用した労働者を育成するために短期間集中的に別室で研修等の教育を実施すること（パワハラ指針）

・懲戒規定に基づき処分を受けた労働者に対し、通常の業務に復帰させるために、その前に、一時的に別室で必要な研修を受けさせること（パワハラ指針）

④　過大な要求（業務上明らかに不要なことや遂行不可能なことの強制・仕事の妨害）

【該当すると考えられる例】

・長期間にわたる、肉体的苦痛を伴う過酷な環境下での勤務に直接関係のない作業を命ずること（パワハラ指針）

・新卒採用者に対し、必要な教育を行わないまま到底対応できないレベルの業績目標を課し、達成できなかったことに対し厳しく叱責すること（パワハラ指針）

・労働者に業務とは関係のない私的な雑用の処理を行わせること（パワハラ指針）

・所属する事業部を分割して従前経理業務を担当していた従業員に物産展業務を一人で担当させた。同業務は早朝から深夜に及び休憩もとれず、土日出勤もあったために人員補充を求めたが、約半年間特段の措置はとられなかったこと（東京地判平14・7・9労判836・104）

・新入社員で何も知らないにもかかわらず、今日中に仕事を片付けておけと命じて、一人遅くまで残業せざるを得ない状況にしたり、他の作業員らの終わっていない仕事を押しつけて、一人深夜遅くまで残業させたり、徹夜で仕事をさせたりしたこと（津地判平21・2・19労判982・66）

【該当しないと考えられる例】

・労働者を育成するために現状よりも少し高いレベルの業務を任せること（パワハラ指針）

・業務の繁忙期に、業務上の必要性から、当該業務の担当者に通常時よりも一定程度多い業務の処理を任せること（パワハラ指針）

⑤　過小な要求（業務上の合理性なく、能力や経験とかけ離れた程度の低い仕事を命じることや仕事を与えないこと）

【該当すると考えられる例】

・管理職である労働者を退職させるため、誰でも遂行可能な業務を行わせること（パワハラ指針）

・気に入らない労働者に対して嫌がらせのために仕事を与えないこと（パワハラ指針）

・大学病院の教授選について前教授の意向に反して立候補した勤務医師（耳鼻咽喉科）について、医師の生命ともいうべき臨床担当から約10年間外し、教育を担当させず、自主的研究活動のみを行わせ、関連病院への外部派遣をすることも中止したこと（大阪高判平22・12・17労判1024・37）

・本人にさしたる問題がないにもかかわらず、営業から倉庫へ配置転換をし、さらに課長から降格して賃金を2分の1としたこと（大阪高判平25・4・25労判1076・19）

・バスの運転手について、約1か月間炎天下での除草作業のみを命じたこと（横浜地判平11・9・21判タ1085・208）

・退職勧奨に応じなかったことを契機として、技術開発部長を現場の作業員（初めて作られた単純作業の肉体労働のポスト）に配転したり、従前嘱託職員が行っていたゴミ回収業務に従事させたこと（大阪地判平12・8・28労判793・13）

【該当しないと考えられる例】

・労働者の能力に応じて、一定程度業務内容や業務量を軽減すること（パワハラ指針）

⑥　個の侵害（私的なことに過度に立ち入ること）

【該当すると考えられる例】

・労働者を職場外でも継続的に監視したり、私物の写真撮影をしたりすること（パワハラ指針）

・労働者の性的指向・性自認や病歴、不妊治療等の機微な個人情報について、当該労働者の了解を得ずに他の労働者に暴露すること（パワハラ指針）

【該当しないと考えられる例】

・労働者への配慮を目的として、当該労働者の家族の状況等についてヒアリングを行うこと（パワハラ指針）

・労働者の了解を得て、当該労働者の性的指向・性自認や病歴、不妊治療等の機微な個人情報について、必要な範囲で人事労務部門の担当者に伝達し、配慮を促すこと（パワハラ指針）

◆正当な指導との区別

世間において、パワハラという言葉が多用されるにつれて、多くの上司が、パワハラと言われることを恐れて萎縮しているという現状もあります。正当な指導であれば、パワハラにはなりません。パワハラ指針においても、「客観的にみて、業務上必要かつ相当な範囲で行われる適正な業務指示や指導については、職場におけるパワーハラスメントには該当しない。」ことが明記されました。

パワハラ行為の類型の中で、最も多いのが「精神的な攻撃」であるといわれています。この精神的な攻撃や、過大な要求は、教育・指導との区別も困難なものも多いものです。「お前は三曹だろ。三曹らしい仕事をしろよ。」、「お前は覚えが悪いな。」、「バカかお前は。三曹失格だ。」等という言葉を用いて叱責された海上自衛官が自殺した事件（福岡高判平20・8・25判時2032・52）では、上司の言動は、被害者に対し、自己の技能練度に対する認識を促し、積極的な執務や自己研鑽を促すとの一面を有していたということはできるものの、それ自体被害者の「技能練度に対する評価にとどまらず、同人の人格自体を非難、否定する意味内容の言動であったとともに、同人に対し、階級に関する心理的負荷を与え、下級の者や後輩に対する劣等感を不必要に刺激する内容だったのであって、不適切であるというにとどまらず、目的に対する手段としての相当性を著しく欠くものであったといわなければならず、一般的に妥当な方法と程度によるものであったとは到底いえない」ことから、指導の域を超えるものであったと判断されています。注意指導の必要性はあるとしても、業務とは関係のない、感情的で人格否定のニュアンスを含む言葉は、「業務上必要かつ相当な範囲」を超えたパワハラとして違法と判断されやすいといえるでしょう。

また、指導の目的が正当であったとしても、他人に見せしめのように叱咤するような不適切な手段を用いた指導は、パワハラといえます。保険会社のサービスセンター内において、同時に同じ職場の従業員十数名に対し、ポイントの大きな赤文字で、「やる気がないなら、会社を辞めるべきだと思います。当ＳＣにとっても、会社にとっても損失そのものです。」「あなたの給料で業務職が何人雇えると思いますか。あなたの仕事なら業務職でも数倍の実績を挙げますよ。……これ以上、当ＳＣに迷惑をかけないで下さい。」とメール送信した上司の行為について、「人の気持ちを逆撫でする侮辱的言辞と受け取られても仕方のない記載などの他の部分ともあいまって、控訴人（執筆者注：被害者）の名誉感情をいたずらに毀損するものであることは明らかであり、上記送信目的が正当であったとしても、その表現において許容限度を超え、著しく相当性を欠く」と不法行為が認定された事案があります（東京高判平17・4・20労判914・82）。言動の内容だけではなく、それが行われた態様にも注意が必要です。

(2)　セクハラ

セクハラとは、一般的に「相手方の意に反する性的言動」を指します。

ここで言われる「意に反する」についてですが、相手方が、明示的に拒否をする態度を示していたか否かは、関係がありません。セクハラ事案においては、被害者が、その場で明示的に抵抗を示すような態度をとることができないことが一般的に知られています。

◆定　義

男女雇用機会均等法11条1項では、「セクハラ」に関し、「事業主は、職場において行われる性的な言動に対するその雇用する労働者の対応により当該労働者がその労働条件につき不利益を受け、又は当該性的な言動により当該労働者の就業環境が害されることのないよう、当該労働者からの相談に応じ、適切に対応するために必要な体制の整備その他の雇用管理上必要な措置を講じなければならない。」と定められています。

ア　職場とは

セクハラ指針によると、「『職場』とは、事業主が雇用する労働者が業務を遂行する場所を指し、当該労働者が通常就業している場所以外の場所であっても、当該労働者が業務を遂行する場所については、『職場』に含まれる。例えば、取引先の事務所、取引先と打合せをするための飲食店、顧客の自宅等であっても、当該労働者が業務を遂行する場所であればこれに該当する。」とされています。実際、職場の懇親会の二次会でのセクハラ行為（隣に座らせ、繰り返し身体接触をし、卑猥な発言をしたこと）について、雇用主の使用者責任を認めた事案があります（大阪地判平10・12・21判タ1002・185）。

男女雇用機会均等法施行通達では、さらに詳しく、「『職場』には、業務を遂行する場所であれば、通常就業している場所以外の場所であっても、取引先の事務所、取引先と打合せをするための飲食店（接待の席も含む）、顧客の自宅（保険外交員等）の他、取材先（記者）、出張先及び業務で使用する車中等も含まれるものであること。なお、勤務時間外の「懇親の場」、社員寮や通勤中等であっても、実質上職務の延長と考えられるものは職場に該当する。その判断に当たっては、職務との関連性、参加者、参加や対応が強制的か任意か等を考慮して個別に行うものであること。」が付記されています。

セクハラについては、社外の者からのハラスメントを措置義務の対象としているため、他のハラスメントにはない当該付記があります。

イ　労働者とは

被害者となる「労働者」には、正社員のみならず、パートタイム労働者・契約社員等いわゆる非正規社員も含まれます。これもパワハラ・マタハラと共通します。また、派遣社員については、派遣元会社のみならず、派遣先会社も派遣社員がセクハラ被害に遭わないようにする措置をとらねばなりません（労働者派遣事業の適正な運営の確保及び派遣労働者の保護等に関する法律47の2）。

セクハラに対して被害者が明示的に抵抗を示すことは難しいことが知られていますが、被害者が有期雇用社員や派遣社員である場合、より一層抵抗は困難となり得ます。「雇止め」や「派遣切り」を危惧して、セクハラ行為に抗議できない状況に置かれているということを念頭に置く必要があります。セクハラ行為による処分の相当性が最高裁まで争われた著名事件として、Ｌ館事件（最判平27・2・26判時2253・107）があります。当該事案では、水族館等の経営等を目的とする会社の男性社員2名が、それぞれ複数の女性従業員に対して性的な発言等のセクハラ行為をしたことを懲戒事由として、出勤停止の懲戒処分に処せられるとともに、それを受けたことを理由に下位の等級に降格されました。その事件の被害者は、派遣社員でした。当該派遣社員は、報復や派遣会社の立場の悪化も考えて、勤務中は抗議ができませんでしたが、Ｌ館での勤務を離れるに当たって後任者のことも考えて、セクハラ被害を申告したとされています。

なお、セクハラ指針の改正（令和2年厚労省告示6号）により、「自ら雇用する労働者以外の者（他の事業主が雇用する労働者、就職活動中の学生等の求職者、個人事業主、インターンシップを行っている者等）から、職場におけるセクハラに類すると考える相談があった場合には、その内容を踏まえて、男女雇用機会均等法上の雇用管理上の措置も参考にしつつ、必要に応じて適切な対応を行うように努めるのが望ましい」とされました。措置義務と同列ではありませんが、会社が事後対応をすべき範囲が拡大されてきているといえます。

アドバイス

○社外の加害者からのセクハラ被害

男女雇用機会均等法上の措置義務に基づき事後対応をしなければならないセクハラには、社外の加害者からのセクハラも含まれます。接待をした取引先の社員からのセクハラ、患者からのセクハラ等がこれに当たります。

この点は、かねてから、男女雇用機会均等法施行通達にて「事業主、上司、同僚に限らず、取引先、顧客、患者及び学校における生徒等もセクシュアルハラスメントの行為者になり得る」とされていました。

さらに、セクハラ指針の改正（令和2年厚労省告示6号）では、さらに踏み込んで、社外の加害者からのセクハラに対して事業主が講ずべき再発防止措置として、「必要に応じて、他の事業主に再発防止に向けた措置への協力を求めること」も含まれるとされました。

ウ　性的な言動とは

性的な内容の発言として、性的な事実関係を尋ねること、性的な内容の情報を意図的に流布すること等が、性的な行動として、性的な関係を強要すること、必要なく身体に触ること、わいせつな図画を配布すること等が含まれます。

◆何が許されない行為か

もう平成の時代も終わり、新しい令和の時代です。性的なからかいや冗談、スキンシップが許されるという考え方は通用しません。

「性的な言動」とは、①「性的な内容の発言」と②「性的な行動」に分けられます。

①　性的な内容の発言

性的な内容の発言とは、性的な事実関係を尋ねること、性的な内容の情報を意図的に流布すること、性的な冗談やからかい、個人的な性的体験談を話したり、聞いたりすること等をいいます。

「胸が小さいね」と被害者に向かって直接言うこともこれに該当しますし、「浮気している」ということを不特定多数の人に吹聴することもセクハラに当たります。「彼氏いるの？」「結婚しないの？」と執拗に質問することも該当します。

Ｌ館事件（最判平27・2・26判時2253・107）では、最高裁がセクハラを行った2人の男性従業員の言動、例えば、「俺のん、太くてでかいらしいねん」「この前、カー何々してん」等不倫相手とのことを赤裸々に女性従業員に話したり、女性従業員のことを「お局さん」とか「夜の仕事せえへんのか」と発言したことを判決の別紙で一覧として具体的に掲げており、最高裁がセクハラと判断した言動の限界点がよく分かります。

また、「早く結婚しろ」といった発言や、女性だけことさら「～ちゃん」付けで呼んだり、「おばん、ばばあ、くそばば」（和歌山青果卸売会社事件＝和歌山地判平10・3・11判タ988・239）というような中傷発言もセクハラに該当します。

②　性的な行動

性的な行動とは、性的な関係を強要すること、必要なく身体に触れること、わいせつな図画を配布・掲示すること、強制わいせつ行為、強姦（強制性交）行為がこれに当たります。

相手が嫌がっていなかったという弁解がよくなされますが、職場でのセクハラについては、内心で不快感を抱いていても、人間関係を考慮して嫌がっていないように装っていることもありますので、嫌がっていなかったことそれのみをもって、セクハラを否定することはできません。

◆男性から女性への言動だけではない

古典的なセクハラとして想起されるのは、男性から女性に対する性的言動ですが、男女雇用機会均等法上のセクハラはこれに限られません。

①　女性から男性へのセクハラ及び同性同士のセクハラ

セクハラは、男性も被害者になりますし、同性同士のセクハラもあります。例えば、同性同士や女性から男性に対してであっても、執拗に性的な質問をしたり、「彼女いるの」「結婚しないの」といった交際相手や結婚に関する質問をしたり、性的な噂（「浮気をしている」や「不特定多数と関係がある」等）を流したり、不必要に体を触ったりすることはセクハラに該当します。

女性から男性へのセクハラが問題となった事案として日本郵政公社（近畿郵便局）事件（第一審：大阪地判平16・9・3労判884・56、控訴審：大阪高判平17・6・7労判908・72）があります。部下（男性）が、局内の浴室を利用し、上半身裸で体を乾かしていたところ、上司（女性）が入ってきて、部下に近づき、じろじろ見ながら、「何してるの。なぜお風呂に入っているの。」など質問したという行為がセクハラに該当するかが問題となり、第一審ではセクハラ行為であると判断されましたが、控訴審では、防犯パトロールの一環であると判断されました。

②　ＬＧＢＴの労働者に対するセクハラ

被害者がＬＧＢＴである場合も、その意に反する性的言動はセクハラに該当します。

平成29年1月1日に施行されたセクハラ指針の改正（平成28年厚労省告示314号）で、「被害者の性的指向又は性自認にかかわらず、当該者に対する職場におけるセクシュアルハラスメントも、本指針の対象となる」とされました。

ＬＧＢＴに関しては、パワハラ指針でも、労働者の性的指向・性自認について、当該労働者の了解を得ずに他の労働者に暴露すること、いわゆるアウティングがパワハラに該当すると考えられる例とされています。

アウティングにかかわらず、ＬＧＢＴの労働者に対する差別的言動はパワハラに該当し、性的言動はセクハラに該当する、と理解しておくべきです。

◆セクハラの類型

男女雇用機会均等法では二つの類型のセクハラが定められています。セクハラ指針でより詳細が定められており、それぞれ次のとおりです。

①　対価型セクシュアルハラスメント

対価型セクシュアルハラスメントとは、職場において行われる労働者の意に反する性的な言動に対する労働者の対応（拒否や抵抗）により、その労働者が解雇、降格、減給等（労働契約の更新拒否、昇進・昇格の対象からの除外、客観的にみて不利益な配置転換等）の不利益を受けることをいいます。その状況は多様ですが、セクハラ指針では、典型的な例として、次のようなものが挙げられています。

㋐　事務所内において事業主が労働者に対して性的な関係を要求したが、拒否されたため、当該労働者を解雇すること。

㋑　出張中の車中において上司が労働者の腰、胸等に触ったが、抵抗されたため、当該労働者について不利益な配置転換をすること。

㋒　営業所内において事業主が日頃から労働者に係る性的な事柄について公然と発言していたが、抗議されたため、当該労働者を降格すること。

②　環境型セクシュアルハラスメント

他方で、環境型セクシュアルハラスメントとは、労働者の意に反する性的な言動により労働者の就業環境が不快なものとなったため、能力の発揮に重大な悪影響が生じる等その労働者が就業する上で看過できない程度の支障が生じることをいいます。

その状況は多様ですが、セクハラ指針では、典型的な例として、次のようなものが挙げられています。

㋐　事務所内において上司が労働者の腰、胸等に度々触ったため、当該労働者が苦痛に感じてその就業意欲が低下していること。

㋑　同僚が取引先において労働者に係る性的な内容の情報を意図的かつ継続的に流布したため、当該労働者が苦痛に感じて仕事が手につかないこと。

㋒　労働者が抗議をしているにもかかわらず、事務所内にヌードポスターを掲示しているため、当該労働者が苦痛に感じて業務に専念できないこと。

◆セクハラの違法性の判断基準

判例では、セクハラ行為の違法性の判断基準として、「行為の態様、行為者である男性の職務上の地位、年齢、被害女性の年齢、婚姻歴の有無、両者のそれまでの関係、当該言動の行われた場所、その言動の反復・継続性、被害女性の対応等を総合的にみて、それが社会的見地から不相当とされる程度のものである場合には、性的自由ないし性的自己決定権等の人格権を侵害するものとして、違法となる」(金沢セクシュアル・ハラスメント事件＝名古屋高金沢支判平8・10・30労判707・37) と述べられています。

ただし、これは、あくまで、民事裁判になった際に「違法」となるかの判断基準です。例えば、会社において、調査の結果を踏まえて認定した行為が、当該会社の就業規則に規定された懲戒事由（セクハラ行為をしたこと）に該当するかを判定する場面では、その就業規則のセクハラの定義の文言に当てはまる行為であるか否かを精査する必要があります。

また、男女雇用機会均等法施行通達(第3 1(3)イ⑥) に、「『労働者の意に反する性的な言動』及び『就業環境を害される』の判断に当たっては、労働者の主観を重視しつつも、事業主の防止のための措置義務の対象となることを考えると一定の客観性が必要である。具体的には、セクシュアルハラスメントが、男女の認識の違いにより生じている面があることを考慮すると、被害を受けた労働者が女性である場合には『平均的な女性労働者の感じ方』を基準とし、被害を受けた労働者が男性である場合には『平均的な男性労働者の感じ方』を基準とすることが適当であること。ただし、労働者が明確に意に反することを示しているにもかかわらず、さらに行われる性的言動は職場におけるセクシュアルハラスメントと解され得るものであること。」と誰を基準として、判断をするのかが明記されていることが参考になります。

ケーススタディ

Q セクハラの調査の際、相手方（男性）から、「セクハラとされている出来事の最中も、相談者（女性）は抵抗するどころか、笑顔を見せていた。翌日以降も、嫌がるどころか、親しく話してくれていた。セクハラだというのは、後になって言い始めたことで、ハラスメントには該当しない。」という主張がなされました。相談者も、相手方に対して、直接抗議をしたことはないことは認めています。このような場合であっても、セクハラは成立するのでしょうか。

A セクハラ被害の最中に、正面から嫌がっている素振りをする場合もありますが、そうしなかったからといって、セクハラに該当しないとは断定できません。判例でも、そのような事案でセクハラ該当性を認めたものはいくつもあります。

例えば、横浜セクシュアルハラスメント事件（東京高判平9・11・20判タ1011・195）

では、加害者は、被害者が20分間もの間、抱きつかれて無理やりわいせつ行為をされたのに、逃げるとか悲鳴を上げることをしなかったのが被害者の行動として不自然であるという主張を行いましたが、裁判所は、「職場における性的自由の侵害行為の場合には、職場での上下関係による抑圧や友好的関係を保つための抑圧が働き、これが、被害者が必ずしも身体的抵抗という手段をとらない要因として働くことが認められる。」「（被害者が）事務所外へ逃げたり、悲鳴を上げて助けを求めなかったからといって、……不自然とはいえない。」と主張を排斥しました。

また、学校法人甲音楽大学事件（東京地判平23・7・28労経速2123・10）では、加害者（准教授で指導教員）は、被害者がセクハラ被害の後も師弟関係を継続し、二人で食事をしたり、一緒の旅行を希望したり、寄せ書きで感謝の気持ちを記載しているので、セクハラという主張は信用できないと主張していました。しかし、裁判所は、「加害者が准教授で指導教員であったこと」、「卒業後も就職せずにピアノ伴奏の仕事の提供を受けることを期待していた」ことなどを考えると、機嫌を損ねることを避けたいとの気持ちがあったものと理解できるとして、主張を排斥しました。

さらに、X社事件（東京地判平24・6・13労経速2153・3）では、社会経験もそれなりにある昭和44年生まれの女性社員に対し、既婚の上司が関係を迫り、8か月間の性的関係を含む2年間の男女関係があったことについて、セクハラか否かが争点となりました。事案としては、当該女性社員の入社直後から、当該上司はドライブや居酒屋に誘うようになり、その後月に1回程度ラブホテルで性行為等をする関係が8か月程度続き、女性社員が拒絶した後も、上司の性的な接触行為が続き、女性社員は体調不良で休職後、会社にセクハラの申告と損害賠償請求を行い、休職期間満了で退職したというものでしたが、女性社員からは、高価な贈り物をし、誤解させるような言動もあったと認定されています。このような関係について、退職した当該女性社員はセクハラがあったと主張をし、上司は合意の上での不倫関係であると反論しましたが、裁判所は「当初から一貫して……セクハラを受けていたという原告の供述は、事前かつ合理的である。」と判示し、セクハラを認定しました。このように一見、交際関係にあるように見える間柄でも、セクハラは成立し得ます（いわゆる「交際型セクハラ」）。

熊本バドミントン協会役員事件（熊本地判平9・6・25判時1638・135）では、バドミントン協会の会長Yがバトミントンの選手Xと継続的に性関係を持ったことの違法性が争われましたが、最初の性関係が強姦であったこと、その後も、Xにおいて要求を拒めばバドミントン選手としての将来が閉ざされるかもしれないと考えて性関係を続けたこと等を考慮し、慰謝料300万円が認容されました。

このように、「嫌がっていないので、同意している」、「むしろ相手は自分に好意を寄せている」との考えを安直に持つことはできません。セクハラ被害を受けていても、表立って嫌そうな反応をすることができるのは、むしろ稀であり、慎重な判断が求められます。

アドバイス

○被害者の迎合的な言動について

被害者は、ハラスメントに対して明示的に抵抗や拒否をするものである、それがなく、むしろ迎合している（話を合わせている、相手の言動を好意的に受け止めたような言動をする等）のであれば、嫌がらせ的な言動があったとしてもハラスメントには該当しない、と判断をしがちです。

しかし、改正法のもとで新設ないし改訂されたパワハラ運用通達、男女雇用機会均等法施行通達、育児介護休業法施行通達においては、それぞれ「相談者が行為者に対して迎合的な言動を行っていたとしても、その事実が必ずしも…ハラスメントを受けたことを単純に否定する理由にはならないことに留意すること」とされています。

この点については、特にセクハラについては、迎合言動があってもハラスメント該当性は否定されないとした判例が多くみられるところです（前掲ケーススタディ参照）ので、留意しましょう。

(3)　マタハラ

◆「不利益取扱い」と「ハラスメント」の二つの類型

世間で「マタハラ」と呼ばれている事象には、二つの類型があります。

一つは、「不利益取扱い」と言われる類型です。妊娠・出産等を理由とする不利益取扱い、育児・介護休業の申出・取得等を理由とする不利益取扱いすることは許されません（雇用均等9③、育児介護10等）。

もう一つは、「ハラスメント」の類型です。職場において行われる上司・同僚からの言動（妊娠・出産したこと、育児・介護休業等の利用に関する言動）により、妊娠・出産した女性労働者や育児・介護休業等を申出・取得した男女労働者等の就業環境が害されることを指します（雇用均等11の3、育児介護25）。

マタハラには、妊娠・出産・育児以外に「介護」の問題もあることに注意しましょう。

①　不利益取扱いの類型

従来から、妊娠・出産・育児休業等を理由とする「不利益取扱い」は禁止されていたところ、広島中央保健生活協同組合事件（最判平26・10・23民集68・8・1270）の最高裁判決が出たことで、「マタハラ」として注目を集めることとなりました。当該判決は、妊娠中の軽易業務への転換を契機として降格処分を行った場合には、原則として、男女雇用機会均等法9条3項違反と解されるとしつつ、二つの例外の場合には、違反に当たらないと判示しました。一つ目の例外は、「降格することなく軽易業務に転換させることに業務上の必要性から支障がある場合であって、その必要性の内容・程度、降格による有利・不利な影響の内容・程度に照らして男女雇用機会均等法の趣旨・目的に実質的に反しないと認められる特段の事情が存在するとき」であり、二つ目の例外は「軽易業務への転換や降格により受ける有利・不利な影響、降格により受ける不利な影響の内容や程度、事業主による説明の内容等の経緯や労働者の意向等に照らして、労働者の自由な意思に基づいて降格を承諾したものと認めるに足りる合理的な理由が客観的に存在するとき」です。

当該判例は、男女雇用機会均等法9条3項の解釈を示したものであり、射程もその限度にとどまると解されていますが、妊娠・出産・育児休業等を理由とする「不利益取扱い」禁止の条項の行政解釈やその後の判例において参照されています。

㋐　妊娠・出産等を理由とする不利益取扱いの禁止

男女雇用機会均等法9条3項では、女性労働者の妊娠・出産等を理由とする解雇その他不利益取扱いを禁止しています。具体的な不利益取扱いの内容については、性差別指針に示されており、「解雇」「雇止め」「降格」「不利益な査定」等がこれに該当します。

㋑　育児休業の申出・取得等を理由とする不利益取扱いの禁止

育児介護休業法10条等では、育児休業等の申出・取得等を理由とする不利益取扱いを禁止しています。具体的な不利益取扱いの内容については、両立指針に示されており、上記㋐と同じく「解雇」等がこれに該当します。

アドバイス

○「理由としている」かについての行政解釈

法文上は、不利益取扱いが違法となるのは、妊娠・出産・育児休業等を「理由として」降格等がされた場合ですが、行政解釈では、妊娠・出産・育児休業等の終了から1年以内に降格等の不利益取扱いがなされた場合には、原則として、法令違反となるとされている点には留意をしておくべきです。

すなわち、平成27年1月23日雇児発0123第1号は、前掲広島中央保健生活協同組合事件判決等を踏まえ、妊娠・出産・育児休業等の事由を「契機として」不利益取扱いをした場合には、原則的に「理由としている」と判断されるとしています。さらに、厚生労働省「妊娠・出産・育児休業等を契機とする不利益取扱いに係るＱ＆Ａ」においては、具体的には、妊娠・出産・育児休業等の事由の終了から1年以内に不利益取扱いがなされた場合には、「契機として」いると判断するとされています。また、1年を超えていても、実施時期が事前に決まっている、又は、ある程度定期的になされる人事異動、人事考課、雇止めなどについては、事由の終了後の最初のタイミングまでの間に不利益取扱いがなされた場合には、「契機として」いると判断されます。

また、「契機として」いなくても、その他の事情により、妊娠・出産・育児休業等と因果関係のある不利益取扱いは禁止されます。

○不利益取扱い禁止の「例外」

行政解釈（平27・1・23雇児発0123第1）によると、妊娠・出産・育児休業等を契機とする不利益取扱いであっても、違反に当たらない二つの例外があるとされています。これも、前掲広島中央保健生活協同組合事件判決等を踏まえた解釈とされています。

一つ目が、「業務上の必要性から支障があるため当該不利益取扱いを行わざるを得ない場合において」、「その業務上の必要性の内容や程度が、法の規定の趣旨に実質的に反しないものと認められるほどに、当該不利益取扱いにより受ける影響の内容や程度を上回ると認められる特段の事情が存在するとき」です。

例えば、経営悪化による組織再編や妊娠等の発生前の本人の能力不足等を理由とする場合がこれに当たるとされています。なお、本人の能力不足による場合には、労働者に対する研修や指導等十分な改善の機会を経なければ、解雇権等の濫用として解雇等が無効となり得ることに留意が必要です。

二つ目が、「契機とした事由又は当該取扱いにより受ける有利な影響が存在し、かつ、当該労働者が当該取扱いに同意している場合において」、「有利な影響の内容や程度が当該取扱いによる不利な影響の内容や程度を上回り、事業主から適切に説明がなされる等、一般的な労働者であれば同意するような合理的な理由が客観的に存在するとき」です。

妊娠・出産・育児休業等を契機とする不利益取扱いをする場合には、この例外に当たるかどうかを慎重に判断せねば、紛争になりかねません。

ケーススタディ

Q 会社としては、妊娠女性や制度利用者に対し、その同意を得た上で、降格などさせることも考えています。このように不利益取扱いにつき、妊娠女性や制度利用者の同意がある場合でも、「妊娠・出産・育児休業等を理由とする不利益取扱い」に該当しますか。

A この設問については、「マタハラ」という言葉を広く世間に知らしめるきっかけとなった前掲広島中央保健生活協同組合事件が参考になります。

この事案では、病院に雇用され副主任の職位にあった理学療法士Ａが、労働基準法65条3項に基づく妊娠中の軽易な作業への転換に際して副主任を免ぜられ、育児休業終了後も副主任に任ぜられなかったことが不利益取扱いとして無効になるのかが争われました。

病院側は、渋々ながらに降格に同意をしていたとか、積極的に異議を述べることなく働いていたといった事情から、Ａの同意があったと主張しましたが、最高裁は、軽易業務への転換を契機とする降格が例外的に違反とならないためには、「軽易業務への転換や降格により受ける有利・不利な影響、降格により受ける不利な影響の内容や程度、事業主による説明の内容等の経緯や労働者の意向等に照らして、労働者の自由な意思に基づいて降格を承諾したものと認めるに足りる合理的な理由が客観的に存在するとき」でなければならないと判示しました。差戻審（広島高判平27・11・17判時2284・120）を経て、本件では、この同意による例外には該当しないと判断されています。

女性側から同意が得られれば、紛争リスクを減らすことはできますが、常に対象者から同意が得られるわけではなく、また、その場で同意しても、上記事案のように、「不承不承の同意であった」として後々争われることもあります。

同意を得る場合には、説明する機会を複数回持ち、降格の有利な影響としての負担軽減はどの程度か、降格に伴う不利益な影響としての賃金減少や長期的にみた影響（降格前のポジションに戻れる見込みがあるのか）等についても具体的な資料を示して説明をし、質問を受け付け、回答までに猶予を与え、書面による同意を得るという手続を踏んで、本人の納得の上での同意があることの裏付けをとっておくのがよいでしょう。

② 「ハラスメント」の類型（マタハラの類型）

㋐ 定　義

男女雇用機会均等法11条の3第1項では、「事業主は、職場において行われるその雇用する女性労働者に対する当該女性労働者が妊娠したこと、出産したこと、労働基準法第65条第1項の規定による休業を請求し、又は同項若しくは同条第2項の規定による休業をしたことその他の妊娠又は出産に関する事由であって厚生労働省令で定めるものに関する言動により当該女性労働者の就業環境が害されることのないよう、当該女性労働者からの相談に応じ、適切に対応するために必要な体制の整備その他の雇用管理上必要な措置を講じなければならない。」と定められています。

また、育児介護休業法25条1項では、「事業主は、職場において行われるその雇用する労働者に対する育児休業、介護休業その他の子の養育又は家族の介護に関する厚生労働省令で定める制度又は措置の利用に関する言動により当該労働者の就業環境が害されることのないよう、当該労働者からの相談に応じ、適切に対応するために必要な体制の整備その他の雇用管理上必要な措置を講じなければならない。」と定められています。

ⓐ 職場とは

マタハラ指針によると、「職場」とは、「事業主が雇用する（女性）労働者が業務を遂行する場所」を指し、「当該（女性）労働者が通常就業している場所以外であっても、当該労働者が業務を遂行する場所」については、「職場」に含まれます。

ⓑ 労働者とは

被害者となる「労働者」には、正社員のみならず、パートタイム労働者・契約社員等いわゆる非正規社員も含まれます。これもパワハラ・セクハラと共通します。また、派遣社員については、派遣元会社のみならず、派遣先会社も派遣社員がマタハラ被害に遭わないようにする措置をとらねばなりません。

㋑ マタハラの当事者

ⓐ マタハラの加害者

マタハラの加害者には、上司のみならず、「同僚」の言動もハラスメントになります。

ⓑ マタハラの被害者

妊娠・出産に関しては、「女性」のみが被害者になりますが、育児・介護に関しては、女性のみならず、男性も被害者となり得ます。

また、育児のみならず、介護のための介護休業、介護休暇等の制度利用者・利用請求者もマタハラの被害者となり得る点にも注意しましょう。

㋒　ハラスメントの内容（「制度等の利用への嫌がらせ型」と「状態への嫌がらせ型」）

「マタハラ」の内容としては、平成29年1月に運用が開始されたマタハラ指針や、平成29年1月に施行された改正（平成28年厚労省告示313号）後の両立指針に記載された、マタハラの2類型である「制度等の利用への嫌がらせ型」と「状態への嫌がらせ型」があると定められています。

ⓐ　「制度等の利用への嫌がらせ型」の具体的内容

「制度等の利用への嫌がらせ型」とは、以下に掲げる制度や措置の利用に関する言動により、就業環境が害される類型をいいます。

【男女雇用機会均等法が対象とする制度又は措置】

・妊娠中及び出産後の健康管理に関する措置
・坑内業務の就業制限及び危険有害業務の就業制限
・産前休業
・軽易な業務への転換
・変形労働時間制がとられる場合における法定労働時間を超える労働時間の制限
・育児時間

【育児介護休業法が対象とする制度又は措置】

・育児休業
・介護休業
・子の看護休暇
・介護休暇
・所定外労働の制限
・時間外労働の制限
・深夜業の制限
・育児のための所定労働時間の短縮措置
・始業時刻変更等の措置
・介護のための所定労働時間の短縮措置

また、典型的なＮＧ言動の例は、以下のとおりです。

・上司が解雇その他不利益な取扱いを示唆するもの

社員が、上記の制度を利用しようと上司に相談したり、制度の利用を請求したり、利用したことにより、上司が、「休みをとるなら辞めてもらう」

とか、「次の査定の際は昇進させない」と言ったりして、不利益な取扱いを示唆することをいいます。社員への直接的な言動であれば、1回の言動であっても該当します。

・上司又は同僚が制度等の利用の請求等又は制度等の利用を阻害するもの

育児休業の取得について、上司に相談したところ、「男のくせに育休をとるなんて」と非難されて、取得を諦めざるを得ない状況となったり、育休の請求を取り下げるように言われたりすることをいいます。上司がこのような言動を行った場合には、1回でも該当します。同僚の言動の場合には、繰り返し又は継続的なものが該当します。

・上司又は同僚が制度等を利用したことにより嫌がらせをするもの

短時間勤務の制度利用に関して、上司や同僚が、「周りのことを考えていない。迷惑だ」と繰り返し又は継続的に言い、就業をする上で看過できない程度の支障が生じる状況となっている場合が該当します。言葉によるものだけではなく、必要な仕事上の情報を与えなかったり、会議に参加させないなどの嫌がらせをすることも該当します。

ⓑ　「状態への嫌がらせ型」の具体的内容

「状態への嫌がらせ型」とは、以下の事由に関する言動により、就業環境が害される類型をいいます。

・妊娠したこと
・出産したこと
・坑内業務の就業制限若しくは危険有害業務の規定により業務に就くことができないこと、又はこれらの業務に従事しなかったこと
・産後の就業制限の規定により就業できず、又は産後休業したこと
・妊娠又は出産に起因する症状（つわり、妊娠悪阻、切迫流産、出産後の回復不全等、妊娠又は出産をしたことに起因して妊産婦に生じる症状）により労務の提供ができないこと、できなかったこと、労働能率が低下したこと

また、上記の事由に対応する典型的なＮＧ言動は、以下のとおりです。

・解雇その他不利益な取扱いを示唆するもの

女性社員が、上司に妊娠を報告したところ、「早めに辞めてもらうしかない」と言われた等、1回の言動であっても、解雇やその他不利益な取扱いを示唆する場合には、マタハラに該当します。

・妊娠等したことにより嫌がらせ等をするもの

上司や同僚が、女性社員に対し、「妊婦には仕事を任せられない」等繰り返

し又は継続的に言い、就業をする上で看過できない程度の支障が生じる状態となっていることをいいます。言葉によるものだけではなく、必要な仕事上の情報を与えなかったり、会議に参加させないなどの嫌がらせをすることも該当します。

㋓　業務上の必要性に基づく言動

マタハラが世上問題となっているとはいえ、「業務分担や安全配慮等の観点から、客観的にみて、業務上の必要性に基づく言動」は、ハラスメントには該当しないことは、各指針上も明記されています。

例えば、「制度等の利用」に関して、業務分担の観点から次のような発言をすることはハラスメントには該当しません。

ⓐ　業務体制の見直しのため、上司が育休をいつからいつまで取得するのか確認すること

ⓑ　業務状況を考えて、上司が「次の妊婦検診はこの日は避けてほしいが調整できるか」と確認すること

ⓒ　同僚が自分の休暇との調整目的で休業期間を尋ねて、変更を相談すること

ただし、「その日に休んで妊婦検診を受けることは許可しない」といった強要に当たる言動は、マタハラに該当します。

また、「状態」に関する言動についても、安全配慮の観点から、妊婦の体調に配慮して、「業務量を減らして残業を少なくしようか」、「つわりがしんどそうなので休んではどうか」と提案することは、業務上の必要性に基づく言動といえます。

5　懲戒処分の検討

(1)　懲戒処分の有効要件

ハラスメントの場合に限らず、一般に懲戒処分が有効となるためには、①懲戒処分の根拠規定の存在、②懲戒事由への該当性、③相当性（処分の相当性と手続の相当性）の各要件を具備する必要があります。

(2)　根拠規定の確認と懲戒事由該当性の判断

懲戒処分の根拠規定として、行為時の就業規則に懲戒事由と種類が定められている必要がありますので、各会社の根拠規定を確認し、懲戒事由該

当性を判断します。

(3)　処分の相当性の検討

社内の過去の懲戒処分のデータや判例を参考に、ハラスメントに対する世間の目が厳しくなっていることも考慮して、処分内容を決めます。また、適正手続の確保も徹底します。

(1)　懲戒処分の有効要件

懲戒処分は無制限にできるものではなく、「使用者が労働者を懲戒することができる場合において、当該懲戒が、当該懲戒に係る労働者の行為の性質及び態様その他の事情に照らして、客観的に合理的な理由を欠き、社会通念上相当であると認められない場合は、その権利を濫用したものとして、当該懲戒は、無効とする。」（労契15）として、権利濫用で無効となることがあります。

つまり、①懲戒処分の根拠規定の存在、②懲戒事由への該当性、③相当性（処分の相当性と手続の相当性）の各要件を具備する必要があります。

これらの要件を欠けば、懲戒処分は無効となり、場合によっては不法行為として慰謝料の発生原因ともなります。

(2)　根拠規定の確認と懲戒事由該当性の判断

◆就業規則上の根拠が必要

懲戒処分とは、使用者が、従業員の企業秩序違反行為（服務規律違反、業務命令違反、信頼関係の破壊、企業の信用棄損等）に対する制裁罰をいいます。使用者は、就業規則に懲戒の事由と種類が明定され、労働契約の規範となっていることを法的根拠として、懲戒処分をなし得ると解されていますので、まずは、会社の就業規則又は懲戒規程を確認するべきです。

ハラスメント言動が行われた後に発効した規定を根拠に懲戒処分をすることはできません（不遡及の原則）ので、処分の対象とする行為時までに周知が完了していることも確認をしましょう（第１章３(1)参照）。

◆懲戒処分の種類

懲戒処分の種類は、各会社が定めている就業規則によりますが、一般的には、①譴責・戒告・始末書提出、②減給、③出勤停止（停職、懲戒休職）、④降職、降格、⑤懲戒解雇、諭旨解雇があります。

会社によって懲戒処分の種類が異なります。「停職」という懲戒処分の種類が就業規則に規定されていない会社では、「停職」処分を科することはできません。今一度、会社の懲戒処分の種類をチェックしてみましょう。

以下は、一般的によく規定されている懲戒処分の種類についての解説と注意事項です。

① 譴責・戒告・始末書提出

譴責（けんせき）・戒告（かいこく）とは、口頭あるいは文書で将来を戒めるもので、最も軽い処分です。譴責は、通例、将来を戒めるとともに、「始末書」の提出を求めるものです。

② 減　給

減給処分は、賃金を減額する処分ですが、いくらでも減らせるわけではありません。労働基準法91条で上限が定められており、「1日の平均賃金の半額を超えてはならない」上、「総額が一賃金支払期における賃金の総額の10分の1以内」にとどまらなければなりません。平均賃金の1日分が1万円の場合には1回の処分で5,000円以上の減給をすることはできません。

仮に、減給に相当する行為が7回あったとしても、月給30万円の社員に対し、一賃金支払期に5,000円の減給処分を7回実施して、総額3万5,000円を減ずることは違法です。なぜなら、総額が労働基準法91条の定める上限額である月給30万円の10分の1の3万円を超えてしまうからです。当月の減給額は6回分の3万円とし残り1回分の減給処分は、翌月以降に行う必要があります。

③ 出勤停止（停職、懲戒休職）

出勤停止（停職、懲戒休職）とは、一定の期間、労働者の就労を禁止するものをいいます。出勤停止中は、賃金が支給されず、勤続期間にも通算されないことが一般的で、多くの場合は、1～2週間程度の期間でなされ、長ければ数か月に及ぶこともあります。特に上限はありませんが、長期にわたるものは、社員に重大な不利益を与えますので、個別事案における相当性は厳格に判定されることになります。

なお、ハラスメントの事実調査のために、一定期間自宅待機を命ずることがありますが、この期間は、懲戒処分ではなく、業務命令による自宅待機であるため、賃金を支払うのが原則です。ただし、この期間があまりにも長いと違法となるおそれがあります。

④　降職、降格

当該従業員の会社における役職や資格のランクを下げることを降職や降格といいます。この処分は、減給や出勤停止のような一時的な不利益にとどまる処分とは異なり、ランクが下がることにより、将来にわたっても賃金が下がるという継続的な不利益が及ぶ処分となります。したがって、従業員に重大な不利益を与える処分として、個別事案における相当性は厳格に判定されることになります。

⑤　懲戒解雇、諭旨解雇

懲戒解雇は、最も重い懲戒処分であり、解雇されるとともに、一般的には、退職金が不支給になることが多いものです。また、懲戒解雇で退職したという経歴は再就職をも困難としますので、経済的にも社会的にも非常にダメージが大きい処分といえ、個別事案における相当性は、他の処分よりも一層厳格に判定されることになると認識しておくべきです。

他方で、諭旨解雇は、労働者に自主的に退職することを勧告し、退職させる形をとります。この場合形式的には、自己都合退職になるため、退職金が支給されることも多く、その意味では、懲戒解雇よりも緩やかな処分といえます。ただ、一定期間内に退職に応じない場合には、懲戒解雇とする取扱いが多いものです。懲戒解雇に準ずる重い処分ですので、相当性について厳格な判定が必要とされます。

アドバイス

○上司による制裁がパワハラに

上司が、部下を戒めるために、懲戒手続の枠組外で、始末書を書かせたり、罰金を支払わせたりすることは、パワハラに該当する場合があります。

例えば、中部電力事件（名古屋高判平19・10・31判タ1294・80）では、上司が部下に対し、自覚を促すとして、主任としての心構え（過大な責任意識を植え付けさせるような内容）を記載して提出するよう指示し、これを書かせ、問題点を指摘したという行為については、他の部下には書き直しを命じたことがないという点も考慮の上で、違法であると判断されました。

戒告、減給、出勤停止といった懲戒処分は、就業規則等の根拠に基づき、会社の懲戒権として発動し得るものですから、上司の独断による制裁は許容されません。上司がすべきことは、制裁ではなく、再発防止や改善に向けた注意・指導や助言です。

◆懲戒処分の事由の確認と該当性の判断

就業規則等における懲戒事由の定め方も、会社ごとに様々ですので、個別に確認した上で、該当性を判断する必要があります。

例えば、セクハラについて、男女雇用機会均等法上のセクハラ行為を懲戒事由としている場合もありますし､それに類する行為をも懲戒事由としている場合もあります。

セクハラ行為について一括りで規定するのではなく、身体的接触がある場合、継続している場合、上司から部下に対するものである場合を、より重い懲戒処分の事由としている場合もあります。

また、ハラスメントに特化していない懲戒事由であっても、例えば､「刑法上の行為に該当する行為」が懲戒事由となっていれば、この該当性を検討すべきことになります。

アドバイス

○一事不再理

懲戒処分については、同一の事案に対し2回懲戒処分を行うことは、懲戒権の濫用として無効であると解されています。

この点は、先行する処分が、正式な懲戒処分ではなく、業務命令としての不利益処分である場合にも妥当するとした判例もあります。WILLER EXPRESS西日本事件（大阪地判平26・10・10労判1111・17）では、バス運転士が、乗務に就く12時間以内に飲酒したこと、運行中途における仮眠場所に酒類を持ち込んで飲酒したこと、及び、出庫点呼においてアルコール検知器による検査を受けなかったことに対して、まず、長期間の自宅謹慎（無給）及び車庫待機（基本給のみ支給）の処分をした後、出勤停止処分（14日間）を行い、さらにその後に懲戒解雇を行ったという事案です。この懲戒解雇は、同一の乗務について、二度にわたり違法な不利益処分を科しながら、これを撤回することなく、懲戒解雇処分を行ったものであり、懲戒権の濫用として無効とされています。

これに関して注意を要するのは、事実調査の段階で、相手方に自宅待機を命じる場合です。有給としていれば、不利益処分には該当せず、その後の懲戒処分が一事不再理に抵触することはないと考えられますが､無給とした場合には､その適否が問題となり（詳細は第２章第１ 4 (2)ケーススタディ参照)､不適とされれば､不利益処分とみなされて､その後の懲戒処分は二度目の処分であるとして無効となるおそれがあります。

(3) 処分の相当性の検討

処分の相当性の要件としては、「当該行為の性質・態様その他の事情に照らして社会通念上相当なものであること」に加え、手続の相当性も求められます。

形式的に懲戒事由に該当するとしても、それだけで懲戒処分が有効となるものではありません。

◆処分の相当性

① 相応な処分であること

ハラスメント行為が懲戒事由に該当するとしても、懲戒処分は、「その行為に相応した処分」でなければなりません。行為の性質・態様や、加害者の職場での立場、加害者が過去に受けたハラスメント防止研修、注意指導の履歴、懲戒処分の履歴に照らして、相応な処分を検討します。

この際、公平性も要請されますから、過去の社内での懲戒事例を参照した上で、「同種行為に対しては、同等の処分」がなされるような処分を選択すべきです。したがって、社内の懲戒処分事例については、懲戒事由に該当する行為の内容と、懲戒処分内容を一覧できるように集約しておく必要があります。

また、ハラスメントを会社が把握した際には、迅速に事実調査に着手した上で、時間をおかずに懲戒処分の是非を検討し、処分を言い渡す必要もあります。「懲戒事由発生時期と懲戒処分の時期は、離れすぎない」ことも重要です。WILLER EXPRESS西日本事件（大阪地判平26・10・10労判1111・17）では、「当該企業秩序違反行為から期間が経過するにつれて、企業秩序維持の観点から懲戒権を行使する必要性が低減していくことも考慮しなければならない」と判示されています。

② ハラスメント行為に相応な処分

軽微なハラスメント行為に、不相当に重い懲戒処分をした場合には、懲戒処分の有効性が争われることになります。まずは、社内の過去の懲戒処分のデータをもとに、同じような行為に対しては、同等の処分を課すということが原則です。

ただし、ハラスメントについては、従来よりも世間の目が厳しくなってきていますので、世間全般の傾向として、最近の判例の動向も注視する必要があります。

過去の判例で、セクハラ行為による処分の相当性が最高裁まで争われた著名事件として、Ｌ館事件（最判平27・2・26判時2253・107）があります。水族館等の経営等を目的とする会社の男性社員2名が、それぞれ複数の女性従業員に対して性的な発言等のセクハラ行為をしたことを懲戒事由として、出勤停止30日と10日の懲戒処分とされた上で、それを受けたことを理由に人事上の措置として、下位の等級に降格されました。これは言動だけのセクハラでしたが、最高裁が、判決に別紙を添付し、「夫婦間はもう何年もセックスレスやねん。」「でも俺の性欲は年々増すねん。」等のセクハラ言動を赤裸々に事実認定したことが印象深い事件です。最高裁は、各人に対する懲戒処分を有効と判断しました。

パワハラ行為に対する懲戒処分については、エヌ・ティ・ティ・ネオメイトなど事件（大阪地判平24・5・25労判1057・78）において、派遣労働者に対して、「誤れ（原文ママ）。」「辞めてしまえ。」などと言いながら、椅子を蹴ったり、名札を破いたり、パソコンの画面を閉じるといった行為をしたことについて、譴責処分が有効と判断されました。

ハラスメントの裁判は、損害賠償を求める類型と、このような懲戒処分の有効性が争われる類型とがあります。多くの判例がありますので、懲戒処分の種類や量刑の判断の際には、参考にすべきです。また、公務員の懲戒処分の指針である「懲戒処分の指針について」（平12・3・31職職68）も、具体的な行為に対して、標準的な懲戒処分の種類を一覧にして掲げており、処分の選択の際の参考となります。

もっとも、ハラスメント行為に対して、当該会社内で発生した過去の同種事案におけるよりも重い処分をする場合には、当該ハラスメント行為以前に、社員に対する注意喚起、すなわち、会社としてハラスメント防止に一層力を入れるので今後のハラスメント行為については従前よりも厳罰をもって臨む旨を周知しておくべきと考えます。これを欠いていると、他の事案との公平性を欠くとして、懲戒権の濫用と言われかねません。

◆手続の相当性（適正手続）

ハラスメント行為に対し、懲戒処分をするためには、「本人の弁明の機会」をきちんと設けましょう。就業規則等に定められていない場合でも実施すべきです。

「弁明の機会」は形式的なものでは足りません。この点、大阪地裁平成6年11月30日判決（労判670・36）は、「弁明の機会を与えるとは、懲戒解雇の事由に関する事項に関し、疑問点等につき釈明させるものであるから、釈明可能な事項につき、釈明のための必要な資料や疑問の根拠を説明し、必要あるときはその資料を開示し、あるいは釈明のための調査する時間も与えるほか、解雇事由が職務に関する不正、特に犯罪事実にかかるときは、その嫌疑をかけられているというだけで、心理的に動揺し、又解雇のおそれを感じることから、心理的圧迫を与える場所や言動をしない配慮が必要である」とされていますので、慎重な手続を心掛けます。

きちんと、どのような行為に対して懲戒処分を検討しているかを説明した上で、弁明させる必要があります。言い分に耳を傾けずに、一方的に責め立てる面談をしても無意味です。

弁明の方法は、面談でもよいですし、書面でもよいです。本人が弁明の機会を放棄すれば別ですが、面談を行うことが難しい場合には、書面で弁明を提出させるようにします。面談をする場合には、プライバシーの確保をした上で、多人数で圧迫するような状況を避け、自由な発言を許す環境作りをします。また、面談でも書面でも、時間や期限を性急に設定しすぎると、十分な弁明ができなかったとの誹りも受けかねませんので、準備に必要な時間を与えるようにします。弁明を求める際の書式としては後掲**【参考書式15】**、**【参考書式16】**を参考にしてください。

また、就業規則や労働協約等に「賞罰委員会の開催」や「労働組合等の手続」といった特別な手続が定められている場合には、これらを実施します。

このような形式面での手続をきちんと履践せずに懲戒処分をした場合には、次のケーススタディのように、懲戒処分の有効性が争われるもととなりますので、十分な注意を払いましょう。

ケーススタディ

Q　当社の就業規則や労働協約上、懲戒処分をする際に、従業員に対する弁明の機会を付与せねばならないとの規定はありません。このような場合でも、ハラスメントを理由とする懲戒解雇手続において、加害者とされる者に「弁明の機会」を付与しなかったら、懲戒解雇処分は無効となりますか。

A　設問とは異なり、就業規則等に弁明の機会を付与すべきとの定めがある場合に、弁明の機会を付与せずになした懲戒処分は、無効となるおそれが高いです。ハラスメントに関する事案ではありませんが、就業規則上、賞罰委員会の審議を受ける従業員に口頭又は文書による弁明の機会を与えなければならないと規定されているのに、これを付与しなかったことが、重大な手続違反があるとして、懲戒処分が無効とされた判例があります（千代田学園事件＝東京高判平16・6・16労判886・93）。

これに対し、設問の事案のように、就業規則や労働協約上、従業員に対する弁明の機会を付与せねばならないとの規定のない場合はどうでしょうか。日本ＨＰ本社セクハラ解雇事件（東京地判平17・1・31判タ1185・214）では、「就業規則に弁明の機会付与の規定がない以上、弁明の機会を付与しなかったことをもって直ちに当該懲戒処分が無効になると解することは困難というべきである」として、弁明の機会を付与せずになされた懲戒処分を有効と判断しました。

しかし、同判例でも、「一般論としては、適正手続保障の見地からみて、懲戒処分に際し、被懲戒者に対し弁明の機会を与えることが望ましい」と判示されています。

懲戒処分の有効性の判断に当たって、弁明の機会の付与は重要な事項です。就業規則や労働協約において、弁明の機会の付与に関する規定の有無にかかわらず、加害者とされる被懲戒者に対し、弁明の機会を付与すべきです。

アドバイス

○懲戒処分の種類が少ない場合には

懲戒処分の種類は、一般的には、①譴責・戒告・始末書提出、②減給、③出勤停止（停職、懲戒休職）、④降職、降格、⑤懲戒解雇、諭旨解雇があります。しかし、会社によっては、これらのうち、1種類・2種類が欠けている場合もあります。例えば、「停職（出勤停止）」処分がない会社で「停職（出勤停止）」処分をしてしまうことは、違法な懲戒処分となってしまいます。「停職（出勤停止）」処分がない以上は、それより軽い「減給」処分を選択せざるを得ないでしょう。

種類が少ないと、ハラスメント行為の軽重に応じた適切な処分ができなくなりますので、今一度、会社の懲戒規定を精査して、上記の処分のうち、いずれかの処分が欠けていないかをチェックして、加える必要があるものか検討しましょう。

【参考書式15】　弁明の機会に関する通知書（面談版）

令和○年○月○日

甲山　太郎　殿

ご　通　知

○○株式会社
人事部部長　甲本　三郎

貴殿には、下記のとおり、当社の就業規則に違反するおそれのある行為があると思われます。つきましては、当社懲戒処分規程に基づき、貴殿に対し、弁明の機会を設けますので、出席をお願いいたします。

なお、正当な理由なく出席を拒否される場合には、弁明の機会を設けることなく、懲戒処分を実施することになりますので、ご注意ください。

記

1　就業規則に違反するおそれのある行為
令和○年○月○日に行われた総務部総務課の懇親会で、同僚女性社員の身体に接触した行為

2　意見聴取日時
令和○年○月○日　午後3時～

3　場　所
本社第4応接室

以上

【参考書式16】　弁明の機会に関する通知書（書面回答版）

令和○年○月○日

甲山　太郎　殿

ご　通　知

○○株式会社

人事部部長　甲本　三郎

貴殿には、下記のとおり、当社の就業規則に違反するおそれのある行為があると思われます。つきましては、当社懲戒処分規程に基づき、貴殿に対し、弁明の機会を設けますので、期限までに文書にてご回答ください。

なお、正当な理由なく回答なさらない場合には、弁明の機会を設けることなく、懲戒処分を実施することになりますので、ご注意ください。

記

1　就業規則に違反するおそれのある行為

令和○年○月○日に行われた総務部総務課の懇親会で、同僚女性社員の身体に接触した行為

2　回答締切期限

令和○年○月○日　午後5時

3　回答書提出先

当社人事部部長　甲本　三郎　宛て

以上

6　配置転換等の必要性の検討

(1)　配転とは

ハラスメント当事者の配転を検討するに当たっては、まず、就業規則に根拠があるかを今一度チェックします。

(2)　ハラスメントと配転

原則として、加害者の配転を検討すべきです。それも無制限にできるものではありません。被害者の配転は、真に同意を得られた場合といった極めて例外的な場合に限られます。

(1)　配転とは

一般に、「配転」と言われるものには、①「配置転換」と②「転勤」があります。

①「配置転換」とは、同一勤務場所の職務内容、所属部署等の変更を、②「転勤」とは、勤務地（場所）の変更をいいます。

◆配転命令権の根拠

就業規則に「業務の都合により出張、配置転換、転勤を命ずることができる。社員は正当な理由なくこれを拒否してはならない。」といった条項が入れられている場合があります。これが、配転命令権の根拠になりますので、まず、就業規則を確認しましょう。

就業規則にこのような条項がない場合でも、労働契約の締結の経緯や人事異動の実情等に鑑みて、配転命令権が認められる場合もあります（精電舎電子工業事件＝東京地判平18・7・14労判922・34）。

◆配転命令権の濫用

配転命令権に根拠があるとしても、それを濫用することは許されません。

最高裁は、東亜ペイント事件（最判昭61・7・14労判477・6）において、「業務上の必要性が存しない場合又は業務上の必要性が存する場合であっても、当該転勤命令が他の不当な動機・目的をもってなされたものであるとき等、特段の事情の存する場合でない限りは、当該転勤命令は権利の濫用になるものではないというべきである」と判示しました。

(2)　ハラスメントと配転

ハラスメントの事実が認められた場合には、さらなるハラスメントを防止するための事後対応の一つとして、そもそも加害者と被害者が接触しないようにするための配転をすることがあります。

ハラスメントの各指針では、措置義務の内容として、ハラスメントの「事実が確認できた場合においては、速やかに被害者に対する配慮のための措置を適正に行うこと」が規定されていますが、そのうち、パワハラ指針とセクハラ指針は、措置を適正に行っていると認められる例として「被害者と行為者を引き離すための配置転換」を挙げています。

また、申告に係る事実がハラスメントに該当しなくても、職場環境の悪化や体調不良者が出ているといった事情があれば、これらを改善するための配転を検討することもあります。アンシス・ジャパン事件（東京地判平27・3・27労経速2251・12）は、二人体制で業務を担当する職場において、一方の社員がもう一人の社員からパワハラで訴えられるという出来事があった後にも、二人体制で仕事を続けることとなった際に、パワハラで訴えられた方の社員が、それが精神的にも非常に苦痛であり不可能である旨を上司に繰り返し訴えていたという事案です。この事案で、裁判所は、会社に、一方を他部署に配転して業務上完全に分離するか、業務上の関わりを極力少なくし、業務の負担が偏ることのない体制をとる必要があったと判断しました。そして、これを怠ったことについて、会社の注意義務違反が認められ、慰謝料50万円が認容されています。

もっとも、職場の事情として、配転が事実上不可能な場合、相応しくない場合もあります。その場合には、社内の執務場所（デスクの場所等）を離すとか、加害者と被害者との業務連絡は上司を介して行うこととする等で接触を極力減らすといった方法も検討します。

◆ハラスメント加害者の配転

ハラスメント申告に係る言動が認められる場合には、これがハラスメントに該当するか否かにかかわらず、被害者と加害者を同じ職場に配置しておけば、業務の遂行に差し障りがある場合も多いでしょう。

このような場合、懲戒処分と併用して、又は懲戒処分はせずに、人事上の措置として、加害者を配転することはできます。

しかし、前記(1)に述べたように、配転命令の濫用に当たる場合（例えば、退職に追い込む意図で、これまでの職務経験とは全く関係しない職務内容への配転を命ずる場合）には、無効とされることがありますので、無制限に配転をすることはできません。

◆ハラスメント被害者の配転

ハラスメント事案が発生した場合、被害者を配転させることはできるでしょうか。

まず、会社にハラスメントを申告したことを契機として、上司が報復として、被害者を配転することは、セクハラであれば、正に対価型セクシュアルハラスメントに該当しますし、その他のハラスメントであっても許されるものではなく、このような配転命令は、その濫用として無効となります。

また、改正法（令和元年法律24号）により、労働者が事業主にパワハラ・セクハラ・マタハラ等の相談をしたことを理由とする事業主による不利益取扱いを禁止されたことにより、被害者に不利益となる配転をすることは、労働施策総合推進法、男女雇用機会均等法、育児介護休業法に違反する違法な処分ともなり得ます。

ハラスメント被害が発生した場合に、加害者と被害者を離したいというニーズはあります。上司と部下という関係があれば、上司の方を配転しにくいという実情があることも理解できますが、まずは、加害者の配転を検討しましょう。

やむを得ず、被害者を配転する場合には、①面談等の説明の機会を複数回持ち、②質問を受け付け、③回答までに猶予を与え、④書面による同意を得るという慎重なプロセスを経て、真に同意を得ておきましょう。

アドバイス

○加害者の配転は必ず行わないといけないか

ハラスメントの被害申告があっても、加害者の配転が必要ない場合もあります。例えば、ハラスメントの悪質性がさほど高くなく、継続的に行われているという事情もない場合には、加害者が十分に反省し、被害者に対し謝罪の意を示していれば、再発のおそれがないと判断して、配転にこだわる必要はありません。

ただし、このような場合であっても、再発防止のために、当面は定期的に人事担当者が被害者と面談する等して、被害者に対し、上司が報復的な行為をしていないか、同様のハラスメント行為が再度行われていないかを、念のため確認しておくのがよいでしょう。

7　申告者（被害者）へのフィードバックの実施

(1)　ハラスメント調査委員会規則等のチェック

ハラスメント申告が、ハラスメント調査委員会規則等の社内規則に基づいて調査された場合には、当該社内規則に定められた手続に従って、申告者（被害者）へのフィードバックをします。

(2)　調査結果の要旨の開示

調査した結果の詳細な報告書まで開示する必要はありませんが、実務上は、結論や理由の要旨について、報告することが一般的です。

(1)　ハラスメント調査委員会規則等のチェック

ハラスメントの申告が、社内のハラスメント調査委員会やコンプライアンス通報窓口になされた場合には、その制度の根拠となるハラスメント調査委員会規則等の規則に基づいて、申告者（被害者）へのフィードバックを実施する必要があります。

フィードバックの根拠規定がない場合には、後記(2)に記載する手続を参考にしてください。

申告者（被害者）が、フィードバックした結果に納得をせず、会社に再調査を求めてくることもあります。会社には、申告者（被害者）が満足の得られる結果に至るまで再調査を行う義務まではありません。しかし、申告者（被害者）から、重要な証拠の検討が抜け落ちている指摘があった場合や、新たな証拠や事情が見つかったといったケースであれば、再度、調査をする必要があります。

(2)　調査結果の要旨の開示

フィードバックについての根拠規定を欠く場合や、そもそも調査手続について適用すべき規則が存在しない場合には、調査した結果をどこまで開示する必要があるでしょうか。

この点、調査結果報告が、あまりに簡素であると、「きちんと調査してくれたのか」という不審につながります。特に調査結果が「ハラスメントに該当しない」ということになれば、相当に説得力をもった内容でないと、不信感が募り、「会社は、ハラスメントの事後対応を怠った」として紛争に拡大してしまいかねません。しかし、他方で、事情聴取の内容を詳細に開示すると、関係者のプライバシーへの配慮を欠くことになりかねません。そこで、申告者の納得感と、その他関係者のプライバシーの双方への配慮が行き届いた内容を目指すべきですが、これを考えるに当たって参考となる判例を示します。

判例（東京地判平26・7・31判時2241・95）では、会社がパワハラの申告について適切に調査をせず、判断経過等の開示を拒否したことが違法であるとの主張について、「被告Y_1は、双方に事情を聞くとともに、複数の関係者に対して当時の状況を確認するなどして適切な調査を行ったものといえる。そして、被告会社においては通報・相談内容及び調査過程で得られた個人情報やプライバシー情報を正当な事由なく開示してはならないとされていることからすると、被告Y_1において、調査結果や判断過程等の開示を文書でしなかったことには合理性があったものといえ、しかも、被告Y_1は、原告に対し、被告Y_2への調査内容等を示しながら、口頭で被告Y_2の行為がパワーハラスメントに当たらないとの判断を示すなどしていたものであって、被告Y_1に違法があったということはでき」ないと判断されました。

このように、調査結果報告書の詳細な内容までを被害者に開示する義務はありませんが、被害者の納得のために、実務的には最終結論や理由の要旨（誰がどのように供述したかまでは記載しない）を開示することが一般的です（後掲【参考書式17】参照）。書面で交付する場合には、調査報告書のうち、調査協力者や加害者のプライバシーに関わる部分を除いて、どのような調査を行い、どのような根拠や判断過程を経て結論に至ったのかを説明することがよいでしょう。

アドバイス

○被害者から再調査の要望があった場合

ハラスメント調査は、被害者が被害申告をしたことに端を発するものですが、その調査結果が、被害者の意に沿わない内容である場合、被害者から、再調査の要望が上がってくることもあります。これについて、会社は必ず対応しなければならないでしょうか。

調査結果報告を受けた被害者から意見を聴くことすら拒絶してしまうと、不満が残ってしまい紛争が拡大してしまうおそれがあるので、どのような点に不満があるのか丁寧に意見や意向を聴取しましょう。被害者から聴取をした結果、既に調査結果に反映されている事実経緯しか出てこなかった場合には、再調査の必要はないといえます。他方で、調査過程で判明しなかった「新証拠」や「新事情」が出てきて、これにより結論が変わるような場合には、再調査をすべきです。

【参考書式17】　調査結果の要旨の開示例

令和○年○月○日

甲島　緑　殿

ハラスメント調査委員会
委員長　甲本　花子

ハラスメント調査委員会における調査結果要旨のご報告

貴殿から令和○年○月○日に申告のあった、甲山太郎氏（総務部総務課）のハラスメント行為について、ハラスメント調査委員会において、調査を行いました。その結果の要旨について下記のとおりご報告いたします。

記

第１　結　論

貴殿から申告のあった甲山太郎氏の行為のうち、同氏が、メール等で複数回にわたり、貴殿をデートに誘う行為は、当社就業規則第○条○に規定する「意に反する性的言動により、当該従業員の就労環境を悪化させ、又は、心身に不調を来したもの」に該当すると判断しました。

第２　判断過程

当社懲戒審査委員会決議に基づき、外部専門家も交えたハラスメント調査委員会を構成し、貴殿から提供を受けたメール履歴・手紙等の客観資料の精査をするとともに、調査委員が貴殿・関係者・甲山太郎氏からのヒアリングをした結果に基づき、第１記載の事実があると認定しました。

以上

8 再発防止策

(1)　懲戒処分の公表

公表には再発防止や啓蒙の効果がありますが、被処分者や被害者のプライバシーへの配慮も必要です。これらを総合的に考慮して、公表の有無や内容を検討します。

(2)　アンケートの実施

定期的に、社内でハラスメント事案が発生していないかアンケートを実施することは、ハラスメント防止の契機になります。

(3)　ハラスメント防止の啓発活動

ハラスメント防止の啓発活動として、効果的なものは全社員に対する定期的な研修の実施です。また、ハラスメントを許さないというトップからの強いメッセージを発信することや、相談窓口の周知も大事です。

(4)　就業規則の見直し

各ハラスメントに関する新しい指針（令和2年厚労省告示5号及び6号）が出されたことからも、ハラスメントに関する一連の規定の見直しが必要な時期が来ています。

(1)　懲戒処分の公表

◆就業規則の根拠

社員が懲戒処分を受けた場合に、同様の行為の再発防止、他の社員への啓蒙という観点から、懲戒処分対象行為や処分内容を社内で公表することは一般的に行われており、就業規則に根拠規定がなくてもできると考えます。重大な非違行為がなされたような場合であれば、なおさら再発防止に取り組む必要があり、公表することに意義があります。

他方で、被処分者の個人情報にも配慮をする必要があります。また、懲戒対象行為がハラスメントの場合、被害者のプライバシー保護の観点も必要です。これらに配慮せずに、社内公表をした場合、それが違法であるとして、関係者から、慰謝料等の請求がなされるおそれもあります。

念のため、就業規則の懲戒規定の中に、「会社は、従業員を懲戒処分した場合、その内容を公表することができる」との条項を入れておくのがよいでしょう。

◆公表の有無・内容・方法の決定

懲戒処分を公表するかどうか、その際、どういった事項を公表するかということを検討するに当たって、人事院の「懲戒処分の公表指針について」（平15・11・10総参786）が参考になります。これは、公務員の懲戒処分の公表の指針ですが、「免職又は停職である懲戒処分については公表」することとし、公表内容については、「事案の概要、処分量定及び処分年月日並びに所属、役職段階等の被処分者の属性に関する情報」を、個人が識別されない内容のものとすることを基本として公表するものとし、「被害者又はその関係者のプライバシー等の権利利益を侵害するおそれがある場合」などは、例外的に「公表内容の一部又は全部を公表しないことも差し支えない」としています。

したがって、ハラスメントを非違行為とする懲戒処分を公表する場合には、被処分者を匿名とし、「非違行為の内容（要旨）」、「該当する懲戒処分の条項と文言」、「処分結果」といった記載にとどめておくのがよいと考えます。会社の規模にもよりますが、所属部署や役職まで記載してしまうと個人が特定されるおそれがあります。また、ハラスメント事案、特にセクハラ行為が行われた場合には、被害者保護の観点から公表をしないという選択をすることも視野に入れておきましょう。特に、被害者が公表を望まないケースでは、公表をしないという選択をしてもやむを得ないものと考えます（公表例については、後掲【参考書式18】参照）。

また、公表の方法については、①朝礼等の集まりの際に口頭で報告する方法、②社内イントラネットに掲載する方法、③電子メールで周知する方法、④社内の掲示板に掲示する方法、⑤社内報に掲載する方法も考えられます。

ただ、④社内の掲示板に載せたり、⑤社内報に掲載する方法では、会社の外部の第三者の目に触れるおそれがありますので、①ないし③の方法をとることができる場合はお勧めしません。

(2)　アンケートの実施

ハラスメントの未然防止、既発生のハラスメント案件の把握のために、アンケートを実施することは効果的な方法です。

◆実施方法

アンケートの方法としては、①紙媒体のアンケートを配布して回収する方法、②電子メール添付でアンケートデータを送受信する方法、③インターネットを利用する方法、④スマホアプリを利用する方法が考えられます。アンケートを実施する際に、その方法を誤ると、効果が半減しますので、各職場の従業員数や職種に合わせて最適な方法を選択します。

紙媒体のアンケートの配布・回収は、従業員が多数在籍する会社においては、かなりの手間です。社員全員がパソコンを利用している場合には、②や③の方法をとるのが便宜がよいでしょう。逆に、現場作業員等デスクワークをしない社員が多く在籍する会社には、②③の方法は不向きです。

④の方法は、ハラスメントに関するアンケートは、どのような社員であれ、自身のスマホを利用して簡単に回答してもらえるので便利です。ただし、秘匿性の高い情報が含まれていますので、信頼できるアンケートアプリを利用することが必須条件です。

効果的な回答が得られる内容のアンケートの質問事項については、後掲【参考書式19】から【参考書式21】を参考としてください。

◆匿名での回答

アンケートは匿名で回答できるようにする方が、ハラスメントの実態に迫ることができる可能性が高く、回答率も高くなることが期待できます。実名にこだわらず、柔軟な方法を模索しましょう。

◆不利益取扱いをしないこと

また、アンケートの回答内容いかんにより就業上不利益な取扱いがされないことをアンケートに明記して、安心してアンケートに回答してもらえるようにしましょう。

(3)　ハラスメント防止の啓発活動

ハラスメント防止の啓発活動として、①研修をすること、②トップからの強いメッセージを発信することは重要なことです。また、③相談窓口があっても利用されなければ画餅に帰するため、相談窓口の周知方法を工夫しましょう。

◆効果的な研修

一口にハラスメントの研修といっても、ハラスメントは多義的です。代表的なパワハラ・セクハラ・マタハラの三つをまとめて一括りにした研修をしている会社も多いと思われます。しかし、それぞれ性質が異なることから、同じ対象者に同じ機会にというよりは、それぞれにつき機会を分けて、じっくりと学び、考えてもらう方が効果的です。

① パワハラの研修

パワハラの研修は、セクハラとは違って「業務上不可避的に発生し得る」という点を強調し、「指導」と「パワハラ」の分岐点がどこにあるのかを具体的な事例を示しながら、理解してもらうような研修が効果的です。

また、セクハラの研修とは異なり、パワハラの研修は、役職・経験年数ごとに研修内容を変えるのがよいでしょう。特に、管理職に昇格する際に、「指導される側」から「指導する側」への転換期が訪れることから、新任管理職研修の一内容として指導の際の留意点を重点的に盛りこんだパワハラ研修を実施すべきです。

② セクハラの研修

セクハラの研修は、新入社員から役職者まで、同じ機会に同内容の研修をすることで構いません。その際には、「セクハラは業務に必要ないこと」、したがって、「完全になくすことができる類型のハラスメントであること」を強調しましょう。

そして、具体的にどのような言動がセクハラに当たるのか、そして、セクハラをした場合のペナルティについても言及し、刑事責任・民事責任・懲戒処分という厳しい処遇が待っていることを知らしめましょう。

また、性的少数者に対するハラスメントや交際型のセクハラなど新しく認知されてきた問題があることも研修内容に盛り込むべきです。

さらに、ハラスメント被害者から相談があった際の初期対応の方法について、相談者役・相談を受けた者役に分かれて、ロールプレイングをしてみることも効果的でしょう。

③ マタハラの研修

マタハラの研修は、「マタハラ」とは何かを説明する前に、社員が「妊娠・出産・育児・介護」という場面に直面した時に、どのような法制度・社内制度があるのかといった制度の認知度を上げることが大事です。

例えば、「妊娠中につわりがひどい場合には、どのような制度を利用できるのか」「産前休暇と産後休暇はどのような違いがあるのか」という質問をされても、実際、妊娠や出産を経験した社員でなければ、流ちょうに答えることはできないと思われます。マタハラが起こる原因の一つとしては、このような制度の無理解にあると考えられますので、この解消に努めます。

さらに、「妊娠・出産・育児・介護」の法制度の利用者側の心得についても言及することも必要です。妊娠した女性社員や制度利用者が、「制度を利用して当たり前である」「他の社員に業務のしわ寄せがあっても仕方ない」という態度をあからさまに出した場合には、職場内でその他の社員が不満を抱くこともあります。制度利用者側にも「ありがとう」「よろしく」という一言や、情報の共有に努めるといった姿勢が必要であるとのメッセージを発信することも必要です。

◆トップからのメッセージ

ハラスメントを許さないという経営者からの強いメッセージは、ハラスメントの防止に役立ちます。メッセージの発信の仕方としては、社内報・社内イントラネット・給与明細・ポスター等に掲載するという方法が考えられます。

◆相談窓口の周知

せっかく相談窓口を設けていても、その存在が知られていなければ、活用されません。そこで、社内報・社内イントラネット・給与明細・ポスター等を利用して、相談窓口の周知を図りましょう。周知文書については、後掲【参考書式22】が参考になります。

(4)　就業規則の見直し

ハラスメントに関する新しい指針が策定（令和2年厚労省告示5号及び6号）されたことからも、従来のハラスメントに関する規定では、十分網羅できていないことが予想されます。

以下では、厚生労働省のモデル規定をもとに、新しい指針を踏まえた規定を例示します。全体の書式例は、後掲【参考書式23】を参照してください。

①　目　的

【サンプル規定】

本規定は、就業規則第○条の規定に基づき、職場におけるパワーハラスメント、セクシュアルハラスメント及び妊娠・出産・育児休業等に関するハラスメント（以下「ハラスメント」という。）を防止するために従業員が遵守すべき事項、会社がハラスメントを防止するために行う措置の運用に関する事項を定める。なお、ここにいう従業員には、正社員のみならず、契約社員等の非正規雇用社員及び派遣社員も含まれるものとする。

・就業規則のほかに、ハラスメント防止規程を設ける前提での規定です。

② パワハラの定義

【サンプル規定】
パワーハラスメントとは、職場において行われる優越的な関係を背景とした言動であって、業務上必要かつ相当な範囲を超え、他の従業員の就業環境を害することをいう。また、性的指向・性自認に関するハラスメントや、これらを本人の意向に反して暴露するアウティング行為も該当する。なお、業務上必要かつ相当な言動を超えない注意指導・業務命令等は該当しない。

・労働施策総合推進法の改正（令和元年法律24号）及びパワハラ指針にあわせてパワハラの定義を見直しましょう。

③ セクハラの定義

【サンプル規定】
セクシュアルハラスメントとは、職場における性的な言動に対する他の従業員の対応等により当該従業員の労働条件に関して不利益を与えること又は性的な言動により他の従業員の就業環境を害することをいう。また、相手方の性的指向又は性自認に関わらないほか、異性に対する言動だけでなく、同性に対する言動も該当する。

・性的少数者・同性への性的言動もセクハラに含まれることを明記しましょう。

④ 妊娠・出産・育児休業等に関するハラスメント（マタハラ）の定義

【サンプル規定】
妊娠・出産・育児休業等に関するハラスメントとは、職場において、上司や同僚が、他の従業員の妊娠・出産及び育児等に関する制度又は措置の利用に関する言動により他の従業員の就業環境を害すること並びに妊娠・出産等により女性従業員の就業環境を害することをいう。なお、業務分担や安全配慮の観点から、客観的にみて、業務上の必要性に基づく言動によるものについては、妊娠・出産・育児休業等に関するハラスメントには該当しない。

・業務上の必要性に基づく言動が、マタハラに該当しないことを明記しましょう。
・マタハラについては、マタハラ指針・両立指針上「上司又は同僚」による言動とされていますので、それにならったサンプルとしましたが、社外の者によるハラスメントもあり得、これを防止する必要性も否定できないため、主体を「上司や同僚」に限定しないこともあり得ます。

⑤ 職場の定義

【サンプル規定】
本規定における職場とは、当該従業員が日常的に勤務する場所のみならず、従業員が業務を遂行する全ての場所をいい、また、就業時間内に限らず、実質的に職場の延長とみなされる就業時間外の時間を含むものとする。

⑥　被害者の範囲

【サンプル規定】

②③④の他の従業員とは、直接的に言動の相手方となった被害者に限らず、言動により就業環境を害された全ての従業員を含むものとする。また、被害者は、会社の従業員に限らず、②③④の言動により被害を受けた取引先の従業員、就職活動中の学生等の求職中の者等を含むものとする。

・言動の直接の相手方以外の者も被害者になり得る点を明記しましょう。また、外部に対するハラスメントも禁止するために、被害者となり得る者の範囲を付記しましょう。

⑦　ハラスメント全般の禁止

【サンプル規定】

全ての従業員は、他の従業員、取引先の従業員や求職中の者等を業務遂行上の対等なパートナーとして認め、職場における健全な秩序並びに協力関係を保持する義務を負うとともに、職場内において次の行為（※⑧⑨⑩⑪参照）をしてはならない。

⑧　パワハラ禁止

【サンプル規定】

パワーハラスメントとは、②の要件を満たす以下のような行為をいう。

(1)　殴打、足蹴りするなどの身体的攻撃

(2)　人格を否定するような発言をする精神的な攻撃

(3)　自分の意に沿わない従業員に対して、仕事を外したり、長期間にわたり、別室に隔離するなどの人間関係からの切り離し

(4)　長期間にわたり、肉体的苦痛を伴う環境で、業務に直接関係のない作業を命じるなどの過大な要求

(5)　上司が管理職である部下を退職させるために、誰でも遂行可能な業務を行わせるなどの過小な要求

(6)　集団で同僚1人に対して、職場内外で継続的に監視したり、他の従業員に接触しないように働きかけるなどの個への侵害

⑨　セクハラ禁止

【サンプル規定】

セクシュアルハラスメントとは、③の要件を満たす以下のような行為をいう。

(1)　性的及び身体上の事柄に関する不必要な質問・発言
(2)　わいせつ図画の閲覧・配布・掲示
(3)　性的な事柄に関するうわさの流布
(4)　不必要な身体への接触
(5)　性的な言動により、他の従業員の就業意欲を低下せしめ、能力の発揮を阻害する行為
(6)　交際・性的関係の強要
(7)　性的な言動への抗議又は拒否等を行った従業員に対して、解雇、不当な人事考課、配置転換等の不利益を与える行為
(8)　その他、相手方及び他の従業員に不快感を与える性的な言動

⑩　マタハラ禁止

【サンプル規定】
妊娠・出産・育児休業等に関するハラスメントとは、④の要件を満たす以下のような行為をいう。
(1)　部下の妊娠・出産、育児・介護に関する制度や措置の利用等に関し、解雇その他不利益な取扱いを示唆する言動
(2)　部下又は同僚の妊娠・出産、育児・介護に関する制度や措置の利用を阻害する言動
(3)　部下又は同僚が妊娠・出産、育児・介護に関する制度や措置を利用したことによる嫌がらせ等
(4)　部下が妊娠・出産等したことにより、解雇その他の不利益な取扱いを示唆する言動
(5)　部下又は同僚が妊娠・出産等したことに対する嫌がらせ等

⑪　上司の黙認行為

【サンプル規定】
部下である従業員が職場におけるハラスメントを受けている事実を認めながら、これを黙認する上司の行為

・セクハラ・パワハラ・マタハラの行為者のみならず、上司の黙認行為も禁止されるべき行為に列記すべきです。

⑫　懲　戒

【サンプル規定】
次の各号に掲げる場合に応じ、当該各号に定める懲戒処分を行う。
(1)　第○条第○項、第○条第○項（○）から（○）までのハラスメント行為を行った場合　譴責、減給、出勤停止又は降格

(2)　前号の行為が再度に及んだ場合、その情状が悪質と認められる場合又は第○条第○項及び第○条第○項のハラスメント行為を行った場合　懲戒解雇

・これらのほか、ハラスメント調査に対する協力義務違反行為や、調査妨害行為を懲戒事由として規定することも考えられます。

⑬　相談及び苦情への対応

【サンプル規定】
　職場におけるハラスメントに関する相談及び苦情処理の相談窓口は、本社及び各事業場に設けるものとし、その責任者は人事部長とする。人事部長は、窓口担当者の名前を人事異動等の変更の都度、周知するとともに、担当者に対する対応マニュアルの作成や対応に必要な研修を行うものとする。

・相談や苦情を受け付けた際の対応を統一化するため、窓口担当者のためのマニュアルを作成しましょう。

⑭　相談受付の対象

【サンプル規定】
　職場におけるハラスメントの被害者に限らず、全ての従業員（自らの言動がハラスメントに該当するとの指摘を受けた上司や他の従業員に対するハラスメント言動を見聞きした者等を含む。）は、顕名又は匿名にて、ハラスメント（ハラスメントに該当するか微妙な場合も含む。）の相談を相談窓口の担当者に申し出ることができる。対象となる言動は、社内の従業員の間で行われたものに限らず、社外の者と社内の従業員との間で行われたものや、社外の者と社内の従業員との間の言動で社内の従業員が見聞きしたものを含む。

・ハラスメントに該当するか微妙なケースや、社外の者が関与しているケース等、会社に相談してもよいか迷いが生じやすいケースも受け付けることを明記し、躊躇なく相談できることを周知しましょう。
・匿名でも相談をできるものとし、相談窓口の門戸を広げています。

⑮　事実調査

【サンプル規定】
　対応マニュアルに沿い、相談窓口担当者は、相談者からの事実確認の後、本社においては人事部長へ、各事業場においては所属長へ報告する。報告に基づき、人事部長又は所属長は、相談者のプライバシーに配慮した上で、事実調査を実施する。これに当たっては、必要に応じて行為者、被害者、上司その他の従業員等に事実関係を聴取し、関係する資料の提出を求める。

・ハラスメントの事実認定に必要な事情聴取の方法や証拠収集について具体的に明記しましょう。

⑯　事実調査の外部委託

【サンプル規定】
⑮の報告を受けた人事部長又は所属長は、その判断により、事実調査の一部又は全部を外部の弁護士等の専門家に依頼することができる。また、調査委員会を設置することもできる。

・ハラスメントの事実がないのに申告を繰り返す従業員といった濫用的な相談窓口利用者の対応を外部の弁護士等に委託できるようにする条項です。
・調査委員会の設置は任意とし、事実認定が難しい案件等では調査委員会を立ち上げることができるが、他方、濫用的に繰り返される申告については、調査委員会を立ち上げる必要はないこととする条項です。

⑰　調査協力義務

【サンプル規定】
⑮の事情聴取や資料の提供を求められた従業員は、正当な理由がない限り、調査に協力すべき義務を負い、事実を隠ぺいせず、真実を述べなければならない。また、聴取の対象となる事実関係や聴取を受けていることについて社内外で口外する等、会社の調査を妨害する行為をしてはならない。

・ハラスメント調査に対する従業員の協力義務と妨害禁止を明記して、事実の把握をしやすくしましょう。

⑱　事実調査の記録化

【サンプル規定】
⑮の事情聴取については、会社が準備した機器により録音して記録することを原則とし、被聴取者から提供された資料については必要に応じて保管あるいは写しの保管をするものとする。なお、被聴取者が持ち込んだ機器による録音は認めない。

・事情聴取について録音することを原則とする旨を明記し、会社の機器以外での録音禁止についても確認的に記載しています。

⑲　第三者の立会いについて

【サンプル規定】
⑮の事情聴取については、会社の指定する者以外の第三者の立会いは認めない。

・被聴取者が希望する第三者の立会いは認めないことを明記しています。

⑳　緊急措置について

【サンプル規定】
会社によるハラスメント調査を適正に進めるため又は被害拡大のおそれを避けるため

に必要と会社が判断する場合には、問題解決のための措置を講ずるまでの間、暫定的に、関係者に対し、相談者等に対する接触の禁止、執務場所の変更や自宅待機等の緊急措置を講じる。

・事後対応の決定までの暫定措置をとることを明記しています。

㉑　事後対応

【サンプル規定】
対応マニュアルに従い、所属長は、人事部長に事実関係を報告し、人事部長は問題解決のための措置として、懲戒のほか、行為者の異動等被害者の労働条件及び就業環境を改善するために必要な措置を講じる。

・ハラスメントが起こった場合の事後措置として、懲戒処分や異動があり得ることを明記しましょう。

㉒　プライバシー保護・不利益取扱いの禁止

【サンプル規定】
相談及び苦情への対応に当たっては、関係者のプライバシーは保護されるとともに、相談をしたこと又は事実関係の確認に協力したこと等を理由として不利益な取扱いは行わない。

・不利益な取扱いがなされないことを明記して、相談や事実調査への協力をしやすい環境を作りましょう。

㉓　ハラスメント相談・調査手続が非公開であること

【サンプル規定】
ハラスメントの相談及び事実調査の手続は、全て非公開とし、その過程で作成した一切の記録の開示は、会社が問題解決のため必要と判断した場合に限り、必要な部分、必要な関係者に限定して行う。

・相談・調査の非公開と、相談記録、事情聴取書、調査報告書等の非開示を明記しています。相談者や被聴取者に率直に話してもらうために必要なルールです。

㉔　再発防止の義務

【サンプル規定】
人事部長は、職場におけるハラスメント事案が生じたときは、周知の再徹底及び研修の実施、事案発生の原因の分析と再発防止等、適切な再発防止策を講じなければならない。

【参考書式18】　懲戒処分の公表例

当社は、下記のとおり従業員の懲戒処分を行ったので、就業規則第○条○項の規定に基づき、処分内容を公表します。

記

1　被処分者
　所属部非公表（男性）

2　処分の種類
　停職2か月

3　処分の日
　非公表

4　非違行為の内容
　部署の懇親会の席上で、女性社員の胸・腰を触り、口づけをしようとしたこと。

以上

【参考書式19】　ハラスメントアンケート（パワハラ）

パワハラアンケート

このアンケートは、社内において、パワハラに関する実態調査をするためのもので、今後の社内のパワハラ防止対策に役立てるために行うものです。アンケート結果によって、不利益に扱われることはありません。アンケート内容は、人事部内のみで共有し、他に情報が漏れることはありませんので、安心してご回答ください。

●　該当する項目の□にチェックを入れてください。

Ｑ１　あなたのこと（性別、雇用形態、年齢層）について
・　□男性　□女性　□その他　□無回答
・　□正社員　□正社員以外
・　□10代　□20代　□30代　□40代　□50代　□60代以上

Ｑ２　職場でのパワハラについて
(1)　職場でパワハラを受けたことがありますか。
□受けたことがある
□受けたことはない　→Ｑ２(6)～(8)へ進んでください

(2)　あなたが受けたパワハラはどのようなものでしたか。
□暴力を受ける
□物を投げられる
□感情的な叱責を受ける
□人格否定の発言をされる
□容姿や性格等でからかわれる
□悪口や陰口を言われる
□無視される
□必要な情報をもらえない
□必要のない時間外労働や休日出勤を強いられる
□こなしきれない量や内容の仕事を押し付けられる
□本来の業務より簡単すぎる業務をするように命じられる
□私生活について過度に立ち入られる
□その他（具体的に教えてください）（　　　　　　　　　　　　）

(3)　パワハラをしたのは誰でしたか。
□会社の幹部　□上司　□他部署の管理職　□同僚

□部下　□他部署の者　□取引先の者、顧客
□その他（　　　　　　　　　　　　　　　　　　　　　）

(4)　誰に相談しましたか。
□家族　→(6)へ　□友人　→(6)へ
□上司　→(5)へ　□人事課　→(5)へ　□相談窓口　→(5)へ
□その他（　　　　　　　　　　　　　　　　　　　　　）→(5)へ

(5)　上司や人事課等はどのような対応でしたか。
□相談内容を丁寧に聞いてくれた
□事情聴取の結果、会社として一定の対応をしてくれた
□相談は聞いてくれたが、厄介者のように扱われた
□当事者同士で解決するよう言われた
□その他（　　　　　　　　　　　　　　　　　　　　　）

(6)　あなたがパワハラを受けたことがない場合でも、パワハラを受けている場面を見聞きしたことはありますか。
□はい
□いいえ　→Ｑ３へ進んでください

(7)　あなたが見聞きしたパワハラはどのようなものでしたか。
□暴力を受ける
□物を投げられる
□感情的な叱責を受ける
□人格否定の発言をされる
□容姿や性格等でからかわれる
□悪口や陰口を言われる
□無視される
□必要な情報をもらえない
□必要のない時間外労働や休日出勤を強いられる
□こなしきれない量や内容の仕事を押し付けられる
□本来の業務より簡単すぎる業務をするように命じられる
□私生活について過度に立ち入られる
□その他（具体的に教えてください）（　　　　　　　　　　）

(8)　あなたが見聞きしたパワハラはどのような関係の人の間で行われていましたか。

□会社内でのパワハラ
□会社の従業員が外部の人からパワハラを受けていた
□会社の従業員が外部の人にパワハラをしていた

Ｑ３　パワハラ対策について
(1)　当社内でパワハラについての相談をどこにすればよいか知っていますか。
□知っている
□知らない　→Ｑ４へ進んでください

(2)　パワハラについて、相談窓口を利用したことがありますか。
□利用したことがある
□利用したことはない　→Ｑ４へ進んでください

(3)　相談窓口を利用した感想を教えてください。
□対応が良かったのでまた何かあれば利用しようと思う
□対応が悪かったのでもう利用しない
□その他（　　　　　　　　　　　　　　　　　　　　　　　　）

Ｑ４　職場でのパワハラ対策で会社に対して望むことは何ですか。
□役員・管理職の意識改革
□パワハラ研修
□利用しやすい相談窓口の設置
□就業規則やハラスメントの規則の充実
□その他（　　　　　　　　　　　　　　　　　　　　　　　　）

Ｑ５　職場のパワハラに関することで、気になっていることや心配なことがあれば、教えてください。
（　　　　　　　　　　　　　　　　　　　　　　　　　　　　）

Ｑ６　パワハラやこのアンケートのことで、人事部から連絡をほしいという希望がある方は、以下に、氏名等を記載してください。

（任意記載）氏名＿＿＿＿＿＿＿＿＿＿＿＿＿＿＿＿
所属部署＿＿＿＿＿＿＿＿＿＿＿＿＿＿
連絡先＿＿＿＿＿＿＿＿＿＿＿＿＿＿＿
連絡可能時間（曜日や時間帯を教えてください）
＿＿＿＿＿＿＿＿＿＿＿＿＿＿＿＿＿＿＿＿

【参考書式20】　ハラスメントアンケート（セクハラ）

セクハラアンケート

このアンケートは、社内において、セクハラに関する実態調査をするためのもので、今後の社内のセクハラ防止対策に役立てるために行うものです。アンケート結果によって、不利益に扱われることはありません。アンケート内容は、人事部内のみで共有し、他に情報が漏れることはありませんので、安心してご回答ください。

● 該当する項目の□にチェックを入れてください。

Ｑ１　あなたのことについて

・□男性　□女性　□その他　□無回答
・□正社員　□正社員以外
・□10代　□20代　□30代　□40代　□50代　□60代以上

Ｑ２　職場でのセクハラについて

(1)　職場でセクハラを受けたことがありますか。

□受けたことがある
□受けたことはない　→Ｑ２(6)～(8)へ進んでください

(2)　あなたが受けたセクハラはどのようなものでしたか。

□他人の体つきについてあれこれ言う
□性的なからかい、冗談を言う
□肩、手、髪に触る
□胸やお尻に触る
□自分の体を触らせる
□自分の恋人との性生活等の性的体験談を話す
□職場の宴会でお酌をしてもらう
□女性従業員にのみお茶くみを要求する
□「おじさん」「おばさん」「お局さん」「○○くん」「○○ちゃん」と呼ぶ
□「男のくせに」「女のくせに」と言う
□「結婚はまだか」「子どもを作らないのか」と尋ねる
□パソコンのデスクトップ画面に、水着姿の女性・男性の写真を掲示する
□雑誌やスポーツ新聞を広げ、ヌード写真が見えるように読む

□嫌がられているのに、執拗に食事やデートに誘う
□職場で、「昨日のホステスかわいかったな」などと話す
□その他（具体的に教えてください）（　　　　　　　　　　　　）

(3)　セクハラをしたのは誰でしたか。
□会社の幹部　□上司　□他部署の管理職　□同僚
□部下　□他部署の者　□取引先の者、顧客
□その他（　　　　　　　　　　　　　　　　　　　　）

(4)　誰に相談しましたか。
□家族　→(6)へ　□友人　→(6)へ
□上司　→(5)へ　□人事課　→(5)へ　□相談窓口　→(5)へ
□その他（　　　　　　　　　　　　　　　　　　　　）→(5)へ

(5)　上司や人事課等はどのような対応でしたか。
□相談内容を丁寧に聞いてくれた
□事情聴取の結果、会社として一定の対応をしてくれた
□相談は聞いてくれたが、厄介者のように扱われた
□当事者同士で解決するよう言われた
□その他（　　　　　　　　　　　　　　　　　　　　）

(6)　あなたがセクハラを受けたことがない場合でも、セクハラを受けている場面を見聞きしたことはありますか。
□はい
□いいえ　→Ｑ３へ進んでください

(7)　あなたが見聞きしたセクハラはどのようなものでしたか。
□他人の体つきについてあれこれ言う
□性的なからかい、冗談を言う
□肩、手、髪に触る
□胸やお尻に触る
□自分の体を触らせる
□自分の恋人との性生活等の性的体験談を話す
□職場の宴会でお酌をしてもらう
□女性従業員にのみお茶くみを要求する
□「おじさん」「おばさん」「お局さん」「○○くん」「○○ちゃん」と呼ぶ

□「男のくせに」「女のくせに」と言う
□「結婚はまだか」「子どもを作らないのか」と尋ねる
□パソコンのデスクトップ画面に、水着姿の女性・男性の写真を掲示する
□雑誌やスポーツ新聞を広げ、ヌード写真が見えるように読む
□嫌がられているのに、執拗に食事やデートに誘う
□職場で、「昨日のホステスかわいかったな」などと話す
□その他（具体的に教えてください）（　　　　　　　　　　　　　　　　　）

(8)　あなたが見聞きしたセクハラはどのような関係の人の間で行われていましたか。
□会社内でのセクハラ
□会社の従業員が外部の人からセクハラを受けていた
□会社の従業員が外部の人にセクハラをしていた

Ｑ３　セクハラ対策について
(1)　当社内でセクハラについての相談をどこにすればよいか知っていますか。
□知っている
□知らない　→Ｑ４へ進んでください

(2)　セクハラについて、相談窓口を利用したことがありますか。
□利用したことがある
□利用したことはない　→Ｑ４へ進んでください

(3)　相談窓口を利用した感想を教えてください。
□対応が良かったのでまた何かあれば利用しようと思う
□対応が悪かったのでもう利用しない
□その他（　　　　　　　　　　　　　　　　　　　　　　　　　　　　　）

Ｑ４　職場でのセクハラ対策で会社に対して望むことは何ですか。
□役員・管理職の意識改革
□セクハラ研修
□利用しやすい相談窓口の設置
□就業規則やハラスメントの規則の充実
□その他（　　　　　　　　　　　　　　　　　　　　　　　　　　　　　　）

Ｑ５　職場のセクハラに関することで、気になっていることや心配なことがあれば、教えてください。

（　　　　　　　　　　　　　　　　　　　　　　　　　　　　　　　　　　）

Ｑ６　セクハラやこのアンケートのことで、人事部から連絡をほしいという希望がある方は、以下に、氏名等を記載してください。

（任意記載）氏　名＿＿＿＿＿＿＿＿＿＿＿＿＿＿＿＿＿＿＿＿

所属部署＿＿＿＿＿＿＿＿＿＿＿＿＿＿＿＿＿＿

連絡先＿＿＿＿＿＿＿＿＿＿＿＿＿＿＿＿＿＿＿

連絡可能時間（曜日や時間帯を教えてください）

＿＿＿＿＿＿＿＿＿＿＿＿＿＿＿＿＿＿＿＿＿＿＿

【参考書式21】　ハラスメントアンケート（妊娠・出産・育児休業等に関するハラスメント（マタハラ等））

妊娠・出産・育児休業等に関するハラスメントアンケート

このアンケートは、社内において、いわゆるマタハラ等（妊娠・出産・育児休業等に関するハラスメント）に関する実態調査をするためのもので、今後の社内のハラスメント防止対策に役立てるために行うものです。アンケート結果によって、不利益に扱われることはありません。アンケート内容は、人事部内のみで共有し、他に情報が漏れることはありませんので、安心してご回答ください。

● 該当する項目の□にチェックを入れてください。

Ｑ１　あなたのこと（性別、雇用形態、年齢層）について

・　□男性　□女性　□その他　□無回答

・　□正社員　□正社員以外

・　□10代　□20代　□30代　□40代　□50代　□60代以上

Ｑ２　会社内の妊娠した女性社員のための制度について

(1)　妊娠中の女性社員に対して、以下のような制度があることを知っていますか。知っているものに☑をつけてください（複数回答可）。

□産前休業制度（産前42日、多胎妊娠の場合は98日）

□産後休業制度（産後56日）

□つわりが重い等の場合の医師から指導を受けた場合の軽易な業務への転換制度

□医師から指導を受けた場合の休憩時間の延長の制度

□妊婦検診を受診する場合の休暇制度

□流産や早産のおそれのある場合の休業の制度

□医師から指導を受けた場合の通勤の緩和制度（時差出勤、短縮勤務）

(2)　妊娠中の女性社員に対し、以下のような言動をすることは許されると思いますか。許されると思うものに○、許されないと思うものに×を付けてください。

(　)妊娠したことを理由として退職をしてもらう

(　)現時点では体調が悪くないが、悪化すると困るので、仕事を与えない

(　)業務上の理由から、妊婦検診の日程について調整をお願いする

(　)妊娠すると仕事が制限されるため、降格や減給を行う

(　)妊娠すると責任を持って仕事ができないために、管理職から外れてもらう
(　)妊娠中の女性社員の体調が悪そうなので、相談の上、業務量を調整する
(　)出産後は育児に専念すべきであるため、退職を勧める

(3)　妊娠中の女性社員に対し、会社内で不利益な言動が行われていることを見聞きした出来事があれば教えてください。あなた自身の体験でも構いません。
(　　　　　　　　　　　　　　　　　　　　　　　　　　　　　)

Ｑ３　会社内の育児に関する制度について
(1)　育児中の社員について以下のような制度があることを知っていますか。知っているものに☑をつけてください（複数回答可）。
□女性社員のための育児休業制度
□男性社員のための育児休業制度
□育児のための勤務時間の短縮措置の制度
□お子さんが病気の場合の看護休暇の制度

(2)　育児中の社員に対して、以下のような言動をすることは許されると思いますか。許されると思うものに○を、許されないと思うものに×を付けてください。
(　)女性社員は育児に専念すべきであるため、会社を辞めるように勧める
(　)育児休業を取得した男性社員を管理職から外す
(　)部署内の業務が忙しいため、育児休暇を取らないように言う
(　)育児中の社員は休むことが多いため、仕事を与えないようにする
(　)育児のため短時間勤務を希望している社員に対し、「周りのことを考えるように」と言い、フルタイム勤務を要望する

(3)　育児中の社員（男女問わない）に対し、会社内で不利益な言動が行われていることを見聞きした出来事があれば教えてください。あなた自身の体験でも構いません。
(　　　　　　　　　　　　　　　　　　　　　　　　　　　　　)

Ｑ４　会社内の介護に関する制度について
(1)　介護を要する家族がいる社員について以下のような制度があることを知っていますか。知っているものに☑をつけてください（複数回答可）。
□介護休暇
□介護のための勤務時間の短縮措置の制度
□介護のための看護休暇の制度

(2)　家族を介護中の社員に対して、以下のような言動をすることは許されると思いますか。許されると思うものに○を、許されないと思うものに×を付けてください。

(　)介護に専念すべきであるため、会社を辞めるように勧める

(　)介護休業を取得した社員を管理職から外す

(　)部署内の業務が忙しいため、介護休暇を取らないように言う

(　)家族を介護中の社員は休むことが多いため、仕事を与えないようにする

(　)介護のため短時間勤務を希望している社員に対し、「周りのことを考えるように」と言い、フルタイム勤務を要望する

(3)　家族を介護中の社員（男女問わない）に対し、会社内で不利益な言動が行われていることを見聞きした出来事があれば教えてください。あなた自身の体験でも構いません。

（　　　　　　　　　　　　　　　　　　　　　　　　　　　　）

Q５　マタハラ等の対策について

(1)　当社内でマタハラ等についての相談をどこにすればよいか知っていますか。

□知っている

□知らない　→Ｑ６へ進んでください

(2)　マタハラ等について、相談窓口を利用したことがありますか。

□利用したことがある

□利用したことはない　→Ｑ６へ進んでください

(3)　相談窓口を利用した感想を教えてください。

□対応が良かったのでまた何かあれば利用しようと思う

□対応が悪かったのでもう利用しない

□その他（　　　　　　　　　　　　　　　　　　　　　）

Q６　マタハラ等の対策で会社に対して望むことは何ですか。

□役員・管理職の意識改革

□ハラスメント研修

□利用しやすい相談窓口の設置

□就業規則やハラスメントの規則の充実

□その他（　　　　　　　　　　　　　　　　　　　　　　）

Ｑ７　職場のマタハラ等に関することで、気になっていることや心配なことがあれば、教えてください。

（　　　　　　　　　　　　　　　　　　　　　　　　　　　　　　　　）

Ｑ８　マタハラ等やこのアンケートのことで、人事部から連絡をほしいという希望がある方は、以下に、氏名等を記載してください。

（任意記載）氏　名＿＿＿＿＿＿＿＿＿＿＿＿＿＿＿＿＿＿

所属部署＿＿＿＿＿＿＿＿＿＿＿＿＿＿＿＿＿

連絡先＿＿＿＿＿＿＿＿＿＿＿＿＿＿＿＿＿＿

連絡可能時間（曜日や時間帯を教えてください）

＿＿＿＿＿＿＿＿＿＿＿＿＿＿＿＿＿＿＿＿＿＿

【参考書式22】　相談窓口の周知文書

パワハラ・セクハラ・妊娠・出産・育児休業等に関するハラスメント（マタハラ）の相談窓口を、以下のとおり設置しています。ご自身のことでなくても構いませんので、安心してご相談ください。秘密は守ります。また、相談したことを理由に解雇・降格等の不利益取扱いを受けることはありません。

1　相談窓口

人事部長	甲田（内線○○、メールアドレス○○）
人事部主任	乙手（内線○○、メールアドレス○○）
総務部長	丙崎（内線○○、メールアドレス○○）
総務部主任	丁崎（内線○○、メールアドレス○○）
外部委託弁護士	甲阪花子（電話番号○○）

2　受付時間　月曜日から金曜日まで　午前9時～午後5時

★こんな場合どうすれば？

・上司からの言動に悩んでいるが、ハラスメントと言えるのか判断がつかない。
→ハラスメントかどうかにかかわらず悩みを相談してください。

・同僚からの言動に悩んでいる。
→上司ではない同僚（先輩も含む）からの言動でも悩みを相談してください。

・取引先の人からハラスメントを受けたが、会社に相談していいものだろうか。
→それも職場で起こった問題です。迷わず相談してください。

・同僚がハラスメントを受けているが、本人は相談するつもりはなさそうだ。
→周囲が力になって解決できることもあります。是非相談してください。

・部下から「パワハラで訴える」と言われてしまい、指導の仕方に迷う。
→「ハラスメントをした」と言われている社員からの相談もお聞きします。

・匿名で相談をしたい。
→まずは連絡ください。あなたの意向に反して、あなたが誰であるかを詮索したり、あなたから相談があったことを他に知らせたりはしません。

【参考書式23】　ハラスメント防止規程例

※当該規定は、就業規則に別途「委任規定」を設けた場合の規定例です。

＜就業規則の委任規定＞

第○条　職場におけるパワーハラスメント、セクシュアルハラスメント及び妊娠・出産・育児休業等に関するハラスメントについては、第○条（服務規律）及び第○条（懲戒）のほか、詳細は「ハラスメント防止規程」により別に定める。

＜詳細について定めた別の規程＞

―　ハラスメント防止規程　―

（目　的）

第１条　本規程は、就業規則第◯条の規定に基づき、職場におけるパワーハラスメント、セクシュアルハラスメント及び妊娠・出産・育児休業等に関するハラスメント（以下「ハラスメント」という。）を防止するために従業員が遵守すべき事項、会社がハラスメントを防止するために行う措置の運用に関する事項を定める。なお、ここにいう従業員には、正社員のみならず、契約社員等の非正規雇用社員及び派遣社員も含まれるものとする（※）。

※非正規社員も対象となることを明記します。

（ハラスメントの定義）

第２条　パワーハラスメントとは、職場において行われる優越的な関係を背景とした言動であって、業務上必要かつ相当な範囲を超え、他の従業員の就業環境を害することをいう。また、性的指向・性自認に関するハラスメントや、これらを本人の意向に反して暴露するアウティング行為も該当する。なお、業務上必要かつ相当な言動を超えない注意指導・業務命令等は該当しない（※）。

※労働施策総合推進法の改正（令和元年法律24号）に対応した定義を用います。性的少数者に関する言動がパワハラに該当することも明記します。業務上の必要性がある言動は、パワハラに該当しないことを注記します。

２　セクシュアルハラスメントとは、職場における性的な言動に対する他の従業員の対応等により当該従業員の労働条件に関して不利益を与えること又は性的な言動により他の従業員の就業環境を害することをいう。また、相手の性的指向又は性自認の状況に関わらないほか、異性に対する言動だけでなく、同性に対する言動も該当する（※）。

※性的少数者や同性への性的言動もセクハラに含まれることを明記します。

3　妊娠・出産・育児休業等に関するハラスメントとは、職場において、上司や同僚が、他の従業員の妊娠・出産及び育児等に関する制度又は措置の利用に関する言動により他の従業員の就業環境を害すること並びに妊娠・出産等に関する言動により女性従業員の就業環境を害することをいう。なお、業務分担や安全配慮の観点から、客観的にみて、業務上の必要性に基づく言動によるものについては、妊娠・出産・育児休業等に関するハラスメントには該当しない（※）。

※業務上の必要性に基づく言動はハラスメントに該当しないことを明記します。

4　第1項から第3項の職場とは、当該従業員が日常的に勤務する場所のみならず、従業員が業務を遂行する全ての場所をいい、また、就業時間内に限らず、実質的に職場の延長とみなされる就業時間外の時間を含むものとする。

5　第1項から第3項の他の従業員とは、直接的な言動の相手方となった被害者に限らず、言動により就業環境を害された全ての従業員を含むものとする（※）。

※直接的な言動の相手方以外も被害者となり得る点は、セクハラに限らず、全ハラスメントに共通します。

6　職場におけるハラスメントの被害者は、会社の従業員に限らず、第1項から第3項の言動により被害を受けた取引先の従業員、就職活動中の学生等の求職中の者等を含むものとする（※）。

※外部に対するハラスメントも禁止するために、被害者となり得る者の範囲を明記します。

（禁止行為）

第３条　全ての従業員は、他の従業員（第2条第6項のとおり、広く、取引先の従業員や求職中の者を含む。）を業務遂行上の対等なパートナーとして認め、職場における健全な秩序並びに協力関係を保持する義務を負うとともに、職場内において次の第2項から第5項に掲げる行為をしてはならない。

2　パワーハラスメント（第2条第1項の要件を満たす以下のような行為）

パワーハラスメントとは、第2条第1項の要件を満たす以下のような行為をいう。

①　殴打、足蹴りするなどの身体的攻撃

②　人格を否定するような発言をする精神的な攻撃

③　自分の意に沿わない従業員に対して、仕事を外したり、長期間にわたり、別室に隔離するなどの人間関係からの切り離し

④　長期間にわたり、肉体的苦痛を伴う環境で、業務に直接関係のない作業を命じるなどの過大な要求

⑤　上司が管理職である部下を退職させるために、誰でも遂行可能な業務を行わせるなどの過小な要求

⑥　集団で同僚1人に対して、職場内外で継続的に監視したり、他の従業員に接触しないように働きかけるなどの個への侵害

3　セクシュアルハラスメント（第2条第2項の要件を満たす以下のような行為）

セクシュアルハラスメントとは、第2条第2項の要件を満たす以下のような行為をいう。

①　性的及び身体上の事柄に関する不必要な質問・発言

②　わいせつ図画の閲覧、配付、掲示

③　性的な事柄に関するうわさの流布

④　不必要な身体への接触

⑤　性的な言動により、他の従業員の就業意欲を低下せしめ、能力の発揮を阻害する行為

⑥　交際・性的関係の強要

⑦　性的な言動への抗議又は拒否等を行った従業員に対して、解雇、不当な人事考課、配置転換等の不利益を与える行為

⑧　その他、相手方及び他の従業員に不快感を与える性的な言動

4　妊娠・出産・育児休業等に関するハラスメント（第2条第3項の要件を満たす以下のような行為）

妊娠・出産・育児休業等に関するハラスメントとは、第2条第3項の要件を満たす以下のような行為をいう。

①　部下の妊娠・出産、育児・介護に関する制度や措置の利用等に関し、解雇その他不利益な取扱いを示唆する言動

②　部下又は同僚の妊娠・出産、育児・介護に関する制度や措置の利用を阻害する言動

③　部下又は同僚が妊娠・出産、育児・介護に関する制度や措置を利用したことによる嫌がらせ等

④　部下が妊娠・出産等したことにより、解雇その他の不利益な取扱いを示唆する言動

⑤　部下又は同僚が妊娠・出産等したことに対する嫌がらせ等

5　部下である従業員が職場におけるハラスメントを受けている事実を認めながら、これを黙認する上司の行為

（懲　戒）

第４条　次の各号に掲げる場合に応じ、当該各号に定める懲戒処分を行う。

①　本規程第3条第2項又は第3条第3項①から⑤までのいずれか若しくは⑧及び第3条第4項、第3条第5項の行為を行った場合

就業規則第○条第1項①から④までに定める譴責、減給、出勤停止又は降格

②　前号の行為が再度に及んだ場合、その情状が悪質と認められる場合又は第3条第3項⑥、⑦の行為を行った場合

就業規則第○条第1項⑤に定める懲戒解雇

（相談及び苦情への対応）

第５条　職場におけるハラスメントに関する相談及び苦情処理の相談窓口は、本社及び各事業場で設けるものとし、その責任者は人事部長とする。人事部長は、窓口担当者の名前を人事異動等の変更の都度、周知するとともに、担当者に対する対応マニュアルの作成や対応に必要な研修を行うものとする（※）。

※相談や苦情を受け付けた際の対応を統一化するため、窓口担当者のためのマニュアルを作成しましょう。

2　職場におけるハラスメントの被害者に限らず、全ての従業員（自らの言動がハラスメントに該当するとの指摘を受けた上司や他の従業員に対するハラスメント言動を見聞きした者等を含む。）は、顕名又は匿名にて、ハラスメント（ハラスメントに該当するか微妙な場合も含む。）の相談を相談窓口の担当者に申し出ることができる。対象となる言動は、社内の従業員の間で行われたものに限らず、社外の者と社内の従業員との間で行われたものや、社外の者と社内の従業員との間の言動で社内の従業員が見聞きしたものを含む（※）。

※上司や周囲でハラスメントを見聞きした従業員等も相談ができることを明記します。パワハラ・セクハラ・マタハラ指針に従い、ハラスメントに該当するか否か微妙なケースも対応することを明記します。社外の者から又は社外の者へのハラスメントも、社内の相談窓口に相談できることを付記します。

3　対応マニュアルに沿い、相談窓口担当者は、相談者からの事実確認の後、本社においては人事部長へ、各事業場においては所属長へ報告する。報告に基づき、人事部長又は所属長は、相談者のプライバシーに配慮した上で、事実調査を実施する。これに当たっては、必要に応じて行為者、被害者、上司その他の従業員等に事実関係を聴取し、関係する資料の提出を求める（※）。

※メール・ＳＮＳのやり取り等の証拠となるものの提供を求めることを明記します。

4　前項の報告を受けた人事部長又は所属長は、その判断により、事実調査の一部又は全部を外部の弁護士等の専門家に依頼することができる（※）。また、調査委員会を設置することもできる。

※外部の専門家に調査を委託できるようにして、濫用的な窓口利用への対応を明記します。

5　第3項の事情聴取や資料の提供を求められた従業員は、正当な理由がない限り、調査に協力すべき義務を負い、事実を隠ぺいせず、真実を述べなければならない（※）。また、聴取の対象となる事実関係や聴取を受けていることについて社内外で口外する等、会社の調査を妨害する行為をしてはならない。

※調査協力義務があることをより具体的に明記します。

6　第3項の事情聴取については、会社が準備した機器により録音して記録することを原則とし、被聴取者から提供された資料については必要に応じて保管あるいは写しの保管をするものとする。なお、被聴取者が持ち込んだ機器による録音は認めない。

7　第3項の事情聴取については、会社の指定する者以外の第三者の立会いは認めない。

8　会社によるハラスメント調査を適正に進めるため又は被害拡大のおそれを避けるために必要と会社が判断する場合には、問題解決のための措置を講じるまでの間、暫定的に、関係者に対し、相談者等に対する接触の禁止、執務場所の変更や自宅待機等の緊急措置を講じる。

9　対応マニュアルに沿い、所属長は、人事部長に事実関係を報告し、人事部長は、問題解決のための措置として、第4条による懲戒のほか、行為者の異動等被害者の労働条件及び就業環境を改善するために必要な措置を講じる。

10　相談及び苦情への対応に当たっては、関係者のプライバシーは保護されるとともに、相談をしたこと又は事実関係の確認に協力したこと等を理由として不利益な取扱いは行わない（※）。

※相談や協力をしたことにより、不利益取扱いをしないことを明記します。

11　ハラスメントの相談及び事実調査の手続は、全て非公開とし、その過程で作成した一切の記録の開示は、会社が問題解決のため必要と判断した場合に限り、必要な部分、必要な関係者に限定して行う。

（再発防止の義務）

第６条　人事部長は、職場におけるハラスメント事案が生じたときは、周知の再徹底及び研修の実施、事案発生の原因の分析と再発防止等、適切な再発防止策を講じなければならない。

（その他）

第７条　妊娠・出産・育児休業等に関する否定的な言動は、妊娠・出産・育児休業等に関するハラスメントの発生の原因や背景となり得ること、また、性別役割分担意識に基づく言動はセクシュアルハラスメントの発生の原因や背景となり得ることから、このような言動を行わないように注意するものとする。

附則　令和○年○月○日より実施

第 3 章

紛争への対応

第１　労働者から、ハラスメントに基づく懲戒解雇の無効を争われたケース

＜フローチャート～労働者から、ハラスメントに基づく懲戒解雇の無効を争われたケース＞

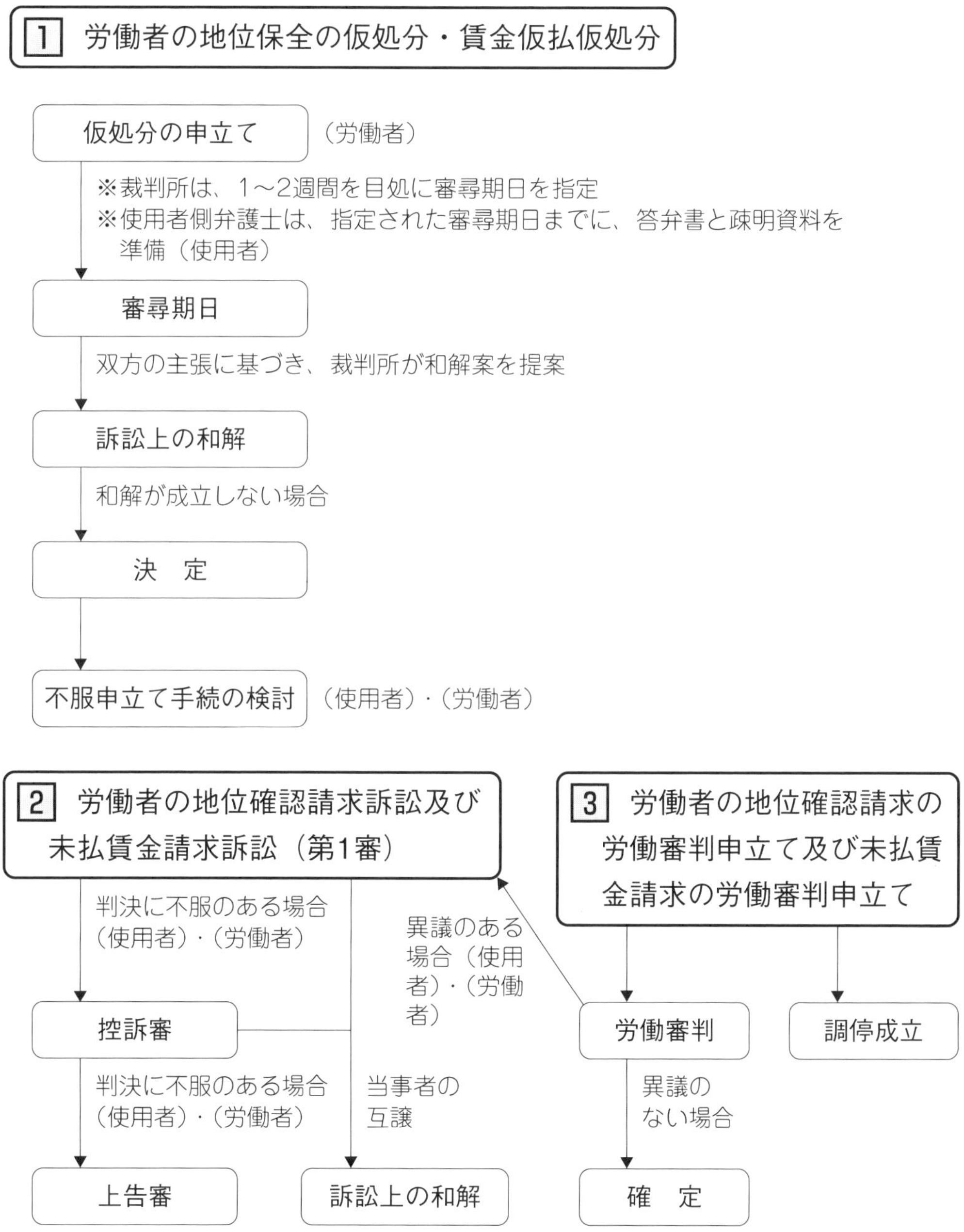

1　労働者の地位保全の仮処分・賃金仮払仮処分

職場で発生したハラスメント事案について、加害者と認定された労働者を懲戒解雇したところ、当該労働者から、「労働者の地位保全の仮処分」「賃金仮払仮処分」手続が申し立てられたというケース（以下「設例」といいます。）を想定して、手続の流れをみていきましょう。

(1)　労働者の地位保全の仮処分・賃金仮払仮処分の手続の流れ

労働者の地位保全の仮処分や賃金仮払仮処分は、迅速性が求められる保全手続であるため、タイトなスケジュールで行われます。

(2)　賃金仮払仮処分

使用者は、懲戒解雇の有効性の主張とともに、賃金仮払の必要性（債権者の経済的困窮の事情）の疎明がないことの主張も行います。

(3)　労働者の地位保全の仮処分

地位保全の仮処分は、賃金仮払の仮処分と併せて申し立てられることが多い手続です。賃金仮払が認められれば、特段の事情のない限り、地位保全を認める必要性がないとして、地位保全の仮処分申立ては、却下されます。

(1)　労働者の地位保全の仮処分・賃金仮払仮処分の手続の流れ

◆労働者からの申立て

仮処分手続は、労働者が、本案を管轄する裁判所（民保12①③）に、申立書と疎明資料を提出することで始まります。一般的には、管轄裁判所は、労働者の住所を管轄する地方裁判所や、使用者の本店や営業所の所在地を管轄する地方裁判所になります。東京や大阪の大規模庁では、労働専門部において労働保全事件が取り扱われます。

申立書には、申立ての「趣旨」と、「保全すべき権利又は権利関係」（設例によれば、懲戒解雇が無効であり雇用契約上の権利を有する地位にあること）及び「保全の必要性」（経済的に困窮していること）が記載されます。そして、これらの記載の疎明資料として、雇用契約書、給与に関する資料、懲戒解雇の通知書、債権者の陳述書等が提出されます。

◆申立書・疎明資料・呼出状の送達

仮処分手続では、債務者である使用者の審尋をすることが必要です。したがって、債務者（使用者）は裁判所に実際に出頭しなければなりません。

しかし、第1回審尋期日は、裁判所が債権者（労働者）のみの都合を聞いた上で決められます。そして、債務者（使用者）は、裁判所から送付された審尋期日の呼出状、申立書・疎明資料を受領して初めて、仮処分手続が開始したことや第一回審尋期日の日程を知ることとなります。

審尋期日は、申立てから1～2週間後の日を目途に決められるというタイトなスケジュールとなっていますので、呼出状を受け取った債務者（使用者）は、すぐに、顧問弁護士等に連絡をとり、代理人への委任手続、申立書に対する答弁書の準備、反論のための疎明資料の準備に着手せねばなりません。疎明資料としては、例えば、懲戒解雇が有効であることの資料として、債権者（労働者）のハラスメント及びその後の処遇に関して、事情をよく知る担当者の陳述書等を準備します。そして、審尋期日に先立って指定された日までに、答弁書と疎明資料を提出します。

なお、弁護士に代理人を依頼しない場合には、使用者が法人であれば、審尋期日には、代表者（代表権ある取締役、理事等）が出頭しなければならないことに注意が必要です。地方裁判所で行われる仮処分手続では、代表権のない人事部や法務部の担当者が法人の代理人となることはできませんので、注意を要します。

◆審尋期日

審尋期日は、債権者（労働者）・債務者（使用者）同席の上で、裁判官から、主張や疎明資料に関して、質問がなされ、出席した代表者や代理人がこれに応答します。

審尋期日は非公開の手続であり、通常の裁判の証人尋問のような厳格な手続ではありませんが、裁判官から、ハラスメントの内容・その後の処遇について、具体的な質疑がなされることがあるため、これらの説明を口頭でできるように準備をしておく必要があります。疎明資料としての陳述書を作成した担当者は、「当事者のため事務を処理し、又は補助する者で、裁判所が相当と認めるもの」（民保9）と認められた場合には、審尋期日に同席することができますので、この担当者が審尋期日に出席し、口頭の補足説明もできるようにしておくのがよいでしょう。

審尋期日は、大抵1～2週間おきに開かれ、期日と期日との間に主張の補充や疎明資料の提出を行います。

◆仮処分における和解

仮処分手続においても、和解による解決を図ることができます。

仮処分手続における和解も訴訟上の和解であり、これを審尋期日調書に記載したときは、「その記載は、確定判決と同一の効力」を有します。

審尋期日調書は債務名義となりますので、当事者が履行しなければ、強制執行をされるリスクがあります。

◆決　定

審尋期日を経て、和解に至らない場合、決定がなされます。

申立てに理由があり、仮処分を認める場合は仮処分決定（保全命令）がなされ、申立てに理由がない場合は、却下決定がなされます。

◆不服申立て

ア　債権者（労働者）の不服申立手続

債権者（労働者）の仮処分申立てを却下する決定に対しては、債権者は、告知を受けた日から2週間以内に、即時抗告を申し立てることができます（民保19①）。当該申立てがなされた場合、債務者（使用者）は、即時抗告申立書の内容について、高等裁判所に対し、反論のための答弁書や新たな疎明資料を提出します。

ただし、債権者は、却下決定に不服がある場合でも、即時抗告はせずに、本案としての地位確認請求訴訟を提起することもできますので、本案でのみ紛争が続くという場合もあります。

債権者の即時抗告を却下する裁判に対し、再抗告がなされることはありませんが、最高裁判所への特別抗告（民訴336）・許可抗告（民訴337）がなされる場合があります。

イ　債務者（使用者）の不服申立手続

（ア）　保全異議（民保26）

仮処分決定（保全命令）が出された場合、債務者は、保全異議を申し立てることができます。これは仮処分決定を発令した裁判所に対して行います。申立期間の制限はありません。

債務者（使用者）として、注意を要する点は、保全異議の申立てには保全執行を停止する効力がないことです。したがって、賃金仮払仮処分命令が発令された場合には、保全異議と併せて保全執行停止の申立て（民保27）をして、債務者（使用者）の資産（預金や売掛金や不動産等）に対する強制執行（民保52①）を停止しなければなりません。ただし、一旦、賃金仮払仮処分命令が発令された後に、強制執行停止決定を得ることは困難であると予想されます。したがって、債務者（使用者）としては、即座に任意弁済の申出をして、強制執行を避けるという手段も検討しておきましょう。

（イ）　保全取消し（民保37①③）

①　本訴を提起しない場合等（民保37）

債権者が本訴を提起しない場合等においては、債務者は、仮処分決定を発令裁判所に対し、保全取消しの申立てをすることができます。

②　事情変更の場合（民保38）

債務者は、仮処分決定後に事情変更が生じた場合、発令裁判所あるいは本案裁判所に対し、保全取消しの申立てをすることができます。

③　特別の事情がある場合（民保39）

仮処分決定によって償うことのできない損害を生ずるおそれがあるときその他の特別の事情がある場合、発令裁判所あるいは本案裁判所に対し、債務者は保全取消しの申立てをすることができます。この場合は、債務者が担保を立てることが条件となります。

いずれも申立ての期間に制限はありません。また、保全取消しにも、保全執行を停止する効力はないため、強制執行を停止するためには、併せて保全執行停止の申立ても行う必要があります（民保40①・27）。

ウ　保全抗告（民保41①）

保全異議・保全取消しに対する不服申立手段として、保全抗告手続があります。裁判の送達を受けた日から2週間以内に申し立てなければなりません。

保全抗告についての裁判に不服がある場合の再抗告は認められていませんが、最高裁判所への特別抗告や許可抗告ができる場合もあります。

アドバイス

○不服申立手続が労働者と使用者で異なるため注意を

仮処分の判断（却下若しくは仮処分決定）がなされた場合に、不服申立てをする手段が、労働者と使用者で異なりますので、不服申立てをする方法を間違えないように注意しましょう。

また、賃金仮払命令が発令された場合には、使用者の取引先銀行の預金や取引先の売掛金に強制執行（民保52①）がなされるおそれがあります。仮処分命令の発令は、判決とは異なり、事前に発令日を指定するといった手続はとられていません。したがって、仮処分の審尋手続が終わり、発令がなされる状態になった場合には、保全執行停止の申立て（民保27）の準備をしておかないと、信用不安を招くことになります。ただし、一旦、仮処分命令が発令された後に、保全執行停止が認められることは困難であることが予想されるため、使用者は、債権者（労働者）に即座に任意弁済の申出をし、強制執行に至らないようにすることも検討しましょう。

(2)　賃金仮払仮処分

使用者の反論としては、「保全すべき権利又は権利関係」（設例によれば、懲戒解雇が無効であり雇用契約上の権利を有する地位にあること）の疎明がないとして争うことが重要です。もっとも、仮処分手続では、債権者の立証の程度は「疎明」で足りるとされているため、地位確認の主張が、認められてしまうことも想定しておくべきです。そこで、もう一つの要件である「保全の必要性」の疎明がないとの主張も漏れなく行わねばなりません。

金員の仮払仮処分は、「争いがある権利関係について債権者に生ずる著しい損害又は急迫の危険を避けるため」（民保23②）にする暫定的な措置であるため、債権者（労働者）が、本案判決の確定を待っていたのでは、その生計を維持できないほど経済的に困窮していることの疎明が必要となります。

したがって、「保全の必要性」に対する使用者の反論準備としては、債権者（労働者）から、家計収支に関する資料（生活費・住宅ローン・家賃・学費・治療費・アルバイト代等が分かる資料）、資産状況に関する資料（預金通帳・不動産登記事項証明書等）、親族や支援団体の援助の有無や額が分かる資料が疎明資料として提出されているかを確認します。それらが提出されていなければ、「保全の必要性」の疎明がなされていないとの反論を行うことが効果的です。

なお、仮払を命じられるとしても、在職時の月額賃金の全額が認められるわけではありません。そして、仮払の期間も、本案の審理期間が1年程度であること等の理由から、1年間といった期間に限られることが多いでしょう。

(3)　労働者の地位保全の仮処分

地位保全の仮処分は、賃金仮払の仮処分と併せて申し立てられることが多い手続です。ただし、賃金仮払が認められれば、特段の事情のない限り、地位保全を認める必要性がないとして、地位保全の仮処分申立ては、却下されます。

したがって、地位保全の仮処分が申し立てられた場合には、使用者としては、福利厚生や社会保険の受給、在留資格の取得、研究活動の継続、企業組合活動をするために必要であるといった特段の事情の主張や疎明がないことを指摘し、「保全の必要性」が疎明されていないとの主張をすることが効果的です。

ケーススタディ

Q ハラスメントで懲戒解雇をした労働者から賃金仮払仮処分の申立てがなされましたが、当該労働者は、再就職して収入がある上、自宅不動産（住宅ローンは完済）を所有しているとの情報があります。この仮処分の申立てに対する有効な対抗手段はありますか。

A 賃金仮払仮処分が認められるためには、「保全すべき権利又は権利関係」及び「保全の必要性」が疎明されることが必要です。

使用者としては、前者を争うために、懲戒解雇の有効性を主張すべきはもちろんのことで、今後想定される本案訴訟と一貫した主張をすべきです。

これに加え、仮処分には、本案にはない「保全の必要性」という要件がありますので、この点についても、積極的に反論しましょう。

「保全の必要性」は、申立人が疎明すべきことですから、一般的には、労働者から、家計収支に関する資料（生活費・住宅ローン・家賃・学費・治療費・アルバイト代等が分かる資料）・資産状況に関する資料（預金通帳・不動産登記事項証明書等）が疎明資料として提出されます。それらが、提出されていなければ、使用者側は、収入資料や資産関係の資料が提出されておらず、「保全の必要性」が疎明されていないと答弁書や主張書面で反論しましょう。裁判官も、これらの資料を提出するように、審尋期日にて、労働者に指摘するものと思われます。

それに加えて、使用者側も、労働者の自宅不動産の登記事項証明書を法務局で取得したりして、労働者が相当な資産を保有しており、「保全の必要性」がないことを積極的に資料を提出して指摘しましょう。

2　労働者の地位確認請求訴訟及び未払賃金請求訴訟

社内で発生したハラスメント事案について、加害者である労働者を懲戒解雇したところ、当該労働者から、解雇は無効であるとして、「労働者の地位確認及び未払賃金請求訴訟」が提起されたというケースを想定して、手続の流れをみていきましょう。

(1)　訴訟手続の流れ
　仮処分や労働審判手続とは異なり、主張立証について時間をかけてじっくりと取り組まなければならず、長期化することも考えられます。使用者としては、訴訟に取り組むための会社の体制を整える必要があります。
(2)　事実の調査及び証人の確保の重要性
　ハラスメント事案は、ハラスメント行為があったか否かという事実認定が問題となることが多く、その点を立証するための被害者や目撃者の証言が重要になります。早期の事実調査及び証人の確保が必要です。
(3)　和解条項の工夫
　離職を前提とするのか、職場復帰を前提とするのかで、和解条項の注意点が異なってきます。また、ハラスメント事案は秘匿性が高いものですので、訴訟記録の閲覧制限の申立てを検討します。

(1)　訴訟手続の流れ

訴訟は、仮処分や労働審判手続と異なり、主張立証に時間をかけてじっくりと取り組まなければならない手続です。第一審で解決しなければ、控訴審・上告審と長期化することも考えられますので、年単位での対応を考えておかねばならない手続です。

弁護士が訴訟代理人として事件対応をする場合でも、社内で調査や意思決定を行う必要がありますので、長期的に訴訟に取り組むための体制を整える必要があります。

◆第1回期日までの準備

訴訟は、労働者が、裁判所に訴状を提出することから始まります。ハラスメントの懲戒解雇事案であれば、訴訟提起前に、事前の交渉や仮処分・労働審判が先行している場合も多いですので、使用者としては一定の心積もりはある状況かと思われます。

しかし、いざ訴訟になれば、訴状の主張の一つ一つに対し、丁寧に答弁をする必要があります。事実関係の認否のために、ハラスメント行為や懲戒解雇に至るまでの手続の経緯について、再調査が必要となる場合もあります。

訴訟の第1回口頭弁論期日は、大抵、訴状提出から1か月程度先の期日が指定されます。そして、答弁書の提出期限は、一般的に、第1回期日の1週間前に指定されます。

訴訟の第1回口頭弁論期日は、仮処分や労働審判と異なり、詳細な答弁書の作成が間に合わなければ、①請求の趣旨に対する答弁（請求を棄却する）のみを行い、②詳細な主張に対する答弁を「追って提出する準備書面にて行う」とし、③第1回期日に出頭できなければ出頭せずに答弁書のみを提出し、それが陳述擬制されることにより欠席しても不利に取り扱われることはありません。拙速とならないよう第1回期日は必要最低限の対応にとどめるという判断も必要です。

◆弁論準備手続

訴訟は、公開の法廷で行われますが、争点が複雑な労働事件については、第2回期日以降は、弁論準備手続という原則非公開の手続がとられることが一般的です。弁論準備手続は、法廷ではない会議室のような小部屋で、審理されます。使用者の担当者が、弁論準備手続期日を傍聴できるのは、裁判所が相当と認めたときです。実際には、原告である労働者側の意見を聞いて、特に異議がなければ傍聴が認められることが多いです。

◆尋問手続

訴訟の期日は、一般的に、概ね1か月に1回の頻度で開かれ、準備書面や証拠を提出し合い、争点を絞り込みます。そして、事実関係に争いがある点について、当事者尋問や証人尋問を行う手続に入っていきます。

◆和解の勧試

尋問の前後に、裁判所から和解の勧試がある場合もあります。

◆口頭弁論の終結

和解ができない場合には、通常、双方が尋問の結果を踏まえた最後の主張立証を行うための最終準備書面を提出して、弁論が終結され、判決手続に進みます。ハラスメント事案は、事実関係が複雑であることが多いため、弁論手続終結後、判決までは、1か月以上の期間があることが一般的です。敗訴した場合に備えて、次のアドバイスに記載する準備を行っておくことが大事です。

アドバイス

○第1審敗訴の場合の控訴時の注意事項

懲戒解雇の無効が確認され、解雇中の未払賃金支払請求も認容する判決がなされた場合に、未払賃金支払の判決に「仮執行宣言」（民訴259）が付されることがあります。

この仮執行宣言付判決を得た労働者は、判決の確定を待たずに、取引先銀行の預金や取引先の売掛金に強制執行をすることができます。強制執行がなされた場合には、信用不安が広がります。

したがって、判決期日に先立ち、控訴の準備とともに、強制執行停止の申立ての準備をしておく必要があります。また、第1審判決後に、控訴審でも敗訴が見込まれる場合には、未払賃金相当額を法務局に供託しておくということも検討しましょう。

(2) 事実の調査及び証人の確保の重要性

ハラスメント事案は、ハラスメント行為があったか否かという事実認定が問題となることが多く、その点を立証するための被害者や目撃者の証言が重要になります。記憶は時間と共に薄れていくものですので、早期の事実調査及び証人の確保が必要です。

◆早期の事実調査

訴訟に先立ち、社内調査が行われ、加害者・被害者・目撃者のヒアリングシートや調査報告書が既に出来上がっている場合には、それらの書類も、ハラスメント行為があったことの有力な証拠となります。

先行する社内調査がなされていないケースでは、答弁書や準備書面において事実関係の認否をするに先立ち、関係者の事情聴取を行うべきです。

◆証人の確保

ハラスメント行為の有無が争いとなった場合には、ハラスメント被害者の証人尋問は避けられない事態となりますので、あらかじめ、法廷で証言することへ協力を取り付けておく必要があります。

しかし、ハラスメント被害者（時には目撃者も）は、加害者に対し、少なからず恐怖心を抱いていて、加害者の面前で証言することに強い抵抗を感じたり、傍聴人がいる法廷で証言することを躊躇したりすることがあります。

このような証人の心情に配慮するために、証人尋問の際の措置として、付添い（民訴

203の2)、遮へい（民訴203の3)、ビデオリンク（民訴204二）が設けられています。各々、法定の要件を満たし、裁判所が相当と認める場合に講じられる措置ですが、被害者の真摯な証言を確保するため、これらの措置が講じられるよう裁判所に理解を求めるべきです。

そして、証人候補者に対しては、これらの措置があり得ることの他、証言するに当たっての不安の相談に応じる、正当な判決を得るために被害者の証言が重要であることを説明する等して、証言に協力するよう説得を尽くすべきです。

(3)　和解条項の工夫

解雇無効が争われているケースにおいても、和解による解決はあり得ます。大きく2つのパターンがあり、原告（労働者）が離職をするパターンと、職場復帰をするパターンです。以下では各々のパターンについて解説した後、後掲【参考書式24】及び【参考書式25】を掲載しています。

また、ハラスメント事案は、被害者のプライバシー保護の観点から、誰がどのような被害を受けたのか等の事情を秘匿すべき要請が強いですから、和解調書等の訴訟記録について、閲覧等制限の申立て（民訴92①）を行い、閲覧若しくは謄写、その正本、謄本若しくは抄本の交付又はその複製の請求をすることができる者を、訴訟の当事者だけに限ることを求めるということも検討しましょう。

◆離職をする和解条項

離職を前提とする和解の場合、①使用者が懲戒解雇の意思表示を撤回し、②労働者が会社都合ないし自己都合退職をしたことを確認した上で、③解決金の支払をするという手法がよく用いられます。使用者は懲戒解雇にこだわらないという譲歩をし、労働者は職場復帰にこだわらないという譲歩をすることで和解に至るパターンです。

②の退職日は、元の解雇日とすれば、未払賃金が発生しませんし、解雇された労働者が失業給付を既に受けていることとも整合します。退職理由は、会社都合か自己都合で、労働者が受給できる失業給付の給付開始日、給付日数、最大支給額における大きな差異がありますので、明確に確認しておいた方がよいでしょう。

③の金員支払については、「解決金」という名目がよく用いられます。これに対し、「賃金」や「退職金」という名目にした場合には、所得として課税の対象となります。もっとも「解決金」という名目を用いたとしても、後にこれを課税庁が労働者の所得

として判断することもあり得ますので、使用者から労働者に「『解決金』は、非課税である」と断定することは避けましょう。

また、ハラスメント発生から紛争解決に至る事情について、むやみに口外されることは、いずれの当事者にとっても好ましくないことですから、口外禁止条項を入れることも多いです。この場合、何が口外禁止の対象になるかを明確にしましょう。「本件の存在及びその内容」と入れた場合、ハラスメント行為から懲戒解雇、そして、懲戒解雇無効の裁判に至る経緯が全て含まれます。なお、「みだりに」という文言は、「正当な理由なく」と同義ですから、和解成立後に、解決金の経理処理のために、会社の税理士等にその内容を伝えることまで禁止されるわけではありません。

◆職場復帰をする和解条項

職場復帰を前提とする和解の場合、①懲戒解雇の意思表示を撤回し、②労働者の地位にあることを確認するという手法がよく用いられます。

この場合、解雇後の未払賃金の清算も必要です。この際、社会保険料や住民税・源泉所得税といった項目を控除した額を支給することが通常でしょうから、その旨を正確に和解条項に盛り込みましょう。例えば、「合計未払賃金から別紙表のとおりの公租公課を控除した残金を支払う。」という条項を入れることが考えられます。また、和解後、職場復帰日や復帰後の職位・職場についても争いが残らないように、これらについても、具体的に合意をしておくことをお勧めします。

懲戒解雇を撤回する和解は、使用者側としては、裁判官の心証を汲み、早期紛争解決を重視して大幅な譲歩をするというパターンです。そもそもハラスメントがあったのかどうかが証拠上はっきりしない場合や、ハラスメントの被害や影響が軽微であるといったケースでない限り、なかなか使用者として受諾しにくい和解内容でしょう。

紛争の再燃が予想されるケースでは、一旦和解をしても、何ら紛争が解決したことにはなりません。例えば懲戒解雇処分が重すぎるとして、懲戒解雇処分を撤回したとしても、ハラスメント行為が認められる場合には、改めて、軽い懲戒処分を検討する必要があります。そうした場合に安易に和解において、「一切の紛争が解決された」ことを確認してしまうと、改めての軽い懲戒処分をすることができなくなるおそれもあります。また、和解後に行った軽い懲戒処分について、懲戒処分無効確認請求がなされて紛争が再燃するおそれもあるのです。和解になじむ事案か否かは慎重に判断をしましょう。

ケーススタディ

Q　ハラスメントで降格処分をした労働者から懲戒処分無効確認請求訴訟及び降格前の賃金との差額の支払請求訴訟が提起され、判決で、降格処分の無効が確認され、使用者が敗訴しました。使用者は再度、当該労働者を懲戒処分することができますか。

A　降格処分が無効であることを確認する判決が確定した場合には、当該ハラスメント事案に関する当該労働者に対する懲戒処分はされていないことになります。判決の内容として、ハラスメント行為は認められるものの、これに対する処分が降格では重きに失するとされている場合には、判決確定後に、降格処分より軽い懲戒処分をするか否かを検討する必要があります。

懲戒処分の相当性の判断に当たっては、「その行為に相応した処分」であること、過去の社内で懲戒事例と比べて「同種行為に対しては、同等の処分」であることが重要ですので、判例や社内の過去の履歴も参考に、顧問弁護士の意見を聞いて、再度、適切な懲戒処分を検討しましょう。

なお、水族館の経営等を行う会社が、男性社員2名に対し、性的な内容の発言等によるセクハラを行ったことを理由として行った出勤停止の懲戒処分（その後、人事上の措置として降格処分も行った）の有効性が争われた事案では、控訴審は懲戒処分が無効と判断しましたが、上告審である最高裁判所は、各懲戒処分の有効性を認めました（Ｌ館事件＝最判平27・2・26判時2253・107）。このように、懲戒処分の有効性が争われた判例もありますので、それらも懲戒処分の手段を選択する際の参考としましょう。

【参考書式24】　離職をする和解条項

和　解　条　項

1　被告は、令和○年○月○日になした原告に対する懲戒解雇の意思表示を撤回する。
※1　※2

2　原告と被告は、原告が被告を令和○年○月○日付けで自己（又は会社）都合退職したことを確認する。
※3

3　被告は、原告に対し、本件解決金として、○円の支払義務があることを認める。

4　被告は、原告に対し、前項の金員を令和○年○月○日限り、原告名義の給与振込口座に振り込む方法にて支払う。送金手数料は、被告の負担とする。

5　原告と被告は、本件の存在及びその内容及び本件和解の内容につき、みだりに第三者に口外しないことを約する。

6　原告は、その余の請求を放棄する。

7　原告と被告は、本件に関し、原告と被告との間には、本和解条項に定めるもののほか、何らの債権債務がないことを確認する。

8　訴訟費用は、各自の負担とする。

※1　使用者を想定しています。
※2　労働者を想定しています。
※3　事案に応じ「会社都合退職」又は「自己都合退職」のいずれかとします。

【参考書式25】　ハラスメント行為がなかったとして、懲戒解雇処分を撤回し、職場復帰をする和解条項

和　解　条　項

1　被告（※1）は、令和○年○月○日になした原告（※2）に対する懲戒解雇の意思表示を撤回する。

2　被告は、原告に対し、原告が被告の労働者の地位（雇用契約上の地位）にあることを確認する。

3　被告は、原告に対し、令和○年○月○日から令和○年○月○日までの未払賃金から、別紙表（略）の公租公課を控除した残額として、合計金○円の支払義務があることを認める。

4　被告は、原告に対し、前項の金員を令和○年○月○日限り、原告名義の給与振込口座に振り込む方法にて支払う。送金手数料は、被告の負担とする。

5　被告は、原告に対し、原告の職場復帰日は、令和○年○月○日とし、○○営業所○○課配属の○○職とすることを確認する。

6　原告と被告は、本件の存在及びその内容及び本件和解の内容につき、みだりに第三者に口外しないことを約する。

7　原告は、その余の請求を放棄する。

8　原告と被告は、本件に関し、原告と被告との間には、本和解条項に定めるもののほか、何らの債権債務がないことを確認する。

9　訴訟費用は、各自の負担とする。

※1　使用者を想定しています。
※2　労働者を想定しています。

3 労働者の地位確認請求の労働審判申立て及び未払賃金請求の労働審判申立て

ハラスメント事案が発生し、加害者である労働者を懲戒解雇したところ、当該労働者から、懲戒解雇が無効であるとして、労働者の地位確認請求と未払賃金の請求を求めて、労働審判が申し立てられたケースを想定してみましょう。

(1)　労働審判の手続の迅速性

短期間において、使用者の主張立証を効果的に尽くすことが求められますので、期日呼出状の送達を受けたら、直ちに弁護士に相談し、第1回期日への出頭の確約を得た上で準備に着手をすべきです。

(2)　労働審判手続の流れ

第1回期日において労働審判委員会からの心証開示や調停の試みがなされることもよくあります。第1回期日までに、主張立証は全て終えるつもりで準備します。また、調停の可否や、応じる余地のある内容についても具体的に検討して臨むべきです。

(3)　ハラスメント事案で労働審判になじむケースとなじまないケース

ハラスメントの存否・内容について争われており、当事者の証言の信用性が問題となるケースは、労働審判手続になじみません。

(1)　労働審判の手続の迅速性

◆労働者からの申立て

労働審判手続は、労働者が管轄裁判所（①使用者の住所・営業所の所在地を管轄する地方裁判所、②労働者が現に就業したり、最後に就業した事業所の所在地を管轄する地方裁判所等(労審2)）に、申立書や証拠資料を提出することで始まるのが一般的です。東京や大阪の大規模庁では､労働専門部において労働審判事件が取り扱われます。

◆第1回期日への弁護士の出頭確保

労働審判手続の第1回期日は、原則として、申立てから40日以内の日が指定され（労審規13）、通常は、期日変更は認められていません。労働審判手続は、原則3回で審理を終える建前となっているため、第1回期日の約1週間前までに反論や証拠を全て提出した上で、期日においても、事実関係に関する主張や、法的主張を効率的に審判員に伝えることが不可欠です。

このように、極めて短期間での準備を強いられますので、使用者側は、申立書・証拠資料・呼出状を受領したら、直ちに、弁護士に相談に行くべきです。弁護士に対しては、相談前に第1回期日の日時を知らせ、出頭が可能かを確認し、スケジュールの確保を要請せねばなりません。

代表者が出頭すれば、弁護士に代理人としての出頭を依頼する必要はありませんが、下記(2)に述べるような準備や期日の対応を的確に行うためには、専門家たる弁護士の関与は欠かせないものでしょう。

(2)　労働審判手続の流れ

◆期日に向けての準備

まずは、答弁書や期日での主張のベースとなる事実関係の収集をします。第１章【参考書式1】のヒアリングシートを用いて行うと効率的です。被害者等のヒアリングが十分に行われていない場合には、補充のヒアリングを行う場合もあります。

次に、ヒアリングシートに集約した情報を基に、答弁書や陳述書等を作成します。ハラスメント事案の懲戒解雇処分の有効性に関する紛争においては、ハラスメントの事実を立証するために被害者や目撃者の陳述書の作成が必要な場合も多いでしょう。

また、期日で想定される質疑応答をシミュレーションしておくことも重要です。労働審判の審判委員会は、審判官（裁判官）・審判員（労働者側・使用者側）によって構成されています。労働審判期日においては、申立人・相手方同席の上で、審判官や審判員から、主張や証拠資料に関して、次々と質疑がなされ、これに対する回答を求められます。期日は原則非公開の手続であり、通常の裁判の証人尋問のような厳格な手続ではありませんが、ハラスメントの内容・その後の処遇について、具体的な質疑がなされるため、入念な準備が必要です。労働審判委員会は、相当と認める者の傍聴を許しており（労審16）、同席する使用者側担当者に対しても、直接質問がなされることも多いですので、的確な回答をできるように事前の準備が欠かせません。

さらに、場合によっては第1回期日にて調停成立まで至る場合もありますので、当初から調停の可否、どのような内容であれば調停の余地があるのか（解決金の支払をする余地があるならその金額はいくらか）を検討しておくべきです。

◆審理の進み方

労働審判手続は、原則として3回以内の期日で審理がなされます。

上記のように、第1回期日においては、労働審判委員会による質疑や争点及び証拠の整理が行われ、必要な証拠調べも行われます（労審15①・17、労審規21①）。建前上は、第2回期日が終了するまでには、主張及び証拠書類の提出を行わなければならないとされていますが（労審規27）、実際のところ、第1回期日において、心証の開示や調停の試みまで進むことが多いため、第1回期日までに、全ての主張や証拠を出し切り、それ以降は、補充的な主張や証拠提出がなされるというイメージを持っておいた方がよいです。

◆調　停

労働審判手続により、話合いで解決ができた場合には、調停が成立することになります。第2回期日以降で、調停の内容についての踏み込んだ話合いが行われることが多いですが、第1回期日で調停が成立することもあります。

懲戒解雇は撤回するが、自己（又は会社）都合退職には同意するというケースでは、後掲**【参考書式26】**のような内容の調停条項が作成されます。

また、職場復帰を前提とする合意をする場合は、後掲**【参考書式27】**のような内容の調停条項が作成されます。

◆労働審判

協議が折り合わず、第3回期日においても調停が成立しない場合には、労働審判がなされます。審判書を作成する方法（労審20③）と労働審判の主文及び理由の要旨を口頭で告知する方法（労審20⑥）があります。もちろん、後者の場合でも、調書が作成されます（労審20⑦）。

当事者から異議申立てがない場合には、労働審判書ないし労働審判手続期日調書は、裁判上の和解と同一の効力を有することになります（労審21④）。

◆異議申立て

労働審判に不服がある場合には、審判書の送達又は労働審判の告知を受けた日から2週間以内に、裁判所に対し、異議の申立てをすることができます（労審21①）。

異議申立てがなされた場合には、労働審判はその効力を失い、労働審判手続の申立てに係る請求について、労働審判が行われた際に労働審判事件が継続していた地方裁判所に訴えがあったものとみなされます（労審21③・22①）。

アドバイス

○労働審判手続における第1回期日の重要性

労働審判手続は、原則3回の期日とされていますが、そのうち第1回期日は、とても重要な意味を持ちます。

審判官が、双方に、事案の概要や争点を簡単にプレゼンをすることを促すこともありますので、代理人にて準備をしておきます。

また、審判官や審判員が、手続に同席している労働者に対し、ハラスメントの事実関係や、懲戒解雇手続の経緯等、関心を持っている事項につき直接発問をすることもあります。ハラスメントの事実関係についてはＡさんが､懲戒解雇手続についてはＢさんが、といったように、誰が回答するのが適切かも検討した上で、それら担当者の出頭を確保し、準備をしておくことが必要です。必ずしも、争点が絞り込まれているとは言えない段階での質問ですので、訴訟における証人尋問よりも、幅広い事項に関する質問を想定して記憶喚起をしておく必要があります。

(3)　ハラスメント事案で労働審判になじむケースとなじまないケース

懲戒事由とされているハラスメント言動の存否やその内容について、証人尋問を経なければ事実認定できないケースは、労働審判になじまないでしょう。例えば、目撃者がいない密室の状況でハラスメントが懲戒事由とされているが加害者が否定をしている場合が典型です。労働審判手続は、迅速性が求められ、厳密な証人尋問が予定されていない手続であるため、事実認定を丁寧に行うことが望ましい事案には、なじみません。

これに対し、ハラスメント言動の存否や内容については争いがないか、あるいは目撃証言や客観証拠により認定可能な場合には､労働審判になじむ場合もあるでしょう。例えば、加害者として、ハラスメントの事実関係は認めるが、当該ハラスメントの内容に比して懲戒解雇処分は不当に重いとして争うという場合には、早期の職場復帰を目指して労働審判を選択されることもあります。このようなケースであれば、使用者側も、労働審判で早期に和解解決をして、訴訟を避けることにメリットがあるといえるでしょう。

【参考書式26】 退職を前提とした調停条項

調 停 条 項

1 相手方は、令和○年○月○日になした申立人に対する懲戒解雇の意思表示を撤回する。
※1 ※2

2 申立人と相手方は、申立人が相手方を令和○年○月○日付けで自己（又は会社）都合退職したことを確認する。
※3

3 相手方は、申立人に対し、本件解決金として、○円の支払義務があることを認める。

4 相手方は、申立人に対し、前項の金員を令和○年○月○日限り、申立人名義の給与振込口座に振り込む方法にて支払う。送金手数料は、相手方の負担とする。

5 申立人と相手方は、本件の存在及びその内容及び本件調停の内容につき、みだりに第三者に口外しないことを約する。

6 申立人は、その余の請求を放棄する。

7 申立人と相手方は、本件に関し、申立人と相手方との間には、本調停条項に定めるもののほか、何らの債権債務がないことを確認する。

8 手続費用は、各自の負担とする。

※1 使用者を想定しています。
※2 労働者を想定しています。
※3 事案に応じ「会社都合退職」又は「自己都合退職」のいずれかとします。

【参考書式27】　ハラスメント行為がなかったとして、懲戒解雇処分を撤回し、職場復帰を前提とした調停条項

調　停　条　項

1　相手方は、令和○年○月○日になした申立人に対する懲戒解雇の意思表示を撤回する。
※1　※2

2　相手方は、申立人に対し、申立人が相手方の労働者の地位（雇用契約上の地位）にあることを確認する。

3　相手方は、申立人に対し、令和○年○月○日から令和○年○月○日までの未払賃金から、別紙表（略）の公租公課を控除した残額として、合計金○円の支払義務があることを認める。

4　相手方は、申立人に対し、前項の金員を令和○年○月○日限り、申立人名義の給与振込口座に振り込む方法にて支払う。送金手数料は、相手方の負担とする。

5　相手方は、申立人に対し、申立人の職場復帰日は、令和○年○月○日とし、○○営業所○○課配属の○○職とすることを確認する。

6　申立人と相手方は、本件の存在及びその内容及び本件調停の内容につき、みだりに第三者に口外しないことを約する。

7　申立人は、その余の請求を放棄する。

8　申立人と相手方は、本件に関し、申立人と相手方との間には、本調停条項に定めるもののほか、何らの債権債務がないことを確認する。

9　手続費用は、各自の負担とする。

※1　使用者を想定しています。

※2　労働者を想定しています。

第２　ハラスメント被害者から損害賠償請求がなされたケース

＜フローチャート～ハラスメント被害者から損害賠償請求がなされたケース＞

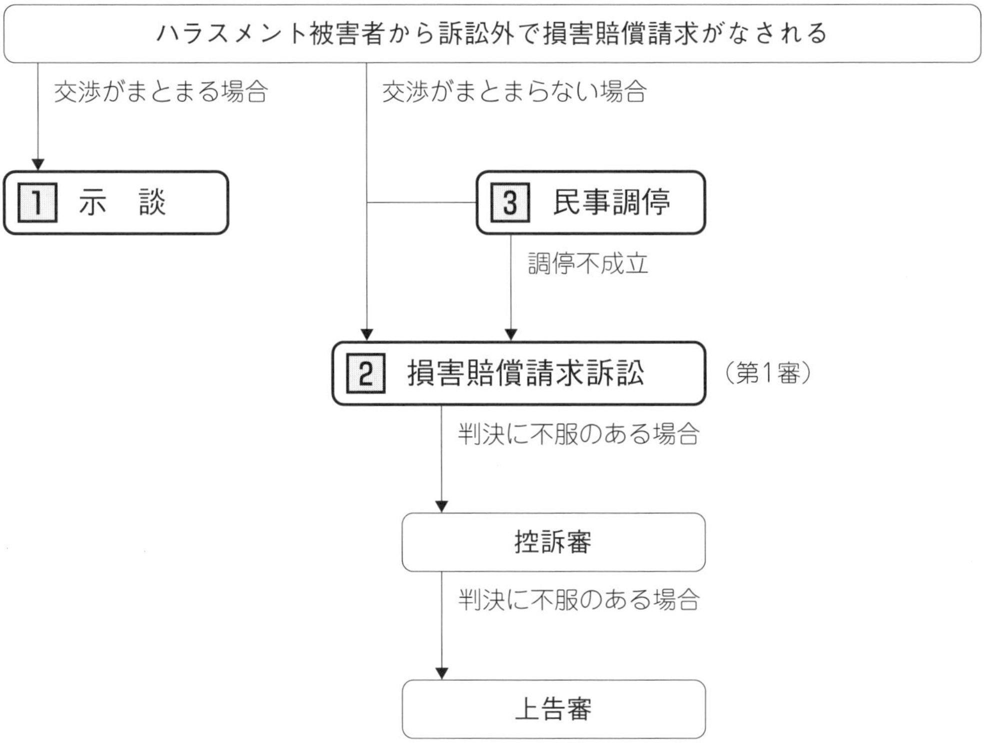

4　各都道府県労働局の紛争調整委員会によるあっせんの手続

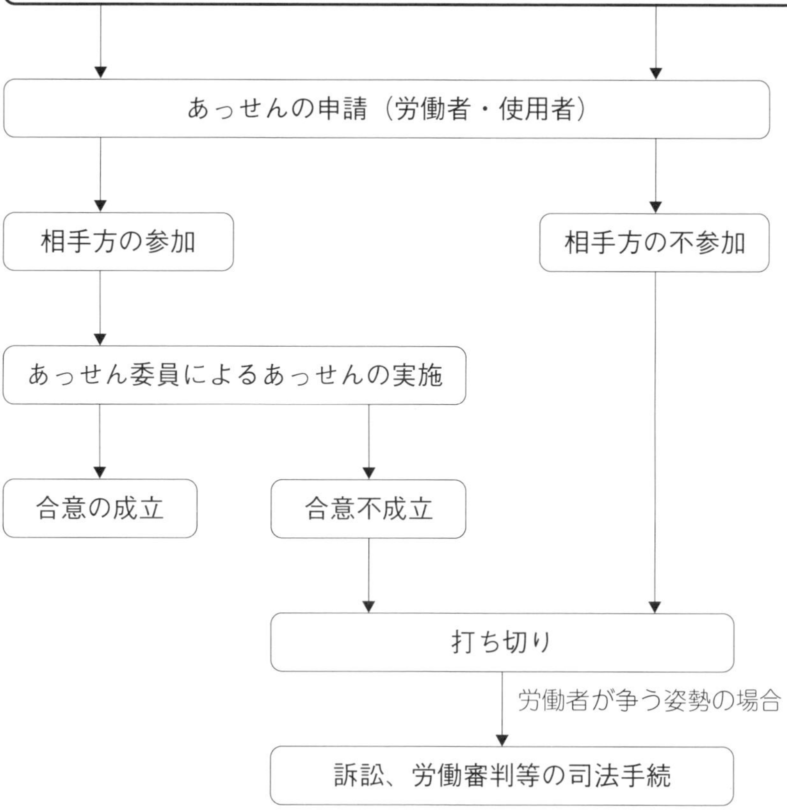

1　示　談

上司のハラスメント行為により、精神疾患に罹患して休職した後に、退職を余儀なくされた元従業員から、使用者に対し、治療費用・休業損害・逸失利益及び慰謝料等の損害賠償を請求する内容の内容証明郵便が届いたケースを検討してみます。なお、会社の調査により、上司のハラスメント行為は確かにあったと認定されたことを前提とします。

(1)　請求根拠と消滅時効成立の有無の確認

被害者の主張は安全配慮義務違反・職場環境調整義務違反に基づく損害賠償請求とされていることが多いものですが、その根拠が①不法行為責任（使用者責任も含みます。）であるか債務不履行責任であるか、また、②消滅時効が成立していないかについても気を付けておくべきです。

(2)　ハラスメント行為と損害の因果関係の調査

ハラスメントと損害、例えば、精神疾患発症と退職との間に因果関係があるかどうかの調査が必要です。この因果関係は、労災の業務起因性とは異なる概念ですが、判例の傾向としては、労災給付が支給されているか否かが因果関係の判断の参考とされています。

(3)　損害項目・損害額・慰謝料額の妥当性の精査

ハラスメント行為により発生した損害項目に不適切なものはないか、損害額・慰謝料額は事案に即して妥当な金額であるかも精査する必要があります。

(4)　合意書の作成

示談の対象、解決金の金額を明記する他、口外禁止条項を入れることも検討します。

(1)　請求根拠と消滅時効成立の有無の確認

ハラスメント被害者から使用者（会社）に対する損害賠償請求の根拠は、①使用者責任（民715）、安全配慮義務違反（労契5）・職場環境調整義務違反の不法行為責任（民709）、という不法行為構成である場合と、②安全配慮義務違反・職場環境調整義務違反の債務不履行責任（民415）であることが考えられます。

◆①不法行為構成（民法715条、民法709条）による責任追及と消滅時効

これらは、不法行為に基づく責任追及であるため、ハラスメント被害者が、加害者及び損害を知った時から3年で時効によって消滅します（民724）。通常は、ハラスメント行為が行われた時に、加害者や損害を知ることになりますので、ハラスメント行為時が消滅時効の起算点であると考えておくのがよいでしょう。

ただし、人の生命又は身体を害する不法行為による損害賠償請求権については、平成29年法律44号による改正後の民法（改正民法）724条の2において、加害者及び損害を知った時から5年と読み替える規定が設けられました。ハラスメント行為により、被害者の心身に不調を来した場合には、「人の身体を害する不法行為」に該当すると考えられますので、平成29年法律44号による改正後の民法（改正民法）施行日の令和2年4月1日までに旧法のもとでの消滅時効（3年）が成立していない場合には、消滅時効の期間が5年となる（平29法44改正法附則35②）点に注意しましょう。

◆②債務不履行責任（民法415条）と消滅時効

ハラスメント被害者は、使用者（会社）に対し、安全配慮義務違反（労契5）、職場環境調整義務違反を理由とする債務不履行責任（民415）に基づく損害賠償請求をすることもできます。

これらは、債務不履行責任であるため、ハラスメント被害者が権利を行使し得ることを知った時から5年で時効消滅します（民166①一）。通常は、ハラスメント行為が行われた時に、損害賠償請求ができることを知ることになります。したがって、会社側とすれば、ハラスメント行為時から、5年で時効消滅すると主張することができます。

職場環境調整義務は、仙台セクハラ（自動車販売会社）事件（仙台地判平13・3・26労判808・13）において、「事業主は、雇用契約上、従業員に対し、労務の提供に関して良好な職場環境の維持確保に配慮すべき義務を負い、職場においてセクシャルハラスメントなど従業員の職場環境を侵害する事件が発生した場合、誠実かつ適切な事後措置をとり、その事案にかかる事実関係を迅速かつ正確に調査すること及び事案に誠実かつ適正に対処する義務を負っているというべきである。」とされる等、裁判実務において認められたものですが、実務上、ハラスメント事案においては、安全配慮義務と同列で請求の根拠とされることが多くあります。

ケーススタディ

Q セクハラ行為が、職場の懇親会の二次会において行われました。二次会には懇親会に参加していたうちの一部メンバーしか参加しておらず、私的な飲み会であると位置付けています。ところが、被害者は、これを職場のセクハラ行為として、使用者責任に基づき、会社に対して損害賠償請求を行っています。このような私的な場でのセクハラ行為でも、会社の責任が認められるのでしょうか。

A セクハラ行為が行われた時間や場所が勤務時間外・会社外であった場合には、使用者責任の成立要件のうち、「事業の執行につき」（民715）という要件が否定されるのが原則でしょう。

ただし、「事業の執行につき」の要件は、事実的不法行為の場合には、事業と一体不可分の関係にある行為にとどまらず、外観上業務執行と同一となる外形を有する行為も含むと解されている点に留意が必要です。

実際の判例（大阪地判平10・12・21判タ1002・185）でも、二次会における男性上司によるセクハラ行為（懇親会の席上でキスをしたりスカートをめくったり、卑猥な言動をするなどのわいせつ行為）について、職場の懇親を図るために企画された飲み会であること、嫌がる被害者に仕事の話を絡ませながら性的いやがらせを繰り返したこと等から、性的いやがらせは、職務に関連させて上司たる地位を利用して行ったもの、すなわち、事業の執行につきされたものであると認められたものがあります。よって、設問の事案についても、会社の責任はないと即断はできません。

このように、二次会であっても使用者責任が認められることがあるため会社としては、従業員に対し、勤務時間外・会社外の場であっても、ハラスメント行為は許されない旨を日々研修等で注意喚起をしておく必要があります。

(2)　ハラスメント行為と損害の因果関係の調査

ハラスメント行為につき不法行為責任が成立するためには、被害者に発生した損害とハラスメント行為との間に因果関係が認められる必要があります。

上司の暴行により、ケガをしたという場合には、因果関係は明らかで、ケガに伴う損害につき賠償責任を負うことにつき争う余地はないですが、ハラスメント行為によりうつ病や適応障害といった精神疾患を発症した場合、因果関係の有無が問題となります。この点、判例においては、労災給付が支給されている場合に因果関係が認められやすいという傾向がみられます。本来、不法行為の要件たる因果関係と、労災の業務起因性は異なる問題であり、同一の議論が当てはまるものではありませんが、このような判例の傾向を踏まえ、以下では、厚生労働省の「心理的負荷による精神障害の認定基準について」（平23・12・26基発1226第1（以下「認定基準」といいます。））において、ハラスメントの類型ごとに業務起因性の有無がどのように判断されているかを具体的に説明します。

◆精神疾患の労災認定基準

認定基準では、以下の要件を満たす場合、業務上災害として、労災認定されます。

①　認定基準の対象となる精神障害を発症していること

②　精神障害の発症前おおむね6か月以内に、「業務による強い心理的負荷が認められること」

③　業務以外の心理的負荷や個体側要因により精神障害を発病したとは認められないこと

そして、上記②の要件に対し、業務によるどのような出来事があり、また、その後の状況がどのようなものであった場合に、心理的負荷が「強」となるのかを判断する指標として、「業務による心理的負荷評価表」が示されています。

この「業務による心理的負荷評価表」には、「特別な出来事」と「特別な出来事以外」が具体的にリストアップされており、各々の出来事に対し、業務による強い心理的負荷が認められるものは心理的負荷の総合評価が「強」と表記され、業務による強い心理的負荷が認められないものは「中」又は「弱」と表記されています。このうち、「弱」は日常的に経験するものであって一般的に弱い心理的負荷しか認められないもの、「中」は経験の頻度は様々であって「弱」よりは心理的負荷があるものの強い心理的負荷とは認められないものとされてます。

労災認定においては、「業務による心理的負荷評価表」の「特別な出来事」に該当する出来事があれば、心理的負荷は「強」でるあると認定されます。「特別な出来事」がなければ、「特別な出来事以外」の「具体的出来事」として示された具体例の内容に、認定した「出来事」や「出来事後の状況」についての事実関係が合致するものがあれば、その強度で評価する等の手法がとられます。その評価の結果、心理的負荷「強」

の出来事があれば上記②の要件を満たすほか、心理的負荷「中」の出来事が複数あれば総合評価として「強」となり上記②の要件を満たす、といった判断がされます。これに対し、「弱」の出来事のみの場合は上記②の要件を満たしません。

◆セクハラ被害者の労災認定

従業員が重大なセクハラ被害を受けた後に精神疾患（「うつ病」や「適応障害」等）を発症した場合には、労災保険の対象となることがあります。

①　「業務による心理的負荷評価表」の出来事への当てはめ

セクハラの場合については、その内容や程度により、被害者である従業員に対してどの程度の心理的負荷（「強」、「中」、「弱」の3段階）があったかとみるかが、認定基準に具体的に例示されています。

例えば、「強姦や、本人の意思を抑圧して行われたわいせつ行為などのセクシュアルハラスメント行為」を受けた場合は、それだけで「特別な出来事」があったと判断され、心理的負荷は、「強」と判断されます。この場合には、前記「**◆精神疾患の労災認定基準**」の要件②（以下「上記要件②」といいます。）を満たすと判断されます。

この「特別な出来事」以外の場合、セクハラの平均的な心理的負荷は、3段階の2番目の「Ⅱ」とされていますが、具体例としては「強」「中」のものも挙げられています。

「強」とされているのは、セクハラが継続したという事情や、会社に被害を相談したが適切な対応がなされなかったという事情がある場合です。

「身体接触のない性的な発言のみのセクシュアルハラスメントであって、発言が継続していない場合」であれば、「中」と判断されます。この場合、単発で上記要件②を満たすことはありませんが、他の「中」の出来事との総合評価で「強」となり、上記要件②を満たす場合はあります。

これに対し、「○○ちゃん」などのセクハラに当たる発言をされた場合は「弱」と判断され、上記要件②は満たしません。

以下、具体的に、セクハラに関する「業務による心理的負荷評価表」において、どのようなセクハラ行為が、「弱」「中」「強」と区分されているのかみてみましょう。

【「弱」になる例】

・「○○ちゃん」等のセクシュアルハラスメントに当たる発言をされた場合

・職場内に水着姿の女性のポスター等を掲示された場合

【「中」である例】

・胸や腰等への身体接触を含むセクシュアルハラスメントであっても、行為が継続しておらず、会社が適切かつ迅速に対応し発病前に解決した場合

・身体接触のない性的な発言のみのセクシュアルハラスメントであって、発言が継続していない場合

・身体接触のない性的な発言のみのセクシュアルハラスメントであって、複数回行われたものの、会社が適切かつ迅速に対応し発病前にそれが終了した場合

【「強」になる例】

・胸や腰等への身体接触を含むセクシュアルハラスメントであって、継続して行われた場合

・胸や腰等への身体接触を含むセクシュアルハラスメントであって、行為は継続していないが、会社に相談しても適切な対応がなく、改善されなかった又は会社への相談等の後に職場の人間関係が悪化した場合

・身体接触のない性的な発言のみのセクシュアルハラスメントであって、発言の中に人格を否定するようなものを含み、かつ継続してなされた場合

・身体接触のない性的な発言のみのセクシュアルハラスメントであって、性的な発言が継続してなされ、かつ会社がセクシュアルハラスメントがあると把握していても適切な対応がなく、改善がなされなかった場合

②　留意事項

また、認定基準においては、特にセクハラの心理的負荷評価に当たっての留意事項として、以下に引用するような視点も重要とされています。

セクハラ被害者は、被害を受けた後、直ちに拒否、嫌悪、相談等といった行動をとらないことがあるという点を重視するという視点です。

【第8　その他　2　セクシュアルハラスメント事案の留意事項】

セクシュアルハラスメントが原因で対象疾病を発病したとして労災請求がなされた事案の心理的負荷の評価に際しては、特に次の事項に留意する。

①　セクシュアルハラスメントを受けた者（以下「被害者」という。）は、勤務を継続したいとか、セクシュアルハラスメントを行った者（以下「行為者」という。）からのセクシュアルハラスメントの被害をできるだけ軽くしたいとの心理などから、やむを得ず行為者に迎合するようなメール等を送ることや、行為者の誘いを受け入れることがあるが、これらの事実がセクシュアルハラスメントを受けたことを単純に否定する理由にはならないこと。

②　被害者は、被害を受けてからすぐに相談行動をとらないことがあるが、この事実が心理的負荷が弱いと単純に判断する理由にはならないこと。

③　被害者は、医療機関でもセクシュアルハラスメントを受けたということをすぐに話

せないこともあるが、初診時にセクシュアルハラスメントの事実を申し立てていないことが心理的負荷が弱いと単純に判断する理由にはならないこと。

④　行為者が上司であり被害者が部下である場合、行為者が正規職員であり被害者が非正規労働者である場合等、行為者が雇用関係上被害者に対して優越的な立場にある事実は心理的負荷を強める要素となり得ること。

◆パワハラ被害者の労災認定

従業員がパワハラ被害を受けた後に精神疾患（「うつ病」や「適応障害」等）を発症した場合には、労災保険の対象となることがあります。

パワハラの場合については、その内容や程度により、被害者である従業員に対してどの程度の心理的負荷（「強」、「中」、「弱」の3段階）があったかが、「業務による心理的負荷評価表」に具体的に例示されています。なお、「業務による心理的負荷評価表」は、法改正（令和元年法律24号）に合わせた見直しがなされています（令2・5・29基発0529第1）。

例えば、「強」と判断される場合は、「上司等から、治療を要する程度の暴行等の身体的攻撃を受けた場合」、「上司等から、暴行等の身体的攻撃を執拗に受けた場合」、及び、上司等による「人格や人間性を否定するような、業務上明らかに必要性がない又は業務の目的を大きく逸脱した精神的攻撃」等が執拗に行われた場合とされています。他方で、「中」と判断される場合は、「治療を要さない程度の暴行による身体的攻撃」や、「人格や人間性を否定するような、業務上明らかに必要性がない又は業務の目的を逸脱した精神的攻撃」等が行われ、行為が反復・継続していない場合とされています。そして、「弱」と判断されるのは「上司等による「中」に至らない程度の身体的攻撃、精神的攻撃等が行われた場合」としています。

なお、「中」と判断されるような身体的攻撃や精神的攻撃等のパワハラを受けた場合であって、会社に相談しても適切な対応がなく、改善されなかった場合には、「強」と判断されますので、パワハラのケースでは、会社の事後対応にも注意を払う必要があります。

◆労災認定と民事上の責任

前述からみて従業員が精神疾患発症から遡って6か月の間にハラスメント被害を受けている事案では、労災認定されることがあります。労災認定において精神疾患が業務に起因するものだと判定されたとしても、直ちに、民事上の責任が認められるわけではありません。民事責任が認められるには、因果関係のほか、安全配慮義務違反や不法行為の故意過失が認められる必要がありますので、別途の検討が必要です。

しかしながら、労災の業務起因性が認められた場合には、民事訴訟が提起されることが多く、その訴訟において民事責任が認められる傾向がみられます。その傾向は、業務の過重性がある場合により強くみられます。例えば、従業員が精神疾患を発症して自殺したＡ庵経営者事件（福岡地判平28・4・28労判1148・58）においては、雇用主から継続的に叱責及び暴行を受けていたことと、自殺前半年の間に恒常的に月100時間前後の時間外労働に従事していたことが総合的に勘案され、自殺と業務との間の因果関係が認められています。

したがって、ハラスメント被害者から使用者に対して損害賠償請求がなされた場合には、労災認定がされているのか、未だなされていないとしても「業務による心理的負荷評価表」に当てはめてみて労災認定の見込みが高いのかどうかを考慮し、示談が成立しなかった場合に訴訟を提起される可能性が高いか、訴訟となった場合に因果関係を争い得る事案かどうかを検討します。このような検討を、早期に示談に応ずるべきかといった対応方針を決める一助とするべきでしょう

ケーススタディ

Q　従業員からパワハラの相談がありましたが、調査したところ、上司の叱責行為はパワハラとまではいえないと判断されました。その判断を相談者に伝えた後も、相談者の体調悪化の訴えが依然として続いています。使用者が、この状況を放置していた場合、損害賠償請求を受けることはありますか。何らかの措置をとる必要はありますか。

A　パワハラ該当性がなくとも、職場環境が悪化していたり、相談者に体調悪化が見られる場合には、配転を検討する、産業医受診を勧める、休職を検討する、上司に職場環境改善を促すといった措置をとるべきです。

ゆうちょ銀行（パワハラ自殺）事件（徳島地判平30・7・9労判1194・49）においては、自殺をした被害者の上司の行為のパワハラ該当性は否定されましたが、別の上司において、被害者の体調不良や自殺願望の原因は上司らとの人間関係に起因するものであることを容易に想定し得たことを理由として、会社は被害者の執務状態を改善し、心身に過度の負担が生じないように、異動も含めその対応を検討すべ

き安全配慮義務があったと認定されています。また、アンシス・ジャパン事件（東京地判平27・3・27労経速2251・12）では、2人体制で業務を行っていた一方からパワハラの被害申告があり、そのパワハラ該当性は否定されたものの、その後も、パワハラの相談者と相手方とを2人体制で勤務させ続け、配転したり業務を完全に分離したり、関わりを極力少なくするといった措置をとらなかったことについて、注意義務違反が認められ、慰謝料請求が認容されました。

他方で、同様にパワハラ行為の該当性が否定されたビーピー・カストロールほか事件（大阪地判平30・3・29労判1189・118）では、使用者が、被害申告をした従業員と上司との関係の緩衝に配慮した（レポートの提出先を変更して接触の機会を減らしたりした）ことを理由として職場環境調整義務違反が否定されました。

この三つの判例は、パワハラがないと判断した後も、職場の人間関係に配慮した対応をすべきことが示唆されている判例です。重要な点は、法令上ないし就業規則上のパワハラに該当するか否かではなく、現に従業員の職場環境が悪化していないか否かに着目し、使用者が配置転換等の早急な改善措置を執ったか否かであるといえます。

(3)　損害項目・損害額・慰謝料額の妥当性の精査

使用者の責任が認められるケースでも、被害者が請求した損害賠償の請求項目や慰謝料額が事案に比して不相当な場合も考えられますので、それぞれの内容を精査しましょう。

◆財産的損害

ハラスメントにより傷害を負ったり、精神疾患に罹患した場合の代表的な損害項目については、「治療費」「交通費」「休業損害」「弁護士費用」が挙げられます。

被害者が、労災保険の療養補償給付や休業補償給付を受けている場合には、当該損害項目の損害について、損益相殺の主張を行うことができますので、被害者から、給付額の情報や資料の提供を受けるべきです。

◆慰謝料

ハラスメント被害者から、財産的損害とは別に慰謝料請求がなされた場合には、ハラスメント行為の態様に応じて、妥当と考えられる慰謝料額について過去の判例等を調査する必要があります。

例えば、一口にセクハラといっても、1回だけの言動によるセクハラ行為が行われたのか、刑法犯が成立するほどのわいせつ行為が行われたのかによっては、おのずと慰謝料額が変わってきます。

また、精神疾患により通院や入院した場合には、通院・入院日数に応じた入通院慰謝料の支払が必要となります。

(4)　合意書の作成

◆合意書

従業員によるハラスメント行為の被害者との間での示談（解決金を支払って円満解決する内容）については、後掲【参考書式28】のような合意書を作成することが考えられます。

ア　示談の対象

合意書冒頭において、どのような内容の事案について示談をするのか明らかにしておきましょう。後掲【参考書式28】においても、「甲が丙山一男から、令和○年○月○日から令和○年○月○日までの間に継続的に性的な言動を受けたことにより、精神疾患を発病し、退職に至った件」と示談の対象となる事案の日時や結果等を具体的に記載しています。

ハラスメント行為の有無に争いがある事案では、「甲より乙に対し、『甲が丙山一男から、令和○年○月○日から令和○年○月○日までの間に継続的に性的な言動を受けたことにより、精神疾患を発病し、退職に至った』との主張がなされている件」として、あくまでも、甲から主張がなされているということを明記した上で、示談の対象とすることも一手です。

このように、示談の対象を具体的に明記することで、後に、「示談したもの以外にもハラスメント行為があったので改めて損害賠償請求をする」などと主張され、既に解決したはずの紛争が蒸し返されることを防ぐことができます。

イ　解決金

示談解決の場合には、必ずしも、損害額の明細・内訳を明示する必要はなく、損害賠償請求・慰謝料請求をあわせて総額でいくらを支払うかを協議し、「解決金」の名目で合意をすることが一般的です。

いくらを支払うべきかについては、訴訟に至った場合の敗訴リスクも考え、被害者から提供を受けた資料や過去の判例を調査して、妥当と考えられる金額を精査した上で、相手方と協議をするのがよいでしょう。

ウ　口外禁止条項

ハラスメント事案が発生した際に、企業として避けたいのがレピュテーションリスクです。被害者等がハラスメント被害を公表して、マスコミ報道されると、企業価値が下がるということもあります。

また、情報が職場内で拡がることにより、関係者の周辺の職場環境の調整が難しくなることも懸念されますし、関係者のプライバシーも害されかねません。

そのために、せっかく早期に示談ができたにもかかわらず、「ハラスメント行為があった」という噂等が広まらないようにするために、合意書に口外禁止条項を盛り込んでおくことも一手です。

アドバイス

○使用者の事後対応と責任

使用者の安全配慮義務違反、職場環境調整義務違反においては、ハラスメント行為があったこと以外に、使用者のハラスメント予防や事後対応が適切になされたかが問題とされます。

例えば、既にハラスメント行為が発生しているのを把握しているにもかかわらず、上司がハラスメントを放置しているようなケースでは、事後対応が不適切として安全配慮義務等違反とされます。

さいたま市（環境局職員）事件（東京高判平29・10・26労判1172・26）では、部下からパワハラの訴えを受けた上司が、パワハラの有無について事実確認をせず、かえって、職場における問題解決を拒否するかのような態度を示したこと、さらなる上司が、特段の指示もせず放置したことが、職場環境調整義務違反の理由とされました。

また、上述の認定基準の「業務による心理的負荷評価表」によれば、「身体接触を含むセクハラ行為があっても、継続しておらず、使用者が適切・迅速に対応し、発病前に解決した場合」には、心理的負荷は「中」と評価されます。

このように、不幸にもハラスメント行為が発生した場合でも、その後の適切かつ迅速な相談対応や配置の変更などという事後措置により、心理的負荷が軽減され、被害拡大を食い止めることができれば、別途の債務不履行・不法行為責任の追及を免れることができます。

したがって、使用者は、ハラスメントの情報に接したら、適切・迅速に事実を確認し、被害軽減・回復を図ることが大切です。

【参考書式28】　従業員によるハラスメント行為の被害者との間で示談する場合の合意書（解決金を支払って円満解決する内容）

合　意　書

甲田花子（以下「甲」という。）と○○株式会社（以下「乙」という。）は、甲が丙山一男（以下「丙」という。）から、令和○年○月○日から令和○年○月○日までの間に継続的に性的な言動を受けたことにより、精神疾患を発病し、退職に至った件（以下「本件」という。）につき、本日、以下のとおり合意する。

第１条　乙は、甲に対し、本件解決金として、金○円を支払う義務があることを認める。

第２条　乙は、甲に対し、令和○年○月○日限り、前項の金員を甲の指定する銀行口座に振込み送金する方法にて支払う。送金手数料は、乙の負担とする。

第３条　甲と乙は、本件及び本合意の内容につき、みだりに第三者に口外しない。

第４条　甲と乙は、本件につき、本合意書に定めるもののほか、何らの債権債務もないことを確認する。

2 損害賠償請求訴訟

精神疾患に罹患して休職した後に、休職期間満了により退職した元従業員から、上司によるハラスメント行為により休職・退職を余儀なくされたとして、使用者及び加害者である上司に対し、治療費用、休業損害、逸失利益及び慰謝料等の損害賠償を請求する内容の訴訟が提起されたケース（以下「設例」といいます。）を検討してみます。

(1)　争点の把握と早期の証拠及び証人の確保

ハラスメント行為の有無・内容や会社のハラスメントをめぐる対応の有無・内容等の争点を見極め、これらを主張立証するために、証拠や証人候補者を早期に確保しておく必要があります。

(2)　使用者と加害者上司の代理人弁護士

使用者と加害者上司の主張が共通する場合であっても、後に、使用者が加害者上司に対し、損害賠償の求償をすることもありますし、加害者上司に対する懲戒処分の有効性が争われることもあります。利害相反となるおそれが高いため、代理人弁護士は共通にすべきではありません。

(3)　和解の成立

使用者、加害者上司と被害者の三者で同時に和解をすることもありますし、使用者と被害者の二者のみで和解をすることもあります。

(1)　争点の把握と早期の証拠及び証人の確保

設例のような訴訟での主要な争点は、①ハラスメント行為の有無・内容と、②使用者のハラスメントをめぐる対応の内容です。いずれが争点になり得そうかを検討し、それぞれの争点に応じて、早期に証拠及び証人候補者を確保することが重要です。

◆責任原因と争点

使用者と加害者の責任原因は別です。

従業員同士は契約関係にないので、被害者から加害者に対する損害賠償・慰謝料請求の根拠は、不法行為責任です。他方で、被害者から使用者に対する請求の根拠は、使用者責任や安全配慮義務違反・職場環境調整義務違反を理由とする不法行為責任・

債務不履行責任として構成されていることが一般的です。

双方の訴訟に共通する争点として、ハラスメント行為の有無・内容があります。

これに加え、使用者に対する訴訟に固有の争点として、事後対応が不十分であったことやハラスメント行為を防止する体制が整っていなかったことがあります。

被害者の主張をよく精査して、丁寧な調査及び認否反論を心がけましょう。

◆ハラスメント行為の有無・内容が問題となるケース

被害者からハラスメントの訴えがあったが、加害者上司が否定し、使用者の調査によっても、ハラスメント行為は認められなかったというケースであれば、加害者上司と使用者の主張は、おおむね共通することになり、この点の立証活動においては互いに協力をすることができる関係になります。加害者上司の法廷での供述が重要な証拠となりますので、将来、尋問にてどのような話をするのかを確認しながら、主張をしていくことが重要です。

また、ハラスメント行為が発生した当時の事情聴取結果をまとめたヒアリングシートや録音記録といった客観証拠は、鮮明な記憶が残っている段階で作成された資料であるとして重要な証拠となりますので、これらを収集しておくことも重要です。

さらに、セクハラ行為が密室以外の例えば、宴席など多数の同席者がいる場所で行われたとの主張があれば、同席者の証言も重要となってきます。同席者に対し、訴訟係属後直ちに、今後証人となる可能性があることの説明をして、当時の記憶を維持するためにメモを作成しておいてもらうことが必要です。ヒアリングが未了の場合は、直ちにヒアリングを実施し、当時の記憶を記録化しておきましょう。なお、証人候補者には、訴訟手続の進捗状況を随時報告するといったことを心がけましょう。

◆使用者の対応の内容が問題となるケース

ハラスメント行為のみならず、使用者の対応（ハラスメント防止教育に力を注いでいなかった、ハラスメント被害申告後も適切な対応をしなかった等）が問題となっているケースでは、使用者の対応についての客観証拠（ハラスメント防止の取組を説明する資料、被害申告後の対応についての人事担当者の報告書等）が重要となります。

また、加害者上司の供述や同席者の証言のみならず、ハラスメントの事後対応を行った担当者の証言も重要となってきます。事後対応に、顧問弁護士が直接関与した場合には、顧問弁護士が証人となる可能性もあります。

(2)　使用者と加害者上司の代理人弁護士

ハラスメント事案にかかわらず、従業員と使用者とが共同被告として訴訟提起された場合には、双方の代理人弁護士を兼任すべきではありません。上述のとおり、従業員も使用者もハラスメント行為を否定する場合には、双方の主張立証活動が共通することも多く、兼任にメリットがあると感じるかもしれませんが、ハラスメント行為が認められて敗訴するというリスクに備えておくべきです。敗訴後にハラスメント行為が認められたことを前提として､加害者従業員に対して懲戒処分することとなったり、損害賠償の求償権を行使することになった場合には、使用者と従業員との間に利益相反が生ずるため、両者の代理人を兼任すると、全体を通じて使用者側の弁護士として対応することが困難となるのです。

また、ハラスメントの調査の過程で、使用者の顧問弁護士が事情聴取に携わったり、調査報告書をまとめたりすることもあるでしょう。訴訟で、使用者のハラスメントの調査・事後対応が注意義務違反行為の一部とされている場合には、使用者の顧問弁護士の行為自体が問題となることもあり、証人としての出頭を要請されることもあります。このような争点が予想される場合には、調査に携わった顧問弁護士以外の弁護士を訴訟の代理人弁護士とすべきでしょう。

第１章２でも述べましたが、そのような自体を避けるためにも、ハラスメント事案においては、使用者の顧問弁護士ではなく、調査のみを担当する弁護士に別途依頼をすることをお勧めします。

なお、加害者上司以外に、ハラスメント行為を傍観していた上司や調査を担当した人事担当者等の従業員も共同被告とされる場合もあります。この場合も、敗訴後に当該従業員に対する懲戒処分等があり得ます。従業員と使用者の利害が完全に一致するものではありませんので、使用者と共同被告の代理人弁護士を共通の者とすることは避けましょう。

(3)　和解の成立

◆使用者、加害者上司と被害者の三者で和解をする場合

使用者、加害者上司と被害者との三者で和解をすることがあります。その場合の和解条項は後掲【参考書式29】を参照してください。

後掲【参考書式29】では、加害者上司と使用者との解決金の負担割合が明記されていません。負担割合が明記されていない場合には、別途、加害者上司と使用者との間において、負担割合を協議の上、後掲【参考書式30】のような覚書を締結しておくのがよいでしょう。

ハラスメント行為が業務上の叱責等、業務に関連するもの以外の悪質な性質のものであれば、加害者上司に全額の負担をさせるべきですが、加害者上司の支払能力等も考慮に入れて、現実的な回収を図ることができるような内容で覚書を締結すべきです。

なお、加害者上司の同意が得られれば、分割払金を給与から控除することも可能です。

◆使用者と被害者のみが和解する場合

使用者と加害者上司の責任原因は異なりますし、別々の代理人がついて訴訟追行をしますので、それぞれの主張の仕方も変わってきます。使用者がハラスメント行為を認める一方で、加害者上司は否定をし続けることもあります。このような場合、使用者のみが早期に被害者従業員に解決金を支払う和解をして、使用者との関係では訴訟は終了するが、加害者上司との訴訟は係属し続ける、ということがあり得ます。

この場合の参考となる和解条項としては、後掲【参考書式31】を参照してください。

【参考書式29】　使用者、加害者上司と被害者の三者が和解する場合の和解条項

和　解　条　項

1　被告らは、原告に対し、連帯して、本件解決金として、金100万円の支払義務があることを認める。

2　被告らは、原告に対し、前項の金員を、令和○年○月○日限り、原告の指定する銀行口座に振り込んで支払う。送金手数料は、被告らの負担とする。

3　原告と被告らは、本件及び本件の内容について、みだりに第三者に口外しない。

4　原告は、その余の請求を放棄する。

5　原告と被告らは、本件に関し、原告と被告Ｙ、原告と被告Ｚ株式会社との間には、本和解条項に定めるもののほか、何らの債権債務のないことを確認する。

6　訴訟費用は各自の負担とする。

【参考書式30】　三者和解の場合の加害者上司と使用者との間の覚書

覚　　書

甲：（Ｚ株式会社）と　乙：（Ｙ）は、Ｘが甲乙を被告として提起した損害賠償等請求事件（○○地方裁判所令和○年（ワ）第○○○号、以下「本件訴訟」という。）に関し、本日、以下のとおり合意する。

1　甲は、本件訴訟の和解条項第1項の解決金100万円を、同和解条項第2項の期限までにＸの指定口座に送金する。
2　乙は、甲に対し、本件訴訟の和解条項の第1項の解決金のうち、80万円を負担する義務があることを確認し、これを、令和○年○月から毎月末日限り2万円ずつ分割して、甲の指定する銀行預金口座に送金して支払う。送金手数料は、乙の負担とする。
3　乙が前項の分割金の支払を2回分（計4万円）怠った場合には、期限の利益を喪失し、80万円から既払金を控除した残額を直ちに一括して支払う義務を負う。
4　甲と乙は、本覚書の内容をみだりに第三者に口外しない。
5　甲と乙は、本件訴訟に関し、甲と乙との間には、本覚書に定めるもののほか何らの債権債務のないことを確認する。

本覚書の成立を証するため、本覚書2通を作成し、各自1通ずつ保有する。

令和○年○月○日
甲：Ｚ株式会社　　　　　　　　　印

乙：Ｙ　　　　　　　　　　　　　印

【参考書式31】　被害者と使用者のみが和解をする場合の和解条項

和　解　条　項

1　被告Ｚ株式会社は、原告に対し、本件解決金として、金50万円の支払義務があることを認める。

2　被告Ｚ株式会社は、原告に対し、前項の金員を、令和○年○月○日限り、原告の給与口座に振り込んで支払う。送金手数料は、被告Ｚ株式会社の負担とする。

3　原告と被告Ｚ株式会社は、本件及び本件の内容について、みだりに第三者に口外しない。

4　被告Ｚ株式会社は、原告に対し、本件訴訟の共同被告である被告Ｙから本件訴訟に関し、有利な資料の提供・証言その他の立証活動を求められてもこれに応じないことを確約する。ただし、民事訴訟法その他法令に基づく方法で、資料の提供・証人の証拠申出があった場合は、この限りではない。

5　原告は、その余の請求を放棄する。

6　原告と被告Ｚ株式会社は、本件に関し、原告と被告Ｚ株式会社との間には、本和解条項に定めるもののほか、何らの債権債務のないことを確認する。

7　訴訟費用は各自の負担とする。

3　民事調停

上司のハラスメント行為により、退職した元従業員から、使用者と加害者上司に対し、慰謝料を求める民事調停が申し立てられたというケースを想定してみます。

(1)　調停手続の柔軟性
訴訟手続とは違い、専門家調停委員が関与するもとで、話合いによる柔軟な解決が図れます。
(2)　秘匿性の高い事件における有用性
訴訟手続とは異なり、公開原則がないため、特に、セクハラのような被害者のプライバシーに注意を要する秘匿性の高い事件では有用な手続です。

(1)　調停手続の柔軟性

調停手続は、原則として、簡易裁判所にて行われますが、当事者間で、管轄合意をした場合や訴訟事件において調停に付する決定がなされた場合は地方裁判所にて行われます。

ハラスメント被害者からの慰謝料請求において、訴訟ではなく、調停が利用されるケースとしては、①代理人弁護士が選任されない本人申立ての場合、②セクハラやいじめ行為について公開の法廷での審理を望まない場合が考えられます。

調停は、裁判官（あるいは民事調停官）と専門家調停委員2名（3名のときもあります。）により構成され、調停委員会が主宰します。労働事件に関する民事調停の場合、専門家調停委員には、弁護士や社会保険労務士といった労働事件の経験豊富な職域の者が選任されることがほとんどです。

使用者側は、被害者が申し立てた調停の申立書の副本と調停期日の呼出状の送付を受けた後、代理人弁護士に依頼をするか否かを検討することとなります。簡易裁判所の調停手続においては、人事担当者が許可を得て代理人として出頭することができます。

しかし、ハラスメント事案で、調停が不成立となった場合には、後に訴訟提起が予想されることから、基本的には、代理人弁護士を選任する方がよいと思われます。

調停申立書に対して、使用者側の主張がある場合には、調停期日に先立ち、主張書面や疎明資料を提出しますが、訴訟とは違い、厳密な答弁や認否が求められるものではありません。話合いによる解決が図れる見込みのある事案では、事実関係について事細かに認否をするのではなく、後に訴訟になった場合に事実に基づく反論をできる余地を残しながらも、調停での解決を模索できるような主張書面の記載にするといった工夫が必要です。例えば、主張書面の末尾に、「上述のとおり申立人の主張については法的には認められないものと考えるが、相手方としては、いたずらに紛争が拡大することを好むものではないため、本調停において、早期解決がなされるのであれば、話合いによる解決も模索したいと考えている。」等付記することで、調停での解決の余地があることを匂わせることも一手です。

アドバイス

○管轄裁判所

民事調停の管轄裁判所は、相手方となる使用者の所在地を管轄する簡易裁判所です（民調3①）。

したがって、使用者も、自らの営業所に近い場所に出頭すれば足りますので、交通費等のコスト負担も小さいものです。これが一たび、訴訟となれば、金銭請求であるため、ハラスメント被害者の住所地（民訴5一「義務履行地」）を管轄する裁判所に提訴されることが多く、その場合、遠方の裁判所まで出頭せざるを得ないということもあります。このように、調停が申し立てられた際には、調停不成立により訴訟に至った場合のコストや手間も考えて、対応を検討しましょう。

(2)　秘匿性の高い事件における有用性

調停においては、当事者双方が直接やり取りすることなく、待合室も別室で、調停委員会からの聴き取りも交互に行われます。もちろん、その手続は、非公開です。

ハラスメントの被害者が、加害者上司や使用者担当者と直接対面することなく、手続が進められるため、調停が利用されやすいのです。

使用者としても早期の話合いによる解決を望む事案であれば、被害者から調停が申し立てられた場合、無碍に不成立にするのではなく、話合いでの解決を模索することが、使用者のレピュテーションリスクを避ける良い手段であると考えられます。

ケーススタディ

Q ハラスメント被害者から使用者に対し、損害賠償請求調停が申し立てられ、使用者に呼出状が送付されてきました。調停申立書を見たところ、思い込みの事実に基づいて、とても応じられないような金額の請求がなされていることが分かりました。調停で解決できるとは到底考えられない場合でも、調停期日に出頭せねばならないのでしょうか。

A まず、出頭しなかった場合のペナルティですが、調停は訴訟と異なり、答弁書も出さずに、第1回調停期日に出頭しなかったからといって、敗訴判決を受けるようなことはありません。ただし、民事調停法34条では、裁判所又は調停委員会の調停の呼出しを受けた関係者が、正当な理由なく出頭しない場合には、5万円の過料に処せられる旨定められています。この過料の制裁に処せられるケースは極めて稀ですが、正当な理由がないときは出頭するべきです。

この「正当な理由」とは、出頭しないことが一般的客観的にみて真にやむを得ないと認められる場合であるといわれています。とても応じられないような金額が請求されているというだけでは、「正当な理由」があるとは即断できないので、裁判所から調停の呼出しを受けた以上、やはり、調停期日には出頭し、期日に先立ち、答弁書を提出すべきであると考えます。

次に、調停期日に出頭することのメリットも考えてみます。ハラスメント被害者が、訴訟ではなく、調停を利用したということは、話合いの余地があるということです。実際、調停期日で、話合いをしてみたところ、申立人の言い分は、調停申立書に記載されたような頑なものではなく、譲歩の余地が十分見いだせることもあります。また、金銭解決ではなく、「適切な配置転換」を望んでいたりという本音が分かり、早期解決ができることもあります。また、申立人が、調停委員会に自分の言い分を聞いてもらい、調停委員会による説得が効を奏し、調停申立てが取り下げられるといった、金銭解決以外の解決も見込まれます。

訴訟が提起されれば、やはり解決までに時間がかかります。反論や証人尋問の準備も手間がかかるものです。示談や調停で、早期に解決できることは、労使双方にとってもメリットのあることです。

したがって、設問のような場合でも調停に出頭すべきですし、何らか解決の糸口をつかめないかと試みる姿勢で臨むべきと考えます。

4 各都道府県労働局の紛争調整委員会によるあっせんの手続

ハラスメント事案が発生し、被害者である従業員から使用者の対応に問題があるとして、使用者に対して、損害賠償を求める内容のあっせん手続申請がなされたケース（以下「設例」といいます。）を想定してみましょう。

(1) あっせん手続の流れ

紛争当事者が話し合って歩み寄る余地があることを前提とする制度です。

(2) あっせん手続の参加・不参加の決定

紛争調整委員会から、あっせん開始通知書が送付されてきた段階で、あっせん手続に参加するか否かを決めます。不参加としても何らのペナルティーもありませんが、コストが抑えられる手続であり、参加をしてあっせん手続をうまく活用すれば、紛争の早期解決が見込まれます。

(3) あっせん手続への参加

原則1回で終了する手続ですので、解決のための腹案を検討して期日に臨むべきです。

(1) あっせん手続の流れ

あっせん手続は、紛争当事者の間に労働問題の専門家（弁護士や大学教授、社会保険労務士、企業の人事担当経験者等）が入り、双方の主張の要点を確かめ、調整を行い、話合いを促進することにより、紛争の解決を図る制度です。制度の対象となる紛争は、「労働条件その他労働関係に関する事項についての個々の労働者と事業主との間の紛争（労働者の募集及び採用に関する事項についての個々の求職者と事業主との間の紛争を含む）」（個別労働関係紛争の解決の促進に関する法律1）とされており、解雇、雇止め、労働条件の不利益変更などの労働条件に関する紛争や、いじめ・嫌がらせなどの職場環境に関する紛争が含まれます。

よって、設例のような、ハラスメントに基づく損害賠償の紛争もあっせんの対象に含まれます。

合意に至らない限り、手続が打ち切られることになりますので、紛争当事者が話し合って歩み寄る余地があることを前提とする制度といえます。

なお、あっせん手続の流れは、次図のとおりです。

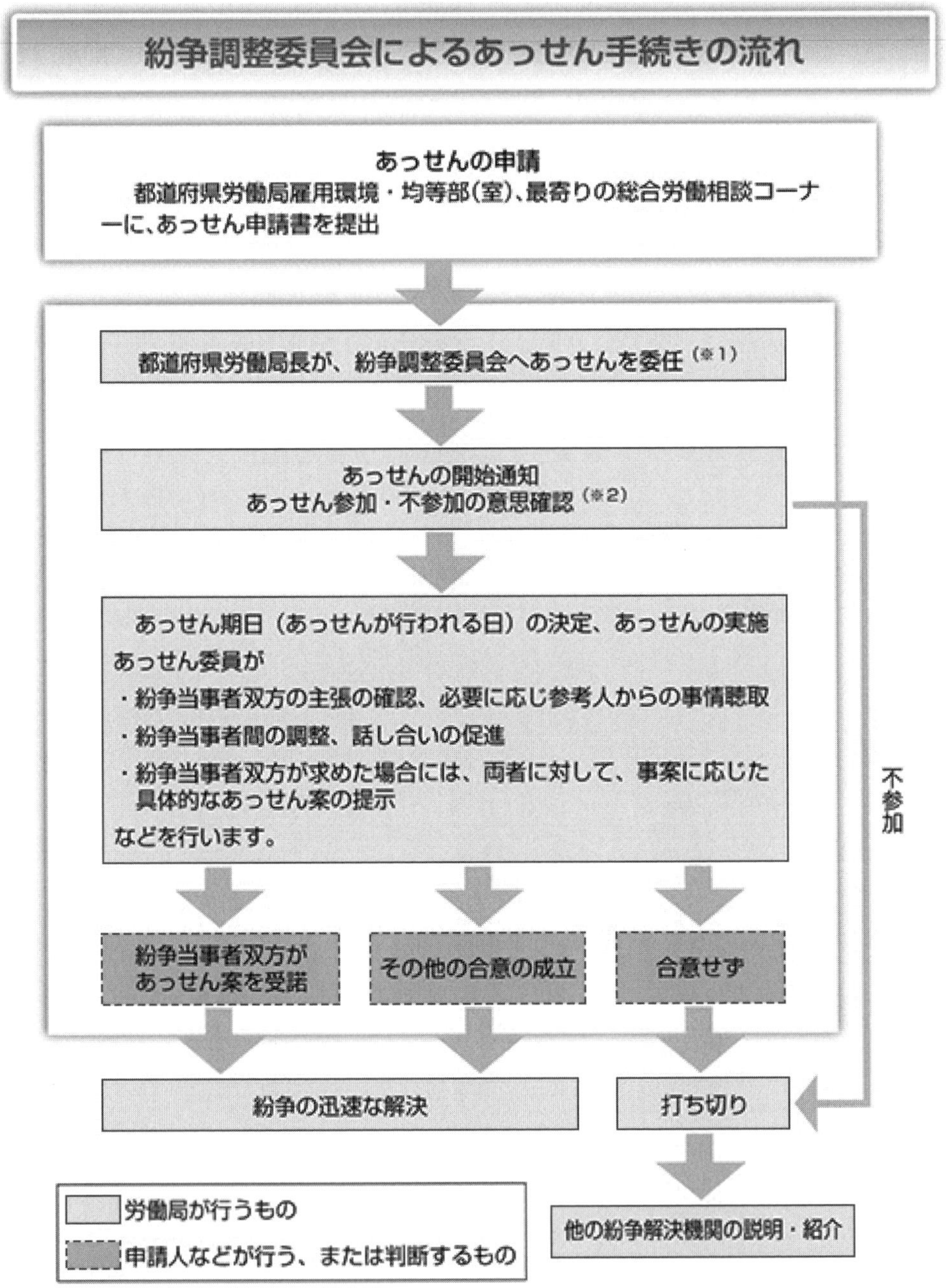
紛争調整委員会によるあっせん手続きの流れ
あっせんの申請
都道府県労働局雇用環境・均等部(室)、最寄りの総合労働相談コーナーに、あっせん申請書を提出
都道府県労働局長が、紛争調整委員会へあっせんを委任（※1）
あっせんの開始通知
あっせん参加・不参加の意思確認（※2）
あっせん期日（あっせんが行われる日）の決定、あっせんの実施
あっせん委員が
・紛争当事者双方の主張の確認、必要に応じ参考人からの事情聴取
・紛争当事者間の調整、話し合いの促進
・紛争当事者双方が求めた場合には、両者に対して、事案に応じた具体的なあっせん案の提示
などを行います。
不参加
紛争当事者双方があっせん案を受諾
その他の合意の成立
合意せず
紛争の迅速な解決
打ち切り
他の紛争解決機関の説明・紹介
労働局が行うもの
申請人などが行う、または判断するもの

（※１）必要に応じて申請人から事情聴取などを行い、紛争に関する事実関係を明確にした上で、都道府県労働局長が紛争調整委員会にあっせんを委任するか否かを決定します。

（※２）あっせん開始の通知を受けた一方の当事者が、あっせんの手続きに参加する意思がない旨を表明したときは、あっせんは実施せず、打ち切りになります。

（出典：厚生労働省ホームページ）
（https://www.mhlw.go.jp/general/seido/chihou/kaiketu/index.html（2020.5.29））

(2)　あっせん手続の参加・不参加の決定

◆不参加にペナルティーなし

損害賠償を求める従業員が都道府県労働局長に対し、あっせん申請をし、都道府県労働局長が紛争調整委員会にあっせんを委任すると、紛争当事者たる労働者と使用者にあっせん開始通知書が送付されます。

この段階で、被申請人となった使用者は、あっせんに参加するか否かを表明します。

参加する意思がないと表明した場合には、あっせんは実施されずに打ち切りとなります。あっせんには強制力がありませんので、参加しないという選択をしてもペナルティーはありません。

◆あっせんのメリットを活かせる場合

あっせん手続のメリットとしては、次のことが言われています。

① 申請費用がかからず、労働者に代理人弁護士が選任されない本人申請のケースも多いため、解決金については、弁護士費用を考慮しなくて済み、結果的に訴訟や労働審判になるより、低廉なコストで解決が図れる可能性が高い。

② 労働審判や裁判に比べて迅速である（厚生労働省の「平成30年度個別労働紛争制度の施行状況」によれば平成30年度では、2か月以内に処理されたのが86.5％）。

③ 非公開であるため、当事者のプライバシーが守られる。

したがって、使用者として、労働者の要求に歩み寄る余地があるのであれば、上記メリットを享受するために、あっせんに参加するという決断もあるでしょう。

アドバイス

○あっせんを積極的に活用して紛争の早期解決を

各都道府県労働局の紛争調整委員会によるあっせん手続は、裁判所の訴訟や労働審判と異なり、あまりなじみのない手続かもしれません。なじみがないあまり、使用者側は、「あっせん手続に参加しない」という選択をすることに流れてしまう可能性があります。

しかし、あっせん手続が、従業員の本人申請であり、従業員の解決の意欲があるケースでは、結果的に訴訟や労働審判になるより、低廉なコストで解決が図れる可能性があります。

あっせん申請書において、従業員の言い分が、使用者側の意向と大きく対立しているケースでも、実際、あっせん手続が開始された場合には、あっせん委員の説得により、従業員が納得をして譲歩が得られる可能性もあります。
　事案に応じて、あっせん手続を積極的に活用して、早期に和解的な解決を行うことも有効な紛争解決手段となります。

(3)　あっせん手続への参加

◆あっせん手続への参加準備

あっせん開始通知書とともに、労働者の記載したあっせん申請書が送付されてきます。あっせんに参加する場合には、参加する旨の回答をした上で、通常、あっせん期日の1週間前までに、主張書面や関係資料の提出をします。

あっせんは、弁護士を代理人として選任する必要はありませんが、代理人を選任する場合には、許可が必要です（個別労働関係紛争の解決の促進に関する法律施行規則8③）。また、人事担当者等の使用者側関係者を補佐人として同席させることもできますが、これも許可が必要です（同8②）。

◆期日に向けての準備

あっせん手続では、労働者側に弁護士が代理人として選任されていないケースも、訴訟や労働審判に比べ、多くあります。

また、あっせん申請書の内容については、事実経緯や法的主張が整理されていないこともあります。労働者が、結論として何を求めているのかが判然としないときは、期日において、あっせん委員が事実経緯や主張を整理するために事情聴取を行い、その目的を明らかにしていきます。

あっせん委員は、3名選任されますが、期日において実際、手続を行うのは、1名です。労使が対面しない形で交互に事情聴取がされます。あっせん手続は原則1回で終了する手続であり、事情聴取の後に、あっせん委員から直ちに解決案が提示されることが多くあります。

そのため、期日に向けての準備事項としては、あらかじめ、解決のための腹案（解決金であればいくらまで払えるのか）を検討した上で、期日に臨むのがよいでしょう。

◆あっせん手続の終了

あっせんの見込みがない場合には、手続は打ち切られます。

あっせんにより、合意が成立した場合には、双方が署名（記名）押印して合意書を作成します。社印が持ち出せない場合には、後日、署名（記名）押印して、郵送で授受をするという方法もとられます。なお、この合意書には、民法上の和解契約の効力しかなく、判決正本や訴訟上の和解調書のように直ちに強制執行ができるという効力はありません。

また、紛争調整委員会が合意書の案を作成することが一般的ですが、紛争調整委員会やその委員等は、合意の当事者には入りません（後掲【参考書式32】参照）。

アドバイス

○あっせん手続以外の行政による紛争解決手続

あっせん手続以外に、都道府県労働局に関連する手続には、以下のものがあります。

① 紛争の解決の援助（労働施策総合推進法30条の5第1項、男女雇用機会均等法17条、育児介護休業法52条の4）

都道府県労働局長は、ハラスメント紛争の当事者（労使双方又は一方）から、解決についての援助を求められた場合には、「助言、指導又は勧告」をすることができます。具体的には、解決先を提示し、自発的にこれを受けるように促されるものです。強制力はありませんが、「助言、指導又は勧告」を受けた段階では、まだ紛争の芽を摘むことができますので、早期に対応しましょう。

② 優越的言動問題調停会議、機会均等調停会議、両立調停会議による調停（労働施策総合推進法30条の7、男女雇用均等法19条、育児介護休業法52条の6）

セクハラ・マタハラについては、既に存在した行政による調停制度ですが、労働施策総合推進法の改正に伴い、パワハラについても、行政による調停手続が設けられることになりました。今後、行政による紛争解決手段は、あっせん手続から調停へ移行するとも言われています。手続の内容については、あっせん手続と類似するところが多くあります。慣れない手続ですので、関係当事者として調停への出頭を求められた場合には、弁護士等の専門家にご相談ください。

【参考書式32】 あっせんにより和解をした合意書

合　意　書

甲：(従業員氏名) と乙：(雇用主・使用者名) は、甲乙間の個別労働紛争 (事件番号：○局○○号、以下「本件紛争」という。) に関して、○○紛争調整委員会のあっせんにより、本日、次のとおり合意した。

1　乙は、甲に対し、本件解決金として、金50万円の支払義務があることを認める。
2　乙は、甲に対し、前項の金員を、令和○年○月○日限り、甲の給与口座に振り込んで支払う。送金手数料は、乙の負担とする。
3　乙は、甲に対し、本件紛争を理由として、今後、昇進・異動・その他雇用契約上の処遇について不利益取扱いをしないことを約する。
4　甲と乙は、本件紛争の内容について、みだりに第三者に口外しない。
5　甲と乙は、本件紛争に関し、甲と乙との間には、本合意書に定めるもののほか、何らの債権債務のないことを確認する。

本合意書の成立を証するため、本合意書2通を作成し、甲乙各1通ずつ保有する。

令和○年○月○日

甲：　(従業員氏名)　印

乙：　(雇用主・使用者名)　印

事項索引

事 項 索 引

【す】

【せ】

【そ】

【む】

【め】

【も】

【ゆ】

【よ】

【り】

【ろ】

【わ】

実務家・企業担当者のための
ハラスメント対応マニュアル

令和２年６月17日　初版一刷発行
令和２年12月８日　　　三刷発行

共　著　山　浦　美　紀
　　　　大　浦　綾　子

発行者　新日本法規出版株式会社
　　　　代表者　星　謙一郎

発行所　新日本法規出版株式会社
本　社
総轄本部　(460-8455)　名古屋市中区栄１－23－20
　　　　　電話　代表　052(211)1525
東京本社　(162-8407)　東京都新宿区市谷砂土原町２－６
　　　　　電話　代表　03(3269)2220
支　社　札幌・仙台・東京・関東・名古屋・大阪・広島
　　　　高松・福岡
ホームページ　https://www.sn-hoki.co.jp/

※落丁・乱丁本はお取替えします。　ISBN978-4-7882-8757-0
5100130　ハラスメント対応